Dr. Kaja Nordengen
Wer schneller denkt, ist früher klug

Buch

Können wir mit »Gehirnnahrung« unsere Gedächtnisleistung verbessern? Kann das Gehirn trainiert werden? Macht Lächeln glücklich? Dr. Kaja Nordengen lüftet alle Geheimnisse rund um unser unglaublichstes Organ. Schließlich macht uns das Gehirn zu dem, was wir sind. Es ermöglicht uns, mit anderen Menschen zu kommunizieren, von einfachen Wortwechseln bis hin zum Verständnis, wann jemand etwas ironisch meint oder eine verborgene Botschaft zwischen den Zeilen sendet. Das Gehirn ist verantwortlich für unsere Gefühle und unsere Persönlichkeit. Es erinnert sich an Erlebnisse in der Kindheit, es lernt, es verliebt sich, und es interpretiert komplizierte Muster. Aber das Gehirn kann uns auch zu schlechten Entscheidungen verleiten, und es belohnt Suchtverhalten. Machen wir uns auf zu einer Entdeckungsreise!

Autorin

Dr. Kaja Nordengen, geboren 1987, ist Ärztin mit Spezialgebiet Neurologie am Akershus Universitätsklinikum. Zudem unterrichtet sie an der Universität Oslo. Sie promovierte 2014 zum Thema Gehirn und wurde damit eine der jüngsten Ärztinnen mit Doktorgrad in Norwegen. Das Gehirn ist für Kaja Nordengen eines der faszinierendsten Organe des Menschen. In diesem Buch erzählt sie alles darüber, wie es funktioniert – dieses rätselhafte Organ, das uns ausmacht.

Dr. Kaja Nordengen

WER SCHNELLER DENKT, IST FRÜHER KLUG

Alles über das Gehirn

Vorwort von
Prof. Dr. May-Britt Moser

Mit Illustrationen von
Guro Nordengen

Aus dem Norwegischen von
Dagmar Lendt

GOLDMANN

Die norwegische Originalausgabe erschien 2016 unter dem Titel »Hjernen er stjernen« bei Kagge Forlag, Oslo.

Wir haben uns bemüht, alle Rechteinhaber ausfindig zu machen, verlagsüblich zu nennen und zu honorieren. Sollte uns dies im Einzelfall aufgrund der schlechten Quellenlage bedauerlicherweise einmal nicht möglich gewesen sein, werden wir begründete Ansprüche selbstverständlich erfüllen.

Sollte diese Publikation Links auf Webseiten Dritter enthalten, so übernehmen wir für deren Inhalte keine Haftung, da wir uns diese nicht zu eigen machen, sondern lediglich auf deren Stand zum Zeitpunkt der Erstveröffentlichung verweisen.

Verlagsgruppe Random House FSC® N001967

Dieses Buch ist auch als E-Book erhältlich.

1. Auflage
Deutsche Erstausgabe Oktober 2018
Copyright © 2018 der deutschsprachigen Ausgabe: Wilhelm Goldmann Verlag, München, in der Verlagsgruppe Random House GmbH,
Neumarkter Str. 28, 81673 München
Copyright © 2016 der Originalausgabe: Kagge Forlag AS
Dieses Buch wurde vermittelt von Stilton Agency, Oslo, und Arrowsmith Agency, Hamburg.
Umschlaggestaltung: Uno Werbeagentur, München
Umschlagmotiv: FinePic®, München
Illustrationen/Innenteil: Guro Nordengen
Foto S. 230: © Geir Mogen, bearbeitet von Birte Nordengen
Redaktion: Birthe Vogelmann
Satz: Fotosatz Amann, Memmingen
Druck und Bindung: GGP Media GmbH, Pößneck
Printed in Germany
KW · Herstellung: CB
ISBN 978-3-442-17734-9
www.goldmann-verlag.de

Besuchen Sie den Goldmann Verlag im Netz:

INHALT

VORWORT – VON NOBELPREISTRÄGERIN MAY-BRITT MOSER	5
DU BIST DEIN GEHIRN	15
1. GEDANKEN(R)EVOLUTION	18
Das Reptiliengehirn	18
Das Säugetiergehirn	21
Geniale Affen	23
Warum genügt es nicht, das größte Gehirn zu haben?	25
Unfertige Kinder	27
Intelligenz ist eine Kunst	28
Von den Baumkronen zum Fernsehsofa	29
Ein Platz für alle	30
Nicht stärker, aber schlauer	33
2. DIE JAGD NACH DER PERSÖNLICHKEIT	34
Sitz der Seele	36
Frontallappen	37
Der Dirigent hinter der Stirn	38
Persönlichkeit liegt nicht nur in der Stirn	39
Gespaltenes Hirn, gespaltene Persönlichkeit?	42
Dr. Jekyll und Mr. Hyde	44
Du kannst dich ändern – ein bisschen	45

Herdenhirne	46
Kann die Persönlichkeit krank werden?	50
Psychisch ist physisch	51
Haben Tiere eine Persönlichkeit?	54
Persönlichkeitstests	55
3. GEDÄCHTNIS UND LERNEN	57
Kurzzeitgedächtnis	59
Langzeitgedächtnis	61
Der Hippocampus und seine Freunde	62
Für die Zukunft merken	66
LERNEN	67
Clowns und sabbernde Hunde	68
Einprägen	71
SPEICHERN	74
Vom ersten Date zur festen Beziehung	74
Herr LTP persönlich	76
Weiß ist der Hit	78
Der Zehn-Prozent-Mythos	79
Unbegrenzte Speicherkapazität	81
ERINNERN	82
Wie man sich besser erinnert	85
Erinnern mit der Nase	88
Blackout	91
Demenz ist Hirnversagen	92
Mr. Applesine	95
Falsche Erinnerungen	96
Lob der Vergesslichkeit	98

4. DAS GPS DES GEHIRNS	100
Gitter im Gehirn	101
»Sie befinden sich hier«	101
Karte und Kompass	105
Bis hierher und nicht weiter	107
Fred Feuersteins Auto	108
Mehr als Landkarte, Kompass und Tachometer	110
Finden Männer sich örtlich besser zurecht als Frauen?	111
Gehirntrainierte Taxifahrer	113
Wie verbessert man seinen Orientierungssinn?	114
5. DAS FÜHLENDE GEHIRN	117
Mit dem Gehirn fühlen	120
Lächle dich fröhlich	124
Schlechte Laune ist schlecht für dich ...	126
Das grüne Monster	130
Sex im Gehirn	130
Der innere Schweinehund	133
Zornige Gewinner	136
Stress tötet Nervenzellen	137
Die Angst vor der Angst	141
Jemanden mit dem Gehirn lieben	144
6. INTELLIGENZ	149
IQ	150
Hoher IQ, ja und?	154
Langschädel und Kurzschädel	157
Vererbung oder Milieu?	159

Erfolgsfaktor	162
Künstliche Intelligenz	163
7. MULTITASKING	165
8. KULTUR © GEHIRN	167
Gemeinsam sind wir stark	168
Soziale Netzwerke	170
Der soziale Code	172
Das kreative Gehirn	173
Macht Mozart klug?	176
Derselbe allmächtige Gott	181
Verschiedene Kulturen, gleiche Geschichten	182
Das Abstrakte verstehen	183
Verrückt oder genial	184
9. ESSEN MIT KÖPFCHEN	186
Essgewohnheiten unserer Vorfahren	186
Essen und Sex	187
Worüber das Gehirn jubelt	189
Im Rausch der Naschereien	191
Lebensmittelkonzerne und die Neurowissenschaft	193
Werbung	195
Geschminkte Lebensmittel	197
Künstliches Süßen täuscht das Gehirn nicht	199
Schokoholiker im Mutterleib?	199
Gehirnfutter	201
Diäten	203

10. JUNKIE IM KOPF	206
Abhängigkeit	207
Kaffee	208
Kokain und Amphetamin	210
Nikotin	212
Alkohol	213
Endorphin, Morphin und Heroin	216
Haschisch	218
11. WIRKLICHKEIT VS. WAHRNEHMUNG	221
Riech dich in Stimmung	222
Störender Geschmack	223
Der Geschmack von Knusprig	223
Der Geschmack von Rot	224
Was du nicht fühlst	225
Selektives Gehör	225
Eine Welt ohne Tiefe und Kontrast	227
Warum Kaninchen jagen?	229
12. PERZEPTION IN DER PRAXIS	230
Infrarotes und ultraviolettes Licht	230
Gesichtserkennung	230
#TheDress	231
13. WIE ES WEITERGEHT	233
DANKSAGUNG	236
AUSGEWÄHLTE QUELLEN	240
REGISTER	252

VORWORT
VON NOBELPREISTRÄGERIN MAY-BRITT MOSER

Das Gehirn ist das wunderbarste, komplexeste und rätselhafteste Organ, das wir kennen. Als Psychologiestudentin in den 1980er-Jahren lernte ich, dass Autismus bei Kindern durch eine gefühlskalte Mutter verursacht werde. Heute wissen wir es besser. Wir wissen, dass Autismus durch eine Änderung in der Entwicklung des Gehirns hervorgerufen wird, an der eine Vielzahl von Faktoren beteiligt ist. Für mich ist diese Erinnerung aus meiner Studienzeit eine Art Maßstab dafür, wie schnell der Wissenszuwachs auf dem Gebiet der Gehirnforschung fortgeschritten ist.

Wir haben Grund zur Freude über diese Fortschritte, aber wir sollten gleichzeitig demütig die Rolle der modernen Technologie anerkennen, die dieses neue Wissen erst ermöglicht hat. Viele der großen Fragen, mit denen sich die Forschung heute befasst, haben sich Menschen seit Jahrtausenden gestellt. Dank der Entwicklung bahnbrechender Forschungsinstrumente und -methoden haben wir nun die Gelegenheit, Antworten auf diese Fragen im Gehirn selbst zu suchen. Wir stehen an der Schwelle einer Wissensrevolution über das Gehirn und das Zusammenspiel von Körper, Genen und Umwelt.

Aber es genügt nicht, Forschungsdaten in den Labors zu sammeln und die Ergebnisse innerhalb der internationalen Fachwelt auszutauschen. Das Wissen muss aus der Fachwelt hinaus in die Gesellschaft gebracht werden, es muss den Lebensalltag der Leute erreichen, wo es in Erkenntnis und Verständnis umgesetzt werden kann. Zu verstehen, wie unser Gehirn funktioniert und an allen körperlichen Vorgängen mitwirkt, heißt zu verstehen, wer wir Menschen sind und welche Fähigkeiten wir haben. Vermehrtes Wissen eröffnet auch andere Urteils- und Handlungsspielräume, wenn im Gehirn etwas falsch läuft. Wir wissen die Symptome einer Hirnkrankheit vom Charakter und der Persönlichkeit eines Menschen zu unterscheiden. Mit besserem Wissen darüber, wie das gesunde Gehirn funktioniert, können Forscher sich auf die Suche danach machen, bei welchen Prozessen im Gehirn der Fehler entsteht und wie man ihn eventuell reparieren kann. Diese Erkenntnis bildet die Grundlage für die Großzügigkeit und Anpassungsbereitschaft, die notwendig sind, damit in der Gesellschaft Platz für alle ist.

Wie nun vermittelt man der Öffentlichkeit Forschungsergebnisse, die aus einem Wissenskorpus erwachsen sind, für dessen Aneignung die meisten Menschen Jahrzehnte brauchen? Im Frühjahr 1980 brachte der norwegische Fernsehsender *NRK* eine Wissenschaftsserie mit dem Titel »Dein fantastisches Gehirn«. Professor Per Andersen suchte im Gespräch mit dem beliebten Moderator Per Øyvind Heradstveit Antworten auf die großen Fragen, zum Beispiel, wie Erinnerung funktioniert und was ein Gedanke ist. Verglichen mit den digitalen 3D-Animationen der heutigen Wissenschaftssendungen war die damalige Vermittlungstechnologie denkbar schlicht. Eine Tafel mit der grafischen Darstellung eines relativ unkomplizierten neuronalen Netzwerks musste reichen. Mit dem Zeigestock in der Hand lenkte Andersen den Blick der Fernsehzuschauer an den Linien der Zeichnung entlang von Nervenzelle zu Nervenzelle, die zusammen die Signalbahnen bilden, denen die Nervenimpulse durch das Gewebe folgen.

Die Hypothese von Per Andersen war, dass diese einzigartige Rennstrecke der Nervenaktivität durch das Gewebe auf der Funktionsseite einem einzelnen Gedanken entsprechen dürfte. Das war breite Volksaufklärung in Bestform. Einfach, aber unglaublich wirkungsvoll. Vor einem der vielen Fernsehschirme saßen mein Mann Edvard und ich wie gebannt. Darüber wollten wir mehr herausfinden! Am Rande sei erwähnt, dass Per Andersen später unser Doktorvater wurde.

Kaja Nordengen gibt in *Wer schneller denkt, ist früher klug* eine unterhaltsame Einführung in einen Teil dessen, was die neuere Forschung zur Organisation des Gehirns, seinen Mechanismen und Funktionen herausgefunden hat. Auf charmante Weise verwebt sie Forschungsergebnisse mit Anekdoten aus ihrem Leben. Der Kunstgriff, Theorie in konkreten Erfahrungen zu verankern, die zu unserer gemeinsamen Welt gehören, macht Kaja Nordengen zu einer Vermittlerin nicht nur von Fakten, sondern von Neugier. Ihr spielerischer Umgang mit dem Stoff weckt etwas von dem Enthusiasmus, der sowohl das neugierige Kind als auch den erfahrenen Forscher antreibt.

Nachdem ich das Buch gelesen habe, höre ich immer noch die Wärme in Kajas Erzählerstimme. Von Kaja Nordengens jüngerer Schwester stammen die schönen Zeichnungen im Buch. Anders als es bei ausgefeilten 3D-Grafiken der Fall ist, erinnert man sich an diese Zeichnungen auch noch, wenn man das Buch zugeklappt hat. Man versteht sie und kann sie in der Erinnerung nachbauen. Es sind Bilder, in die man sich hineindenken kann. Auf diese Weise spiegelt die Visualisierung die Intention des Textes wider, in dem Detailreichtum und Präzision zugunsten einer besseren Verständlichkeit in den Hintergrund treten.

Ich möchte Kaja Nordengen dafür danken, dass sie sich an dieses Projekt gewagt hat. Das ist ambitioniert und sehr mutig. Dass sie so freimütig und furchtlos in ihren Popularisierungen ist, macht den Stoff für die breite Bevölkerung zugänglich, für Erwachsene und Kinder gleichermaßen.

Prof. Dr. May-Britt Moser ist Psychologin, Hirnforscherin und Professorin für Neurowissenschaften an der Norwegischen Technisch-Naturwissenschaftlichen Universität (NTNU). Im Jahr 2014 wurde ihr zusammen mit Edvard Moser und John O'Keefe der Nobelpreis für Medizin verliehen.

Du bist dein Gehirn

Als die alten Ägypter ihre toten Herrscher einbalsamierten, um sie auf ihr nächstes Leben vorzubereiten, wurde das Herz sorgfältig präpariert und in den Leib zurückgelegt, das Hirn jedoch weggeworfen. Man führte einen Stock durch die Nase ein und rührte die Hirnmasse zu Brei, um sie anschließend aus dem Schädel zu saugen. Das Gehirn war Abfall. Es sollte lange dauern, bevor wir Menschen begriffen, dass unser Gehirn uns zu dem macht, was wir sind.

Auch schon vor unserer Zeitrechnung haben einzelne Quellen das Gehirn mit Funktionen wie Bewegungen und Gedanken in Verbindung gebracht. Trotzdem sollte es mehrere Jahrtausende dauern, bevor akzeptiert wurde, dass das »Ich« im Gehirn sitzt. Aristoteles und andere große Denker glaubten zum Beispiel, dass das Gehirn ein Organ von minderer Bedeutung sei und die Seele im Herzen sitze. Erst Mitte des 17. Jahrhunderts, also mehrere tausend Jahre, nachdem die alten Ägypter ihre Pharaonen zu Zombies machten, lokalisierte der französische Philosoph René Descartes den Sitz der Seele im Gehirn. Fast alles im Gehirn liegt symmetrisch um die Mittelachse, und wir haben alles in zweifacher Ausführung: Wir haben zum Beispiel eine linke und eine rechte Gehirnhälfte, mit einem linken und einem rechten Frontallappen. Descartes fiel allerdings auf, dass eine bestimmte Struktur, die Zirbeldrüse, sich direkt auf der Mittelachse befand; das deutete er als Zeichen für den Sitz der Seele. Ganz so einfach war es allerdings nicht. 1887 postulierte der Polarheld und erste Hirnforscher Norwegens, Fridtjof Nansen, in seiner Doktorarbeit, dass die Intelligenz ihren Sitz in den vielen Nervenzellkontakten (Synapsen) des Gehirns habe. Seit Nansens Zeit hat man herausgefunden, dass nicht nur die Intelligenz, sondern auch Freude, Verliebtheit, Verachtung, Erinnerungen, Gelerntes, Musikgeschmack und Vorlieben in diesen Nervenzellkontakten liegen.

Wenn alle Eigenschaften, die das »Ich« ausmachen, sich im Gehirn befinden, wird klar, dass du ohne dein Gehirn nicht du wärst. Die Erkenntnis, dass das Gehirn entscheidend für Leben ist, spiegelt sich auch in unseren Gesetzen wider. Wenn du hirntot bist, bist du tot. Vorausgesetzt, es liegt eine entsprechende Einwilligung vor, können deine Organe entnommen werden und das Leben anderer retten. Auf einige wenige Organe können wir verzichten, aber sie sind dennoch ersetzbar. Durch Stammzellentransplantation können wir ein neues Immunsystem erhalten. Herz, Leber, Lunge, Nieren und Bauchspeicheldrüse können transplantiert werden, während das bei einem menschlichen Gehirn bisher noch nicht versucht worden ist.

Wenn man eines fernen Tages die technischen Herausforderungen einer Hirntransplantation gemeistert hat, werden sich ethische Dilemmata auftun. Setzt man einem Hirntoten ein neues Gehirn ein, ist der Mensch, den man mit dem Körper verbindet, nicht mehr »er selbst«. Die Person, die dort liegt, sieht aus wie deine Tochter, aber wenn sie das Gehirn eines anderen hat, ist sie es dann noch? Sie wird ein anderes Bewusstsein haben, andere Gedanken und Träume. Das Gehirn kann nicht ausgetauscht werden, ohne dass auch die Person ausgetauscht wird. Das macht das Gehirn zu unserem einzigen unersetzlichen Organ.

In diesem Buch werden wir die Mysterien des Gehirns erkunden – von den Vorgängen, die ablaufen, wenn du verliebt bist, bis hin zum Ort, an dem das »Ich« sitzt. Viele interessante Fragen tauchen auf, wenn wir über das Gehirn sprechen: Wer sind wir? Was macht dich zu dem, der du bist? Was ist Persönlichkeit? Was ist freier Wille? Wo fängt ein Gedanke an? In manchen Fällen haben wir klare Antworten – oder zumindest klare Indikationen aufgrund von Patientengeschichten und neuen Erkenntnissen der Hirnforschung. Es gibt allerdings immer noch Rätsel, und dann müssen wir die Fragen zurückstellen in der Hoffnung, dass neue Forschergenerationen und kluge Köpfe sie aufgreifen und uns in den kommenden Jahren Antworten liefern. Das Gehirn ist schließlich das einzige Organ, das sich selbst erforschen kann.

Du wirst sehen, dass es bei Sprache, Kultur und Lebensart um Gedächtnis geht und um die Fähigkeit des Gehirns, zu interpretieren und Muster zu erkennen. Das Gehirn macht uns zu dem Menschen, der wir sind, und es ist der Grund, warum es Sport, Kunst und Musik gibt. Das Gehirn ist der Star.

1 GEDANKEN(R)EVOLUTION

Die wellige Oberfläche des Gehirns, die an eine Walnuss erinnert, heißt Hirnrinde. Sie ist vollgepackt mit Nervenzellen und war eine Revolution in der Evolutionsgeschichte. Je größer die Hirnrinde eines Tieres ist, desto besser stehen die Chancen für hohe Intelligenz.

Vor 500 Millionen Jahren existierte nur das Reptiliengehirn, heute bekannt als Hirnstamm. Es vergingen weitere 250 Millionen Jahre, bis sich das früheste Säugetiergehirn entwickelte, das wir das limbische System nennen. Großhirn und Hirnrinde entwickelten sich bei den Säugetieren vor 200 Millionen Jahren, während das menschliche Gehirn erst vor 200 000 Jahren entstand. Evolutionsgeschichtlich gesehen ist das wie gestern.

DAS REPTILIENGEHIRN

Die große Hirnrinde des Menschen ist wahrscheinlich ein Ergebnis der Eiszeit; die Arten mit Hirnrinde passten sich den Veränderungen nämlich besser an als diejenigen, die keine hatten. Die Dinosaurier mit ihrem Reptiliengehirn ohne reguläre Hirnrinde waren daher nicht gut gerüstet, als ein Meteoriteneinschlag zu großen Klimaveränderungen führte. Der Stegosaurus wog enorme fünf Tonnen, hatte aber ein Gehirn von nur 80 Gramm Gewicht (etwa so groß wie eine Zitrone). Wenn man außerdem weiß, dass dieses

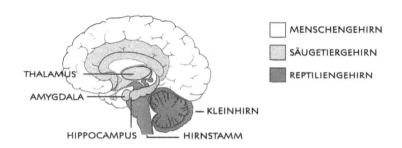

Abbildung 1. Die rechte Hirnhälfte eines menschlichen Gehirns von der Mitte aus gesehen, mit den jeweiligen evolutionsgeschichtlichen Entwicklungsstufen in verschiedenen Grautönen. Das Reptiliengehirn ist dunkelgrau, das frühe Säugetiergehirn hellgrau markiert. Das am weitesten entwickelte Säugetiergehirn, also das Menschengehirn, ist weiß dargestellt. Einzelne Hirnstrukturen, die eine zentrale und definierbare Rolle innehaben, sind speziell benannt.

Minigehirn keine Hirnrinde besaß, ist es kein Wunder, dass es diese Tiere heute nur noch im Film und im Museum gibt.

Auch wenn uns die Hirnrinde zur intelligentesten Art auf der Erde macht, hätten wir es ohne die tiefer liegenden Teile des Gehirns nicht weit gebracht. Der Teil, der am tiefsten sitzt und grundlegend für unsere Existenz ist, ist das Reptiliengehirn. Es besteht aus Hirnstamm und Kleinhirn. Der Hirnstamm ist der perfekte Hausmeister; er sorgt dafür, dass alles funktioniert, ohne dass wir uns darüber Gedanken machen müssen. Die Nervenzellen im Hirnstamm regulieren Atmung, Herzrhythmus und Schlaf. Sie ruhen nie, ganz

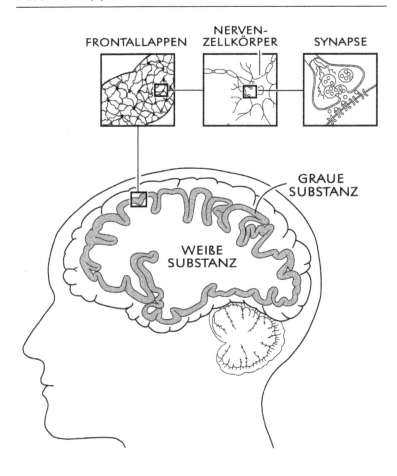

Abbildung 2. Die Hirnrinde besteht aus grauer Substanz. Hier finden wir auch alle Nervenzellkörper und die Kontaktpunkte zwischen den Nervenzellen, also die Synapsen. Unterhalb der grauen Substanz befindet sich die weiße Substanz, die aus isolierten Nervenzellfortsätzen besteht.

gleich, ob wir schlafen oder wach sind. An der Rückseite des Hirnstamms sitzt das Kleinhirn. Das Kleinhirn reguliert unsere Bewegungen, und wenn es durch Alkohol beeinflusst wird, bewegen wir uns unkoordiniert und schwankend.

Das Gehirn besteht aus grauer und weißer Substanz. In der grauen Substanz (die tatsächlich nicht grau, sondern rosa ist), liegen die Nervenzellkörper und die Synapsen, an denen die Signalübertragung zwischen den Nervenzellen stattfindet. Die weiße Substanz ist die Schnellstraße für die elektrischen Signale, die durch lange Nervenzellfortsätze geleitet werden. Wie jede elektrische Leitung brauchen auch die Leitungen im Gehirn eine Isolierung. Das Isoliermaterial im Gehirn bewirkt eine schnellere Übertragung der Signale. Es heißt Myelin und hat einen so hohen Fettgehalt, dass es weiß aussieht. Die graue Substanz finden wir in der Hirnrinde, also sowohl um das Großhirn als auch um das Kleinhirn herum, aber es gibt auch Inseln von grauer Substanz in der Mitte, in den Kernen.

DAS SÄUGETIERGEHIRN

Im menschlichen Gehirn sitzen immer noch die Strukturen des frühesten Säugetiergehirns. Dies entwickelte sich vor 250 Millionen Jahren und wird das limbische System genannt. Die ältesten Teile der Hirnrinde und die Inseln aus grauer Substanz mit Nervenzellen im Inneren des Gehirns gehören zu diesem System. Diese Inseln mit Nervenzellen nennt man Kerne, und viele von ihnen sind wichtig für grundlegende Funktionen. Im Englischen merkt man sich diese Funktionen mit Hilfe von vier F-Wörtern: *Fighting,*

1 GEDANKEN(R)EVOLUTION

Flighting, Feeding and Fucking, also Kampf, Flucht, Essen und Sex. All das sind entscheidende evolutionäre Triebkräfte.

Ein wichtiger Kern im limbischen System heißt Amygdala und liegt hinter der Schläfe (siehe Abbildung 1, Seite 19). Die Anatomen des Altertums benannten die Strukturen des Gehirns nach Dingen, denen sie ähnelten, und Amygdala ist griechisch für Mandel. Die beiden ersten F findest du in diesem Mandelkern. Die Nervenzellen in der Amygdala sind wichtig für deine emotionalen Reaktionen. Sie bewirken, dass dir vielleicht ein paar unfeine Wörter entschlüpfen, wenn du zum Bus rennst und der Busfahrer genau in dem Moment losfährt, wenn du ankommst, oder dass du dich erneut darüber aufregst, wenn du die Geschichte ein paar Stunden später beim Mittagessen erzählst. Die Amygdala ist auch wichtig für deine Motivation, und deswegen ist sie, wenigstens zum Teil, schuld daran, dass du dich so abgehetzt hast, um den Bus zu erreichen, obwohl der nächste nur wenig später fährt. Wenn du dann am selben Abend im Dunkeln nach Hause gehst, Schritte hinter dir hörst und vielleicht dein Tempo ein wenig beschleunigst – dann ist es wieder die Amygdala, die arbeitet. Und selbst wenn du in einer sicheren Umgebung wärst und nichts zu befürchten hättest, würdest du große Angst empfinden, wenn man deine Amygdala elektrisch stimulieren würde.

Hinter der Amygdala liegt eine drei bis vier Zentimeter lange wurstförmige Struktur, die ebenfalls zum primitiveren Teil des Gehirns gehört. Diese Wurst heißt Hippocampus, lateinisch für Seepferdchen (siehe Abbildung 1, Seite 19). Der Hippocampus ist wichtig für das Gedächtnis und den Ortssinn. Er kann dir dabei helfen, den Busfahrplan auswendig zu lernen, aber selbst wenn du die Abfahrtszeiten paukst, bis der Hippocampus qualmt, wirst du deswegen noch kein Mathe-Genie. Der Zahlensinn befindet sich nämlich in der Hirnrinde.

Im Zentrum des Gehirns sitzt links und rechts der Mittelachse ein Thalamus (siehe Abbildung 1, Seite 19). Die beiden Thalamusseiten leiten Signale mit den neuesten Nachrichten von allen Sinnen an so gut wie jeden Winkel des sensorischen Universums in der Hirnrinde. Würden wir die Hirnstrukturen mit Menschen vergleichen, wäre der Thalamus jemand, der sämtlichen Tratsch und Klatsch über die Leute weiß und überall mitmischt. Breite Autobahnen aus Nervenzellfortsätzen verlaufen nämlich durch diese beiden Thalamusteile, verbinden sich mit anderen Bahnen und bilden so komplexe Kreisläufe von elektrischen Informationen, die in koordinierten, wiederholten Mustern dahinflitzen.

GENIALE AFFEN

Die Menschenaffen bekamen schnell größere Gehirne. Sie behielten sowohl das Reptiliengehirn als auch das limbische System; der Volumenzuwachs bestand aus etwas anderem: der Hirnrinde.

In grauer Vorzeit lebten unsere Ahnen in den Baumkronen der afrikanischen Urwälder, bis die klimatischen Bedingungen sich ins Gegenteil verkehrten. Damals war das Klima die reinste Achterbahnfahrt, Mini-Eiszeiten und Hitzeperioden wechselten sich ab. Die extremen Verhältnisse wirkten sich auf alle Kreaturen aus, sofern sie denn überlebten. Die meisten überlebten nicht. Die Veränderungen waren extrem genug, um uns aus den Bäumen zu schütteln, aber nicht extrem genug, um uns auszurotten. Als die frühen Menschen vor vier Millionen Jahren auf zwei Beinen durch

1 GEDANKEN(R)EVOLUTION

die afrikanische Savanne liefen, wog ihr Gehirn rund 400 Gramm. Obwohl sie die Hände nun für andere Aufgaben frei hatten, als sich an Ästen festzuklammern, benutzten sie kein Werkzeug. Das änderte sich erst, als *Homo habilis*, der »begabte Mensch«, vor zwei Millionen Jahren auf den Plan trat. Da war das Gehirn auf gut 600 Gramm angewachsen. Es waren allerdings nicht gerade anspruchsvolle Werkzeuge, mit denen *Homo habilis* sich ausrüstete: Meistens griff er sich einfach irgendwelche Steine und schlug damit auf ein Objekt ein. Um *Homo habilis* etwas Würde zu verleihen, bezeichnet man diese Steine heute als Faustkeile.

Die Verwendung von Werkzeugen war ein Durchbruch, aber der Mensch ist nicht das einzige Geschöpf, das sich ihrer bedient. Delfine beißen Stücke von Seeschwämmen ab, um ihre Schnauzen zu schützen, wenn sie den Meeresgrund nach Beutetieren durchwühlen. Spechtfinken benutzen Kaktusstacheln, um Larven aus Löchern zu puhlen, während Schimpansen mit Hilfe von Stöckchen Termiten aus Baumstämmen angeln. Dass sie ein Werkzeug benutzen, um an Termiten zu kommen, ist zwar beindruckend, aber es fehlt doch noch einiges, bis Schimpansen Symphonien schreiben. In der Evolutionsgeschichte des Menschen muss also noch mehr passiert sein, etwas, das unser Denken einzigartig macht.

Eine weitere Million Jahre verging, und *Homo habilis* wich dem *Homo erectus* (»aufgerichteter Mensch«), der sich das Feuer zunutze machte und zu jagen begann. *Homo erectus* wurde in geringerem Maße als seine Vorfahren von den primitiven Teilen des Gehirns gesteuert. Das Gehirn hatte sich von der Größe her abermals fast verdoppelt und wog nun 1000 Gramm. Anstatt vor dem Feuer zu fliehen, begriff *Homo erectus*, dass er es sich zunutze machen konnte. Das Feuer spendete Licht, Wärme und Schutz auf der Wanderung weiter hinaus in die Welt. Vor 200 000 Jahren entwickelte sich dann der moderne Mensch, *Homo sapiens*, mit einem Gehirn von 1200 bis 1400 Gramm. *Homo sapiens* bedeutet »der denkende Mensch«, und so ist unser Gehirn auch dreimal so schwer wie das unseres Urahnen, der sich zum ersten Mal auf zwei Beine erhob, eines Menschen, der 3,8 Millionen Jahre vor unserer Zeit lebte.

Mit dem ständig wachsenden Gehirn entwickelte sich eine Intelligenz, die den Menschen absolut einzigartig macht. Es gibt allerdings genügend Beispiele dafür, dass es nicht nur auf die Größe ankommt. Das Gehirn von Delfinen ist in etwa so groß wie unseres, ohne dass sie deswegen eine ebenso hoch entwickelte Intelligenz besäßen. Auch Schimpansen und Kühe haben Gehirne von ungefähr derselben Größe, aber besonders kreativ oder klug ist unser Milchvieh damit noch nicht.

WARUM GENÜGT ES NICHT, DAS GRÖSSTE GEHIRN ZU HABEN?

Elefanten und manche Wal-Arten haben noch größere Gehirne als wir. Das Gehirn eines Blauwals wiegt ganze acht Kilo. Dafür bringt der Blauwal auch 100 Tonnen auf die Waage. Je größer der Körper, desto größer das Gehirn. Und was ist beispielsweise mit den Gorillas, die zwei- bis dreimal so groß sind wie wir, ist ihr Gehirn denn auch entsprechend größer als unseres? Tatsächlich ist genau das Gegenteil der Fall: Unser Gehirn ist zwei- bis dreimal größer als das eines Gorillas. Nur Wale und Elefanten, die größten Meeres- beziehungsweise Landtiere, haben ein noch größeres Gehirn als wir. Im Verhältnis zur Körpergröße ist das menschliche Gehirn immer noch am größten.

Es hilft nichts, dass ein Blauwal ein Gehirn von acht Kilo hat, wenn der IQ nicht in Kilo gemessen wird. Es ist nicht so, dass zwei gleich große Gehirne dieselbe Anzahl von Neuronen und dieselbe Fähigkeit zu komplexem Denken besitzen. Ein klassisches Beispiel ist Albert Einstein, der – obwohl er Vater der Relativitätstheorie und Nobelpreisträger in Physik war – ein Gehirn besaß, das 20 Prozent kleiner als der Durchschnitt war. Tatsächlich kennen wir das Gewicht von Einsteins Gehirn, dank eines treulosen Arztes. Einstein hatte den Wunsch geäußert, dass man ihn nach seinem Tod einäschern und die Asche anonym verstreuen sollte, um Wallfahrten zu seinem Grab zu verhindern. Dieser Wunsch wurde auch erfüllt, aber vorher hatte der Arzt, der die Obduktion durchführte, Einsteins Gehirn entfernt und es mit nach Hause genommen.

Die verschiedenen Gehirne sind auch nicht alle auf dieselbe Weise aufgebaut. Bei Primaten, also Menschen und Affen, bleibt die Größe der Nervenzellen gleich, unabhängig davon, ob das Gehirn 80 oder 1000 Gramm wiegt. Zehnmal mehr Nervenzellen bedeuten also ein zehnmal größeres Gehirn, ganz einfach. Bei Nagetieren haben größere Gehirne auch größere Nervenzellen zur Folge. Für eine Verzehnfachung der Nervenzellen muss das Gehirn ganze 40-mal größer werden. Deshalb wird ein Primatengehirn immer mehr Nervenzellen enthalten als ein gleich großes Nagetiergehirn. Je größer diese (hypothetisch) gleich großen Gehirne sind, desto größer wird der Unterschied in der Anzahl der Nervenzellen sein. Hätte ein Rattengehirn ebenso viele Nervenzellen wie das menschliche Gehirn, würde es 35 Kilo wiegen. Wir haben also nicht nur das größte Gehirn im Verhältnis zum Körper, sondern auch ein Primatengehirn mit weit mehr Nervenzellen pro Gramm Gewicht als ein Nagetiergehirn.

Auch wenn sich das Nagetiergehirn und das Primatengehirn deutlich unterscheiden, ist das zugrunde liegende Prinzip dasselbe. Die Zellen scheinen auf dieselbe Weise miteinander zu kommunizieren. Deshalb werden in Tierversuchen oft Ratten und Mäuse eingesetzt, um herauszufinden, wie ihr Gehirn funktioniert, und damit indirekt auch die Funktionen unseres eigenen Gehirns zu erforschen.

UNFERTIGE KINDER

So wie der Mensch heute gebaut ist, dürfte unser Gehirn gar nicht viel größer sein. In unserem Schädel wäre dafür kein Platz. Obwohl die Hirnrinde sich in Falten legt, um hineinzupassen, ist unser Kopf so groß, dass bei der Geburt nur wenig Spielraum bleibt. Dreht das Kind sich nicht rechtzeitig in die richtige Lage, gibt es Probleme. Deshalb werden Kinder mit einem unfertigen Gehirn geboren, mit dem der Schädel noch klein genug ist, um durch den Geburtskanal zu passen. Der Nachteil daran ist, dass Menschenkinder eine lange Kindheit haben, in der sie auf ihre Eltern angewiesen sind. Wir bringen kleine, hilflose Geschöpfe zur Welt, deren Gehirn sich erst außerhalb der Gebärmutter fertig entwickelt, deshalb müssen wir viel Energie in die Aufzucht unseres Nachwuchses investieren.

Obwohl der kleine Mensch verletzlich ist und fast 20 Jahre lang umsorgt werden muss, ist die Menschheit stetig gewachsen und zu einer Weltbevölkerung von mehr als sieben Milliarden geworden.

1 GEDANKEN(R)EVOLUTION

Allein in den vergangenen 50 Jahren hat sich die Zahl der Menschen auf der Erde verdoppelt. Wie kann es angehen, dass körperlich schwache Nacktaffen, die hilflose Säuglinge gebären, eine so starke Position erreicht haben? Wir sind nicht die schnellsten Läufer, können nicht am tiefsten tauchen und sehen nachts nicht gut. Das widerspricht der Tatsache, dass Raubtiere, die überleben, spezielle Vorzüge haben, wie starke Kiefer, mehrere Reihen scharfer Zähne, lähmendes Gift oder erdrückende Muskelkraft, und dass Beutetiere sich durch Körperpanzerung oder Camouflage schützen.

INTELLIGENZ IST EINE KUNST

Der Mensch war anatomisch gesehen auch vor 150 000 Jahren schon in jeder Hinsicht modern, nur dass er der Nachwelt keine Beweise für abstraktes oder symbolisches Denken hinterlassen hat. Vor ungefähr 40 000 Jahren fingen wir an, Kunstwerke, Schmuck und anspruchsvollere Gerätschaften wie Feldflaschen und Angelhaken herzustellen. Wir produzierten also Dinge, um körperliche Attribute zu kompensieren, die uns fehlten. Zu dem Zeitpunkt der Entwicklung muss im Gehirn eine Änderung stattgefunden haben, die den Weg für Kreativität freimachte. War es vielleicht eine genetische Mutation? Oder lag es an Darwins »Survival of the Fittest« – dass also die kreativsten und intelligentesten Mitglieder der Horde als besonders attraktiv galten und damit die größten Chancen hatten, ihre Gene weiterzugeben? Das kann niemand mit Sicherheit sagen.

Der Weg vom Gebrauch eines Steins, der mit viel gutem Willen als Beil bezeichnet werden kann, bis zum Bau von Pyramiden ist lang. Die Pyramiden in Ägypten wurden vor etwa 4000 Jahren errichtet, und eine Pyramide besteht aus rund 2,3 Millionen Steinblöcken. Jeder Steinblock hat ein durchschnittliches Gewicht von 2,5 Tonnen und ist so exakt quadratisch, dass die maximale Abweichung der Kantenlängen nur 0,1 Prozent beträgt. Es war nicht in erster Linie Muskelkraft, die die Steinblöcke bewegte, sondern Ingenieurskunst. Es war das Gehirn. Ein paar tausend Jahre später wurde der Erdumfang so genau berechnet, dass er nur um zwei Prozent von dem Wert abweicht, mit dem wir heute arbeiten – und das nur durch die Vermessung des Schattens, den die Sonne in zwei verschiedenen Städten warf. Abermals 2000 Jahre später bauen wir Roboter und schicken sie zum Mars.

VON DEN BAUMKRONEN ZUM FERNSEHSOFA

Nicht nur die Größe des Gehirns ist wichtig, sondern auch, welche seiner Teile die Größe ausmachen. Der Mensch ist intelligenter als die Tiere, weil wir einerseits im Verhältnis zum Körper ein größeres Gehirn haben und andererseits eine größere Hirnrinde, verglichen mit anderen Tieren. Das menschliche Gehirn hat im Durchschnitt 86 Milliarden Nervenzellen, von denen sich 16 Milliarden in der Hirnrinde befinden. Keine andere Art hat mehr Nervenzellen in der Hirnrinde als der Mensch. Die Hirnrinde ist der Sitz von Gedanken, Sprache, Persönlichkeit und Problemlösungsfähigkeit. Die Hirnrinde macht den Menschen zum Menschen.

Wegen unserer Hirnrinde sind wir die brillantesten unter den Tieren, wenn wir am Freitagabend vor dem Fernseher sitzen und uns amüsieren. Jon Almaas liest in der Satiresendung *Nytt på nytt* (dt. »Wieder aufs Neue«) mit ernster Miene eine Nachricht vor, und die Filmaufnahmen dazu zeigen das genaue Gegenteil von dem, was er gerade gesagt hat. Das bringt uns zum Lachen. Unser Gehirn versteht die Ironie. Die Hirnrinde hilft uns nicht nur, Gefühle zu spiegeln, sondern auch schnell den Sinn hinter den Worten zu erfassen und zu verstehen, dass etwas, was todernst gesagt wird, trotzdem ironisch gemeint ist. Empfindest du dich als Wunder des Planeten, wie du da auf deinem Sofa sitzt? Das solltest du! Kein Geschöpf ohne einzigartiges Gehirn kann über Humor und Sprache verfügen.

Tiere kommunizieren auch, aber ihre Kommunikation beschränkt sich darauf, Gefahr, Freude, Hunger und Paarungsbereitschaft mitzuteilen. Weil der Mensch lesen, schreiben und sprechen kann, gibt es für uns nur wenig, was wir nicht mitteilen können. Wir können diese hochentwickelten Werkzeuge benutzen, um Theaterstücke und Opernarien zu schreiben – oder über einen Witz zu lachen, den andere geschrieben haben.

EIN PLATZ FÜR ALLE

Die Hirnrinde wird in Lappen eingeteilt, je nachdem, wo die verschiedenen Teile im Schädel platziert sind (siehe Abbildung 3, Seite 31). Obwohl es viele Eigenschaften gibt, die mit einer Region oder einem Lappen im Gehirn verbunden sind, arbeiten die verschiedenen Lappen nicht isoliert. Alle Nervenzellen im Gehirn müssen Teil eines Nervenzellnetzwerks sein, um funktionieren zu können. Selbst Eigenschaften, die einem eigenen Zentrum im

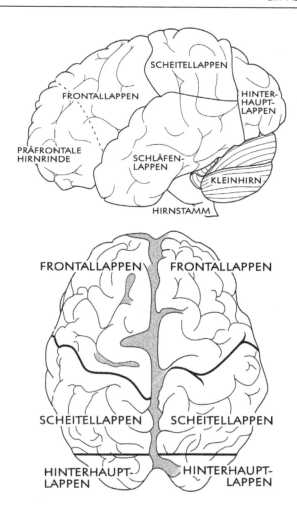

Abbildung 3. Einteilung der Lappen des menschlichen Gehirns, Ansicht von der linken Seite und von oben. Wir haben alle in doppelter Ausführung, einmal auf der linken und einmal auf der rechten Seite.

Gehirn zugerechnet werden, sind abhängig von der Zusammenarbeit mit Nervenzellgruppen an anderen Orten im Gehirn.

Der Scheitellappen liegt unter dem Scheitel und bewirkt, dass wir spüren, wenn uns jemand die Wange streichelt oder wenn uns beim Weinen die Tränen übers Gesicht laufen.

Den Schläfenlappen finden wir hinter der Schläfe, er ist wichtig für Gedächtnis, Geruchssinn und Gehör.

Der Hinterhauptlappen ist entscheidend dafür, dass wir sehen können.

Der Frontallappen sorgt dafür, dass Säugetiere allgemein die Kontrolle über ihre Bewegungen haben.

Menschen haben zwei Sprachareale in der dominanten Gehirnhälfte. Bei allen Rechtshändern ist die linke Gehirnhälfte die dominante, aber auch bei 70 Prozent der Linkshänder liegen die Sprachareale in der linken Gehirnhälfte. Das Sprachareal, das es uns ermöglicht, Sprache zu produzieren, befindet sich im Frontallappen, während das Areal, das uns Sprache verstehen lässt, auf derselben Seite zwischen Schläfenlappen und Scheitellappen liegt. Wenn das hintere Sprachareal beschädigt ist, kannst du zwar Worte und Sätze formulieren, nur dass weder du selbst noch irgendjemand anderes sie versteht. Dein Gehirn denkt sich einfach Worte aus, die es nicht gibt. Was andere sagen, verstehst du auch nicht. Falls dagegen das Sprachareal im Frontallappen beschädigt ist, verstehst du alles, was man dich fragt, aber du findest keine Worte, um darauf zu antworten.

Beim Menschen sitzen allerdings noch mehr einzigartige Funktionen als nur die Sprache im Frontallappen. Ganz vorn im Frontallappen ist ein Bereich, der präfrontale Hirnrinde genannt wird. Hier finden wir die Persönlichkeit und die Fähigkeit zu planen. Die präfrontale Hirnrinde ist der jüngste Teil des Gehirns, und zwar nicht nur im evolutionären Sinne; denn er ist auch der Teil des Gehirns, der sich beim jungen Menschen als letzter entwickelt.

Zusammen geben uns die verschiedenen Areale der Hirnrinde die Fähigkeit, analytisch zu denken, Konsequenzen von Handlungen vorauszusehen und die Zukunft zu planen. Die Hirnrinde macht uns zu Mathematikern, Dichtern und Komponisten.

NICHT STÄRKER, ABER SCHLAUER

Alles dreht sich um Sex. Evolutionär gesehen. Der Mensch hätte sein komplexes Gehirn kaum entwickelt, wenn es unseren Urahnen nicht einen Vorteil bei der Verbreitung ihrer Gene verschafft hätte. Wer nicht in der Lage war, neue Probleme schnell zu lösen oder aus seinen Fehlern zu lernen, überlebte nicht lange genug, um seine Gene weitergeben zu können. In unserer modernen Gesellschaft hilft das Gehirn uns, mit Situationen so umzugehen, dass wir Freunde gewinnen, anstatt uns Feinde zu schaffen. Das Gehirn befähigt uns, über längere Zeit Geld anzusparen, sodass wir unsere Ziele in der Zukunft verwirklichen können. Bist du klug und spielst deine Karten geschickt aus, findest du gute Kooperationspartner, Arbeit und gute Freunde. Du wirst attraktiv. Das Nettoergebnis unserer Evolution ist deshalb nicht, dass wir schneller oder stärker geworden sind, sondern schlauer.

2 DIE JAGD NACH DER PERSÖNLICHKEIT

Cogito ergo sum. Der berühmte Ausspruch des französischen Philosophen René Descartes sagt, weil du denkst, bist du. Aber wer bist du? Was macht dich zu dir? Persönlichkeit ist eine Kombination aus deiner Selbstwahrnehmung und wie andere dich wahrnehmen. Du bist nicht nur das, was du denkst und fühlst, sondern auch, was du tust und wie du dich gibst. Aber ist »das Selbst« konstant?

Mittlerweile versuchen auch Hirnforscher, Antworten auf diese Fragen zu finden, nicht mehr nur die Philosophen. Wie überall in der Medizin taucht die Frage nach Vererbung und Milieu auf. Die Antwort lautet hier wie so oft: Sowohl als auch. Jeder, der Geschwister oder eigene Kinder hat, weiß aus Erfahrung, dass Persönlichkeit nicht nur durch das Milieu geprägt wird. Geschwister, die zusammen aufwachsen, können ganz verschiedene Temperamente, Werteinstellungen oder Weltanschauungen haben.

Trotzdem hat die Umgebung, in der ein Mensch aufwächst, ihre Finger im Spiel. Sowohl die Erziehung als auch das Verhalten von Rollenvorbildern tragen zu Änderungen im kindlichen Gehirn bei. Kinder sehen und lernen. Es ist leider so, dass bei Kindern, die in einem von Gewalt geprägten Umfeld groß werden, eine erhöhte Wahrscheinlichkeit besteht, dass sie selbst gewalttätig werden. Kinder, die in einem von Empathie und Respekt geprägten Elternhaus aufwachsen, werden mit großer Wahrscheinlichkeit ebenfalls eine

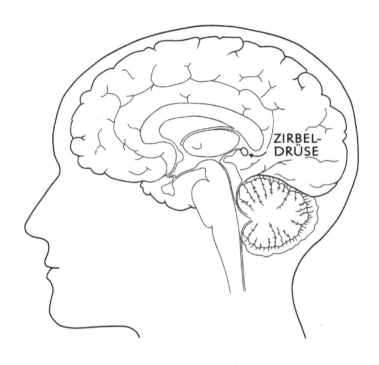

Abbildung 4. Rechte Gehirnhälfte, von der Mitte aus gesehen. Die Zirbeldrüse, auch Epiphyse genannt, liegt genau auf der Mittelachse im hinteren Gehirn.

empathische Persönlichkeit entwickeln. Bei Erwachsenen sehen wir allerdings selten Änderungen in den Charakterzügen.

2 DIE JAGD NACH DER PERSÖNLICHKEIT

SITZ DER SEELE

Descartes hat noch mehr getan, als nur darauf hinzuweisen, dass wir sind, weil wir denken. Er war auch überzeugt, dass Körper und Seele getrennt sind und dass die Seele nicht körperlich ist. Descartes meinte, dass jede Information, die wir über die Umwelt erhalten, durch etwas gesendet wird, das er Zirbeldrüse nannte – einfach weil die Drüse, auf die er sich bezog, einem Pinienzapfen ähnelt (siehe Abbildung 4, Seite 35). Von diesem Zapfen werde alle Information an unsere nicht körperliche Seele weitergeschickt, meinte Descartes. Aber was ist die Seele? Falls die Seele das »Ich« ist, also die Summe aus dem, was wir denken, fühlen, glauben und tun, dann ist es nicht mehr weit bis zu dem, was wir Persönlichkeit nennen.

Zweihundert Jahre nach Descartes trug das tragische Schicksal des Eisenbahnarbeiters Phineas Gage dazu bei, dass wir mit Sicherheit sagen können: Die Seele sitzt zwar im Gehirn, aber nicht in der Zirbeldrüse. Bei einem Arbeitsunfall bohrte sich eine Eisenstange durch den Kopf von Gage; man brachte ihn zum Arzt, und ein halbes Jahr später schien es, als sei er wieder gesund. Dennoch war seine Persönlichkeit komplett verändert. Der vordere Teil des Frontallappens war bei dem Unfall zerstört worden, was zur Folge hatte, dass er keine Vereinbarungen mehr einhielt und auch sein Temperament nicht unter Kontrolle hatte. Außerdem schaffte er es nicht mehr, seine Arbeit zu erledigen. Zwölf Jahre nach dem Unfall starb er schwer alkoholkrank, einsam und verlassen. Die Geschichte von Gage ist für uns Hirnforscher zu einem tragischen Klassiker geworden – nicht, weil er der Einzige mit einer veränderten Persönlichkeit nach einem traumatischen Hirnschaden wäre, sondern weil er das erste bekannte Beispiel dafür ist. Hatte man bis dahin die Auffassung vertreten, Persönlichkeit sei etwas Unantastbares und Nichtstoffliches, so sah man nun, welche Konsequenzen ein Hirnschaden in den Frontallappen nach sich ziehen konnte. Descartes hatte wohl doch nicht in allem recht. Das Selbst war physisch.

Descartes' Zirbeldrüse dagegen erwies sich als wichtig für das Hormon, das unseren Tag-Nacht-Rhythmus reguliert. Der griechische Arzt Galen meinte übrigens 1400 Jahre früher, die Seele sei die Flüssigkeit, die sich im und um das Gehirn herum befindet, die Cerebrospinalflüssigkeit. Viele Philosophen, Theologen und Wissenschaftler hatten im Laufe der Jahrhunderte ihre ganz eigenen Hypothesen, wo der Sitz der Seele sei. Dass wir über viele ihrer Vermutungen heute lächeln, ist ein gutes Zeichen. Die Forschung hat Fortschritte gemacht.

FRONTALLAPPEN

Wenn der Frontallappen beschädigt wird, verliert man viele seiner Persönlichkeitszüge, was dazu führt, dass alle Menschen mit einer solchen Verletzung einander ähnlich sind. Aber was tut denn eigentlich ein gesunder Frontallappen für dich? Der Frontallappen versetzt dich in die Lage, für die Zukunft zu planen. Diese Eigenschaft hatte der erwähnte Phineas Gage verloren. Warum soll man denn auch morgens aufstehen und zur Arbeit gehen, wenn es einen nicht kümmert, ob man seinen Arbeitsplatz am nächsten Tag noch hat? Während der Frontallappen dir hilft, deine Pläne zu verwirklichen, hält er dich gleichzeitig im Zaum. Anders gesagt: Ohne einen gut funktionierenden Frontallappen verlierst du die Selbstbeherrschung und tust vielleicht Dinge, die du später bereust. Oder bereuen solltest. Mit einer Verletzung im Frontallappen verschwindet nämlich auch ein gutes Stück Selbsteinsicht. Phineas Gage kränkte die Menschen, die ihm nahestanden, und stieß sie vor den Kopf. Eine Verletzung im vorderen Teil des Gehirns kann dich gefühlskalt machen, weil du dich nicht mehr gut in andere Menschen hineindenken kannst, aber auch, weil du generell gleichgültig und apathisch wirst.

Ein wenig beschränkt wärst du wohl auch. Wenn Hirnforscher testen wollen, ob jemand die Fähigkeit verloren hat, eine Regeländerung zu erkennen, benutzen sie dazu gerne ein Kartenspiel. Auf die Reaktion des Testers hin sollst du erkennen, wie die Karten sortiert werden müssen. Nach einer Weile hast du verstanden, dass schwarze und rote Karten auf getrennte Stapel gelegt werden sollen. Wenn der Tester dich anschließend daran hindert, Pik auf Kreuz abzulegen, bist du natürlich verwirrt, begreifst aber dann, dass sich die Spielregeln geändert haben, und fängst an, die Karten nach ihren Symbolen zu sortieren. Ein Mensch mit Frontallappenschaden hätte hier typischerweise Probleme zu akzeptieren, dass die Regeln geändert wurden, und würde immer weiter versuchen, Kreuz auf Pik abzulegen.

DER DIRIGENT HINTER DER STIRN

Der Frontallappen ist allerdings mehr als ein Organisator von Persönlichkeitszügen. Ohne Frontallappen würden wir nämlich keinen Finger rühren können. Alle Bewegungen werden vom hinteren Teil des Frontallappens gesteuert. Der vordere Teil, die präfrontale Hirnrinde, macht uns zu Menschen mit Moral und Humor. Die präfrontale Hirnrinde hilft dir, die Konsequenzen einer Handlung im Voraus einzuschätzen und dein Verhalten an allgemein akzeptierte Normen und Regeln anzupassen. Hier sitzt dein Arbeits- oder Kurzzeitgedächtnis, welches Eindrücke gerade so lange speichert, dass sie geprüft und mit laufenden Vorgängen und bereits gespeicherten Informationen verknüpft werden können.

Die präfrontale Hirnrinde ist wie ein Dirigent, der dein Gehirn steuert, eine Kommandozentrale, die Informationen über dein »Ich« zu einem Gesamtbild zusammenfügt. Sie empfängt Nervensignale aus anderen Regionen der Hirnrinde und aus tiefer liegenden Bereichen im Reptiliengehirn. Sie nimmt eine übergeordnete Rolle ein, indem sie komplizierte Funktionen wie Gedächtnis, Intellekt und Gefühle miteinander verknüpft. Gerade die Fähigkeit, Gedächtnis, Intellekt und Gefühle kombinieren zu können, schafft die Grundlage für Persönlichkeit, Gewissen und andere Funktionen, die charakteristisch für den Menschen sind und uns von Tieren unterscheiden.

PERSÖNLICHKEIT LIEGT NICHT NUR IN DER STIRN

Auch wenn der Frontallappen entscheidend ist, erfordert eine so komplexe Funktion wie Persönlichkeit eine umfassende Zusammenarbeit zwischen den verschiedenen Bereichen deines Gehirns. Auf die Frage »Wer bist du?« antworten die meisten, indem sie Namen, Alter, Wohnort und Beruf nennen. Faktenangaben wie diese werden von den Scheitellappen verwaltet (siehe Abbildung 5,

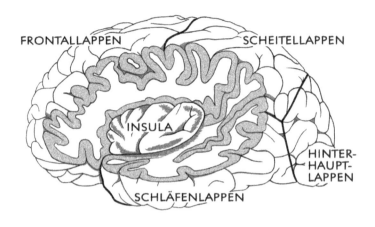

Abbildung 5. Seitenansicht der linken Gehirnhälfte mit Bezeichnung der verschiedenen Hirnlappen. Teile des Gehirns wurden entfernt, um die Insula freizulegen, das Rindengebiet hinter dem Schläfenlappen.

Seite 40). Die Scheitellappen sind es auch, die dafür sorgen, dass du die Hände, die dieses Buch halten, oder die Schenkel darunter als deine eigenen erkennst. Hättest du einen Schlaganfall gehabt, der einen der Scheitellappen getroffen hat, könnte es passieren, dass du morgens aufwachst und denkst, ein fremder Arm liege neben dir im Bett! Der Scheitellappen hilft dir mit anderen Worten, dich selbst wiederzuerkennen – und tatsächlich nicht nur dein körperliches Ich, sondern auch, wie du denkst und dein inneres Ich bewertest.

In den Scheitellappen liegt das Zentrum für Gefühle und Erinnerungen, was auch wichtig dafür ist, wie du wahrgenommen wirst. Könntest du den Schläfenlappen zur Seite schieben, würdest du sehen, dass dahinter ein Hirnrindengebiet liegt, die Insula (siehe Abbildung 5, Seite 40). Während die Scheitellappen dafür sorgen, dass du die Arme und Beine, die du siehst, als deine eigenen erkennst, hilft die Insula dir, dich auf Bildern wiederzuerkennen und deine Erinnerungen als deine eigenen wahrzunehmen. Dasselbe Rindengebiet benutzt du auch, wenn du Worte suchst, die dich charakterisieren.

Das Kleinhirn, von dem man früher annahm, es sei nur für die Koordinierung von Bewegungen wichtig, scheint auch eine Menge für einzelne Persönlichkeitszüge zu bedeuten. Ohne funktionierendes Kleinhirn würdest du nämlich immer alles sofort sagen, was dir einfällt. Du hättest keine Sicherheitskontrolle, die dich daran hindert, ins Fettnäpfchen zu treten – ungefähr so, wie wenn der Frontallappen beschädigt ist. Außerdem wärst du labil. Mit anderen Worten wären die Abstände zwischen Heiterkeit, Trauer und Wut sehr kurz.

Persönlichkeit hat auch etwas mit deiner Einstellung und deinen Entscheidungen zu tun. Vieles deutet darauf hin, dass eine Entscheidung fast eine ganze Sekunde, bevor du sie triffst, bereits feststeht. Das bedeutet nicht, dass jemand anderes dir die Entscheidung abgenommen hat, sondern dass dein Bewusstsein zu Beginn des Prozesses nicht beteiligt ist. Wir glauben, dass wir uns bewusst entschließen, den Arm zu heben, und dann heben wir den Arm, aber in Wirklichkeit wird die Bewegung geplant, bevor wir überhaupt wissen, dass wir uns dazu entschlossen haben. Die meisten Forschungsversuche zur bewussten Wahl sind einfacher Art, in dem Sinne, dass eine Versuchsperson sich entscheidet, ob sie einen Knopf mit der linken oder mit der rechten Hand drückt, und dabei auf die Uhr sieht. Die Versuchsperson soll sich merken, wo der Zeiger in dem Moment steht, in dem sie ihren Entschluss fasst, aber noch bevor sie die Bewegung ausführt. Wenn man den Kopf der Versuchsperson mit Elektroden verkabelt, kann man sehen und voraussagen, für welche Hand sie sich entscheiden wird, bevor die Person selbst meint, dass sie ihre Wahl getroffen hat. Es gibt bisher keine tiefergehenden Versuche zu komplizierteren Entscheidungen, etwa was man mit seinem Leben anfängt oder mit wem man es teilen will. Selbst, wenn sich herausstellen sollte, dass auch solche Entscheidungen zu einem gewissem Grad bereits gefallen sind, bevor du dir dessen bewusst bist, sind es immer noch deine Entscheidungen. Du bist dein Gehirn.

GESPALTENES HIRN, GESPALTENE PERSÖNLICHKEIT?

Welche Konsequenzen hat es, dass Persönlichkeit nicht etwas ist, das man an einer bestimmten Stelle lokalisieren kann? Fast alle Hirnlappen steuern mehr oder weniger Persönlichkeitsmerkmale bei, die zusammen unsere Persönlichkeit ausmachen. Die Informationen zwischen rechter und linker Gehirnhälfte laufen durch den sogenannten Balken. Der Balken wird deshalb zu einer Kommunikationsbrücke aus weißer Substanz – der Schnellstraße mit mehreren hundert Millionen Fahrbahnen – zwischen den beiden Gehirnhälften und damit auch zwischen rechtem und linkem Frontallappen, Scheitellappen und Schläfenlappen.

Wenn auch selten, kommt es bei schweren Krankheiten immer

Gespaltenes Hirn, gespaltene Persönlichkeit?

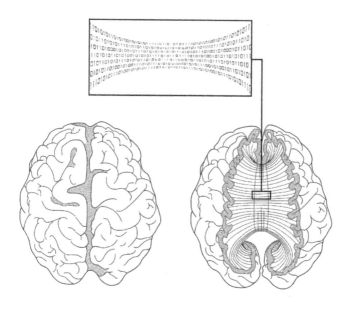

Abbildung 6. Zwei Gehirne von oben betrachtet, wobei das rechte so aufgeschnitten ist, dass wir auf den Balken blicken. Der Balken ist der Kommunikationsweg zwischen rechter und linker Gehirnhälfte.

noch vor, dass man sich vor die Wahl zwischen zwei Übeln gestellt sieht und sich deshalb entscheidet, den Balken zu durchtrennen. Dann ist das andere Übel oftmals Epilepsie, die man daran hindern will, sich auf beide Gehirnhälften auszubreiten. Manche der Patienten haben nach einer solchen Operation den Eindruck, dass sie zwei Gehirne haben, die unterschiedlich denken. Die eine Hälfte will die Hose ausziehen, die andere Hälfte will sie anbehalten. Das

Ergebnis ist, dass der rechte und der linke Arm jeweils entgegengesetzt an der Hose zerren. Jede Gehirnhälfte hat ihre eigenen Gedanken, Gefühle, Erlebnisse und Erinnerungen, sie repräsentieren einfach zwei verschiedene Gemüter.

Die Frage ist, ob man wirklich eine gespaltene Persönlichkeit hat, wenn das Gehirn gespalten ist. Das ist diskutiert und getestet worden, und vieles deutet darauf hin, dass, wenn man zwei Persönlichkeiten hat, eine in jeder Gehirnhälfte, sich die beiden jedenfalls sehr ähnlich sind. Und das ist vielleicht auch nicht verwunderlich, wenn man bedenkt, dass die Gehirnchirurgen sie erst im Erwachsenenalter voneinander getrennt haben.

DR. JEKYLL UND MR. HYDE

Was in der Fachsprache »Dissoziation« genannt wird, ist etwas völlig anderes als ein gespaltenes Gehirn. Die milde Form davon kennst du sicher aus eigener Erfahrung: Du hörst nicht, was jemand sagt, weil du auf etwas anderes konzentriert bist. Die ausgeprägteste Form hast du hoffentlich nicht selbst erlebt. Dabei hat man zwei verschiedene Bewusstseine, die nie gleichzeitig anwesend sind. Zwei oder mehr Persönlichkeiten mit eigenen Vorlieben und Verhaltensweisen treten dann in ein und derselben Person auf. Die eine Persönlichkeit hat ihr eigenes Gedächtnis und erinnert sich an nichts von dem, was der anderen Persönlichkeit passiert ist. Sowohl in der Literatur als auch in klinischen Beispielen dafür sind die Persönlichkeiten verschieden, und oft völlig gegensätzlich. *Der seltsame Fall des Dr. Jekyll und Mr. Hyde* beschreibt in vieler Hinsicht eine realistische Persönlichkeitsspaltung: Dr. Jekyll ist ein netter, beliebter Arzt, während Mr. Hyde das genaue Gegenteil ist. In Stevensons Novelle ist die Persönlichkeitsspaltung das Ergebnis von Dr. Jekylls eigenen Experimenten, was natürlich bei einer dissoziativen Persönlichkeitsstörung nicht der Fall ist.

DU KANNST DICH ÄNDERN – EIN BISSCHEN

Synapsen, Membranpotenziale und Botenstoffe machen zusammen deine Persönlichkeit aus. Synapsen sind die Verbindungen zwischen den Nervenzellen. Gedanken, Gefühle und Wille entstehen durch die chemischen und physischen Prozesse im Gehirn. Wir sind Biologie, aber wir sind nicht ihre Sklaven. Das Gehirn ist beeinflussbar. Meinungen können geändert, schlechte Angewohnheiten abgelegt und Temperament kann kontrolliert werden. Wenn du dir die Finger verbrennst und ein Teil deines Gehirns das Signal »schimpfen!« an dein Sprachzentrum sendet, kann dein Frontallappen eingreifen und verhindern, dass du vor den Nachbarskindern fluchst. Oder wenn du wütend eine E-Mail in die Tastatur gehämmert hast und dich in letzter Sekunde vor dem Abschicken entscheidest, sie doch lieber zu löschen und neu zu schreiben, kannst du dir erleichtert über die Stirn wischen und der Hirnrinde danken, die sich dahinter befindet.

Hast du, so wie ich, einen Lebenspartner, der meint, schmutzige Wäsche gehöre auf den Schlafzimmerfußboden und nicht in den Schmutzwäschekorb, dann denk daran, dass das Gehirn formbar ist. Gewohnheiten können sich ein Leben lang ändern. Sind es allerdings ganz grundsätzliche Dinge, die du an deinem

2 DIE JAGD NACH DER PERSÖNLICHKEIT

Liebsten gern anders hättest, solltest du entweder die Kröte schlucken oder dir besser jemand anderes suchen. Persönlichkeit ist ein so fundamentaler Teil des Gehirns, mit dem wir geboren wurden, und der Erziehung, die wir genossen haben, dass das, was wir unter Persönlichkeit verstehen, überraschend stabil ist. Einzelne Persönlichkeitszüge jedoch lassen sich modifizieren, und mehr solltest du, wenn es um alltägliche Dinge geht, auch nicht anstreben.

HERDENHIRNE

Der Mensch ist ein Herdentier. Wir sind mit einem Gehirn ausgestattet, das dafür sorgt, dass wir zusammenarbeiten und Befehlen gehorchen können. Das ist entscheidend für eine funktionierende Gesellschaft. Aber was würden wir tun, wenn wir uns plötzlich in einem Milieu befänden, in dem die Normen destruktiv und die Anführer noch destruktiver sind? Was machen wir, wenn Eigenschaften, die sich im Laufe von Jahrtausenden als wichtig erwiesen haben, ausgenutzt und dazu missbraucht werden, unseren eigenen Untergang herbeizuführen?

In den 1930er-Jahren wuchs im US-Bundesstaat Indiana ein kleiner Junge in ärmlichen Verhältnissen bei einer hart arbeitenden Mutter und einem trunksüchtigen Vater auf. Die Nachbarskinder erzählten später, er sei ganz besessen von Religion und Tod gewesen. Der Junge brachte streunende Katzen mit einem Messer um und wollte immer nur Beerdigung spielen. Am Ende spielte keiner mehr mit ihm. Der kleine Junge fühlte sich außen vor. Als Teenager identifizierte er sich mit den Afroamerikanern, die auch weitestgehend ausgegrenzt waren. Durch den Glauben fand er Gemeinschaft, und mit Anfang 20 gründete er seine eigene Gemeinde, die er Peoples Temple nannte.

Peoples Temple nahm jeden auf, egal welcher Hautfarbe oder Herkunft. Der kleine Junge aus ärmlichen Verhältnissen wurde zum charismatischen Anführer einer mehrere tausend Mitglieder starken Gemeinde. Sein Name war Jim Jones. Die Gemeinde wurde mehr und mehr zu einer Sekte, die in einer eigenen Siedlung lebte und arbeitete und wenig Kontakt zur Außenwelt hatte. Jim Jones wurde zum Diktator, der darüber bestimmte, wer wen zu heiraten hatte, und jede Kritik übelnahm. Nach einer Weile trugen kritische Stimmen in seinem Heimatland dazu bei, dass Jones mit seiner Sekte nach Südamerika auswanderte und eine Siedlung aus dem Boden stampfte, die er Jonestown nannte.

Am 18. November 1978 begingen 909 Sektenmitglieder auf Jim Jones' Befehl Selbstmord. Eltern flößten ihren Kindern vergifteten Saft ein und tranken das Gift anschließend selbst. Es war der größte Massensuizid der Geschichte.

Warum gab es keinen Aufstand? Was war aus den Ansichten und Werten geworden, die die Persönlichkeit der Sektenmitglieder als Individuen definierte? Der Begriff »Gehirnwäsche« wurde von einem CIA-Agenten erfunden, um eine rationale Erklärung dafür zu liefern, warum amerikanische Soldaten nach ihrer Kriegsgefangenschaft in China oder Nordkorea den Kommunismus befürworteten und nicht in die USA zurückkehren wollten. Es gibt überraschend wenig Forschung zum Thema Gehirnwäsche. Allerdings gibt es eine ganze Reihe von Untersuchungen darüber, wie Gruppen denken.

Diese Untersuchungen zeigen jedes Mal wieder, dass Menschen dazu gebracht werden können, Dinge zu tun, die sie normalerweise nicht getan hätten. Ein amerikanischer Geschichtslehrer konnte seinen Schülern nicht begreiflich machen, wie Hitler ein ganzes Volk dazu bringen konnte, seine Ideologie zu unterstützen; daraufhin beschloss er, es ihnen in einem praktischen Versuch zu demonstrieren. Ausgehend von seiner Geschichtsklasse bildete er die Gruppe »The third wave«, deren Grundwerte Disziplin und Gemeinschaft sein sollten, analog zu denen des Nationalsozialismus. Innerhalb weniger Tage geriet die Gruppe außer Kontrolle, und der Geschichtslehrer begriff, dass er das Experiment abbrechen musste. Er rief die inzwischen vielen hundert Mitglieder zu einer Veranstaltung zusammen, um ihnen ihren obersten Anführer zu präsentieren. Als die Schüler versammelt waren, zeigte er ihnen ein Bild von Hitler. Viele der Schüler brachen in Tränen aus, als ihnen aufging, dass sie auch zu den Menschen gehört hatten, die sich von einer Bewegung mitreißen ließen. Als ich den Film »The Wave« sah, der auf dem Experiment des Geschichtslehrers beruht, war ich überzeugt, dass ich dem Druck standgehalten hätte. Ich war mir sicher, dass mein Gehirn eigenständig war.

Es ist allerdings nicht gesagt, dass ich so unbeeinflussbar gewesen wäre, wie ich mir einredete. Der amerikanische Forscher Stanley Milgram hat in einer Studie gezeigt, dass 65 Prozent der Durchschnittsbürger bereit sind, einem Mitmenschen potenziell Schmerzen zuzufügen, wenn sie den Befehl dazu erhalten. In diesem Experiment wurde den Versuchspersonen allerdings versichert, dass derjenige, der den Befehl gebe, die Verantwortung dafür trage, und die Versuchspersonen befanden sich auch nicht im selben Raum mit den Personen, die »bestraft« werden sollten. 90 Prozent gehorchtem dem Befehl, wenn sie an dem Vorgang des Bestrafens nicht unmittelbar beteiligt waren, sondern jemand anderes den schmutzigen Job für sie ausführte. Im zweiten Teil des Experiments, in dem die Versuchspersonen sich mit den »Opfern«, die protestierten und wehklagten, im selben Raum befanden, gehorchten weniger Teilnehmer dem Befehl. Die Untersuchung zeigte keine Unterschiede bei den Geschlechtern. Die Versuchspersonen, auch diejenigen, die allen Befehlen gehorchten, gaben deutlich zu erkennen, dass ihnen die Situation nicht behagte. Obwohl das Gehirn Stresshormone produzierte, die die Versuchspersonen schwitzen und stottern ließen, taten sie trotzdem, was ihnen gesagt wurde.

Wir wissen jedoch, dass es leichterfällt, sich dem Gruppendruck und dem Gruppendenken zu entziehen, wenn man die Zeichen erkennt. Viele meinen, dass die beiden schwersten Unfälle in der Geschichte der NASA hätten vermieden werden können, wenn jemand sich der Gruppe widersetzt hätte. In beiden Fällen hatte es Bedenken wegen Sicherheitsmängeln an den Raumfähren gegeben, aber der unbedingte Wille der großen Mehrheit, weitere Startverzögerungen zu vermeiden, hatte die Bedenkenträger veranlasst, den Mund zu halten. Bei beiden Katastrophen, Challenger 1986 und Columbia 2003, starb jeweils die gesamte Besatzung.

In welchen Situationen ist die Wahrscheinlichkeit am größten, dass wir unser eigenes Gewissen abschalten und uns auf die Gruppe verlassen? Auch wenn uns der Frontallappen in manchen Situationen rät, frühere Erfahrungen zu unterdrücken und uns den Regeln und Erwartungen anderer anzuschließen, hat er nicht immer recht. Indem wir die Zeichen erkennen, können wir dem entgegenwirken. Der Hirnforscher Irving Janis behauptet, dass du besonders auf der Hut sein solltest, wenn du in einer vertrauten, festen Gruppe arbeitest, die dir viel bedeutet. Gerade dann neigst du unbewusst dazu, Meinungen und Hinweise zu unterdrücken, mit denen du dein Team gegen dich aufbringen könntest. Wenn ihr zudem noch unter Stress arbeitet, von Meinungen Außenstehender isoliert seid und einen sehr dominanten Gruppenleiter habt, seid ihr besonders gefährdet.

Alle Warnlampen sollten blinken, wenn du bemerkst, dass Kollegen, die Zweifel am Projekt äußern, aufgefordert werden, keine Unruhe ins Team zu bringen. Es ist ungesund für die Gruppe, wenn du Selbstzensur übst. Vielleicht haben mehrere Gruppenmitglieder Einwände, die euer Projekt verbessern könnten, aber aus Angst, ausgegrenzt zu werden, bringen sie diese Einwände nicht vor. Selbstzensur schafft eine Illusion von Einigkeit, die dazu führt, dass auch keiner der anderen Beteiligten mit Gegenargumenten kommt.

Das solltest du im Hinterkopf haben, wenn du dich nächstes Mal nicht entscheiden kannst, ob du um des lieben Friedens willen den Mund halten oder deine Meinung frei heraus sagen sollst. Habe ich Hinterkopf gesagt? Ich meinte natürlich Frontallappen.

KANN DIE PERSÖNLICHKEIT KRANK WERDEN?

Krankhafte Persönlichkeitszüge bedeuten nicht, dass die Person, die sie hat, krank ist. Diese Person *ist* so. Es gibt ein breites Spektrum von Zügen, die als normal gelten, während die äußersten Extreme »Persönlichkeitsstörungen« genannt werden. Bist du bösartig genug, egozentrisch genug, impulsiv genug, dramatisch genug oder zwanghaft genug, gilt das als Persönlichkeitsstörung. Ganz Norwegen lernte diesen Begriff kennen, als der Massenmörder Anders Behring Breivik vor Gericht stand. Das erste Gutachten über seinen Geisteszustand kam zu dem Ergebnis, dass er an einer psychischen Krankheit leide und damit schuldunfähig sei. Dem zweiten Gutachten zufolge litt er an Persönlichkeitsstörungen und war damit schuldfähig. Eine Persönlichkeitsstörung ist nämlich keine Krankheit, sondern sie äußert sich in so abnormen Persönlichkeitszügen, dass sie zum Problem für die Person selbst oder deren Mitmenschen wird.

Da die Persönlichkeit von dem Milieu, in dem wir aufwachsen, geformt wird und erst im Erwachsenenalter deutlich zutage tritt, werden Persönlichkeitsstörungen in der Regel nicht bei Kindern diagnostiziert. In Einzelfällen haben Psychologen und Psychiater die Anpassungsfähigkeit des Gehirns dazu genutzt, die abweichenden Persönlichkeitszüge etwas zu korrigieren. Das setzt jedoch voraus, dass der Mensch, der diese Züge aufweist, sie ändern *möchte*. Hast du allerdings eine narzisstische Persönlichkeitsstörung, also ein krankhaft übersteigertes Selbstwertgefühl, kannst du nicht erkennen, dass du gestört bist. Eine noch bekanntere Persönlichkeitsstörung ist die früher so genannte Psychopathie, die heute als dissoziale Persönlichkeitsstörung bezeichnet wird. Das zweite Gutachten über Breiviks psychische Gesundheit kam zu dem Ergebnis, dass er sowohl an einer narzisstischen als auch an einer dissozialen Persönlichkeitsstörung leide. Beiden gemeinsam ist der Mangel an Empathie.

PSYCHISCH IST PHYSISCH

Psychologen und Psychiater beschäftigen sich mit der Psyche, während das Fachgebiet der Neurologen und Neurochirurgen die organischen Hirnkrankheiten sind, also das Physische. Warum eine so deutliche Trennung, wenn wir doch wissen, dass das Psychische auch physisch ist und all diese Berufsgruppen am Gehirn arbeiten?

Unsere Persönlichkeit ist nichts Übernatürliches, sondern eine Kombination aus einzigartigem Erbmaterial und einzigartigen Erlebnissen, die zu einzigartigen Verbindungen zwischen den Nervenzellen in unserem Gehirn geführt hat. Krankheiten, die unsere Gefühle oder unsere Persönlichkeitszüge beeinflussen, gelten in der Regel als psychische Krankheiten. So wird Descartes' scharfe Trennung zwischen dem Physischen und dem Psychischen bis heute aufrechterhalten. Andererseits stellen sich immer mehr der sogenannten »psychischen« Krankheiten als physisch heraus. Ungefähr die Hälfte der Patienten mit Frontallappendemenz entwickelt ein antisoziales Verhalten, das an Krankheiten erinnert, die wir normalerweise als psychisch bezeichnen. Sie benehmen sich anders als sonst, fangen vielleicht an zu stehlen oder setzen sich betrunken ans Steuer, ganz ohne Einsicht in die gesellschaftlichen Regeln. Bei Frontallappendemenz ist allerdings der Verlust von Nervenzellen in den Frontal- und Schläfenlappen so groß, dass man ihn auf einem Gehirnscan mit bloßem Auge erkennen kann.

Wir verstehen mehr von der Biologie der Krankheiten, die offensichtlich organisch sind, wie beispielsweise einem Hirntumor oder Demenz mit sichtbarem Schwund von Hirngewebe. Ein Tumor im Hinterhauptlappen kann den Patienten blind machen, während ein Tumor im Frontallappen dazu führen kann, dass sich die Persönlichkeitszüge des Betroffenen ändern.

Die Hirnforschung weiß weniger über klassische psychische Krankheiten wie Depression, Angstneurosen oder Schizophrenie. Hier ist die Forschung zu kurz gekommen. Eine Erklärung dafür ist, dass die Diagnosen nur Symptomdiagnosen sind. Wenn du lange Zeit traurig und niedergeschlagen bist, nennt man das Depression. Vermutlich ist Depression keine einzelne Störung, sie könnte auf mehrere Dutzend, vielleicht Tausende von verschiedenen Störungen in der Hirnchemie zurückzuführen sein. Das Gleiche gilt für Schizophrenie. Forscher sind auf der Suche danach, was Menschen, die halluzinieren, von denen unterscheidet, die dies nicht tun, aber die Gruppe, die sie untersuchen, ist bei Weitem nicht einheitlich. Manche der untersuchten Personen sind vielleicht mit Erbmaterial geboren worden, das sie anfällig macht, während bei anderen die Hirnchemie durch den Konsum von Drogen gestört wurde. Wenn die Gruppe, die man untersucht, so bunt gemischt ist, kann man auch keine einheitliche Antwort auf die Frage erwarten: »Warum werden manche Menschen schizophren?« Für die Forschung auf diesem Gebiet wäre es sicher von Nutzen, wenn Psychologen, Neurologen und Hirnforscher enger zusammenarbeiten würden, anstatt dass jeder mit seinem eigenen Erklärungsmodell auf seiner eigenen Insel sitzt.

Bei der Behandlung der schwersten der sogenannten psychischen Krankheiten sind viele Fehler begangen worden. Fehler, die hätten vermieden werden können, wenn der Wissensstand höher gewesen wäre. Die Lobotomie ist eines der schlimmsten Beispiele. Lobotomie ist ein Sammelbegriff für eine Reihe operativer Eingriffe, die alle zum Ziel haben, die Nervenbahnen in der präfrontalen Hirnrinde des Frontallappens zu unterbrechen. Stark unruhige Patienten beruhigten sich oft nach der Prozedur, aber ihre Persönlichkeit änderte sich gravierend. Ihr Gefühlsleben stumpfte ab, sie verloren Selbstkontrolle, Spontaneität und Selbsterkenntnis. Dass der portugiesische Neurologe, der die Prozedur erfand, den Nobelpreis in

Medizin für die Heilung der Halluzinierenden erhielt, sagt eine Menge darüber aus, wie wenig wir noch vor sechzig Jahren über die menschliche Psyche wussten. Die präfrontale Hirnrinde war bis weit in das letzte Jahrhundert hinein praktisch ein ungelöstes Rätsel und wurde im Großen und Ganzen als eher bedeutungslos angesehen. Es war leider nicht so, dass die Wissenschaftswelt nach dem Unfall des Eisenbahnarbeiters Phineas Gage im Jahr 1848 sofort den Frontallappen als Sitz der Persönlichkeit erkannte. Sonst sähe die Geschichte wohl anders aus. Finden wir die Ursache einer Krankheit, dann haben wir das Wissen, das für eine Behandlung nötig ist. Derzeit haben wir noch einen langen Weg vor uns, bis wir das Rätsel der Vorgänge, die wir heute psychische Krankheiten nennen, als gelöst betrachten können.

HABEN TIERE EINE PERSÖNLICHKEIT?

Verglichen mit uns Menschen sind Tiere einfache Geschöpfe. Säugetiere haben allerdings auch einen Frontallappen und damit einzelne Persönlichkeitszüge. In unserem Gehirn macht der Frontallappen 30 Prozent des gesamten Hirnvolumens aus. Er verleiht uns unter anderem Humor, unser Selbstbild, Moral und Urteilsvermögen. Bei Hunden hat der Frontallappen nur einen Anteil von fünf bis sechs Prozent am gesamten Hirnvolumen, aber sie verfügen zumindest über zielgerichtete Aufmerksamkeit.

Wir Menschen haben ein Gedächtnis, das uns in die Lage versetzt, Vergangenheit und Zukunft auseinanderzuhalten. Es gibt uns das Gefühl, durch die Zeit hindurch dieselbe Person zu sein. Wir sind uns unserer selbst bewusst. Im Hirnstamm befindet sich das sogenannte retikuläre Aktivierungssystem. Das ist eine Gruppe von Nervenzellen, die zu erhöhter Wachheit und Aufmerksamkeit führen. Ihre Aufgabe ist es, uns wach zu halten und die Frontallappen zu aktivieren. Aktivität im retikulären Aktivierungssystem ist deshalb eine Voraussetzung dafür, dass wir bei Bewusstsein sind. Das Bewusstsein selbst wird dagegen von den Frontallappen gesteuert.

Bei Tieren sind Gedächtnis und Bewusstsein nicht so eng miteinander verknüpft. Wenn es zum Beispiel um den Zeitbegriff geht, dreht sich bei den Tieren fast alles um das »Jetzt«. Der Mensch ist das einzige Lebewesen, von dem man weiß, dass es eine klare Auffassung von seiner eigenen Geschichte hat.

Das Selbst ist aus dem komplexen sozialen Leben hervorgegangen, das unsere Vorfahren führten. Sie lebten in kleinen Gruppen zusammen und teilten miteinander, was sie an Nahrung fanden. Das erfordert Selbstkontrolle und Zusammenarbeit. Tiere haben auch ein »Ich«. Schimpansen erkennen sich beispielsweise selbst im Spiegel, aber ihr »Ich« ist dennoch weniger bewusst als bei uns Menschen.

PERSÖNLICHKEITSTESTS

Viele Firmen benutzen Persönlichkeitstests, um Projektgruppen zusammenzustellen, die möglichst effektiv funktionieren. Der am meisten verwendete Test heißt *Big Five*. Das ist ein Fünf-Faktoren-Modell, das deine Antworten einstuft und dich in eine Skala von fünf verschiedenen Eigenschaften einordnet: Energie aus und Freude am sozialen Miteinander (Extraversion), Qualität der sozialen Kontakte (Verträglichkeit), Selbstdisziplin und Ordnungsliebe

(Gewissenhaftigkeit), Empfindlichkeit und Temperament (Neurotizismus), Werte, Reflektiertheit und Umgang mit Informationen (Offenheit). Wo du dich auf der Skala innerhalb der verschiedenen Faktoren befindest und wie sie kombiniert sind, soll angeblich etwas über deine Persönlichkeit aussagen.

Das ist sowohl in der Forschung als auch im Berufsleben ein häufig verwendeter Test, und das Internet wimmelt von Kurzversionen, mit denen man sich selbst testen kann. Die Auswertung dieser Tests sollte man allerdings mit Vorsicht genießen. Es ist nämlich nicht so, dass wir in allen Situationen immer nach demselben Muster handeln. Wer in seinem Berufsleben schon solche Tests gemacht hat, der weiß, dass das Ergebnis vielleicht ganz anders ausfallen würde, wenn es stattdessen um eine Familiensituation ginge. Angenommen, jemand sagt etwas, das man als freche Bemerkung auffassen könnte, sollst du das dann ignorieren, darüber lachen oder zurückbeißen? Dein Gehirn bombardiert dich mit Vorschlägen, wie du reagieren oder dich verhalten könntest. Der Frontallappen hilft dir bei der Entscheidung, je nachdem, in welcher Situation du dich befindest. Nicht jeder übernimmt in allen Situationen eine Führungsrolle, tut es aber bei bestimmten Gruppenkonstellationen doch.

Die Persönlichkeit ist komplex, weil das Gehirn komplex ist. Wir besitzen Persönlichkeitszüge, die wir ganz nach Bedarf verstärken oder unterdrücken können. Je mehr du darüber weißt, wie dein Gehirn deine Persönlichkeit formt, desto besser wirst du deine negativen Impulse kontrollieren können und auch verstehen, wie das bei den Menschen in deinem Umfeld zusammenhängt – kranken wie gesunden. In der Zwischenzeit arbeiten die Hirnforscher überall auf der Welt daran, unser Verständnis zu vertiefen.

3 GEDÄCHTNIS UND LERNEN

Lernen und Erinnern sind die wesentlichen Grundlagen einer Kultur. Ohne Wissensvermittlung würde die Entwicklung stillstehen. Ohne Gedächtnis und Erinnerungen würden wir Familie und Freunde nicht wiedererkennen.

Gerade von den Menschen, bei denen verschiedene Bereiche des Gehirns beschädigt wurden und die daraufhin Gedächtnisverluste erlitten, haben wir viel von dem gelernt, was wir über das Gedächtnis wissen. Der bekannteste ist Henry Molaison, in der Neurologenwelt eine Berühmtheit und besser bekannt als H. M. Er verletzte sich 1933 im Alter von neun Jahren bei einem Fahrradunfall den Kopf und wurde in der Folge von Epilepsie geplagt. Epilepsie ist eine Krankheit oder Schädigung, bei der der Betroffene Anfälle erleidet, weil die Aktivität der Nervenzellen Amok läuft, entweder in einem begrenzten Hirnareal oder im gesamten Gehirn. Bei H. M. war es Letzteres, eine Situation, die mit Bewusstseinsverlust und häufigen Krampfanfällen einhergeht. Seit damals hat sich bei den Behandlungsmethoden eine Menge getan, aber H. M. wurde von den epileptischen Anfällen so oft heimgesucht, dass sie sein Leben zerstörten. Er bekam ohne jede Vorwarnung schwere Anfälle, bei denen er sich in Krämpfen auf dem Fußboden wand. Nach jedem Anfall war er für längere Zeit müde und schlapp. Schließlich war er nicht mehr in der Lage, dem normalen Schulunterricht zu folgen.

In dem verzweifelten Wunsch nach Heilung nahmen H. M. und

seine Familie Kontakt zu einem Neurochirurgen auf, der für die damalige Zeit erfolgversprechende Methoden anwandte. Man nahm an, dass sich der Ausgangspunkt der wildgewordenen elektrischen Impulse an der Innenseite der Schläfenlappen befinden müsse. Nachdem diese Teile des Gehirns an beiden Seiten entfernt worden waren, besserte sich H. M.s Epilepsie deutlich. Es heißt ja immer, dass man versuchen soll, in der Gegenwart zu leben. H. M. blieb nach der Operation keine andere Wahl. Er hatte die Fähigkeit verloren, neue Erinnerungen zu bilden oder sein Gedächtnis zu benutzen, um mental durch Zeit und Raum zu reisen. Er war in der Gegenwart gefangen. Hättest du H. M. kennengelernt, hätte er dich höflich begrüßt und ihr wärt vielleicht spazieren gegangen und hättet euch nett unterhalten. Wärst du ihm allerdings eine Stunde später wieder begegnet, hätte er dich begrüßt wie einen Fremden. Natürlich war er deshalb außerordentlich geduldig mit all den Forschern, die die verschiedensten Tests mit ihm durchführten – über 50 Jahre lang. Für ihn war es ja tragischerweise immer wieder das erste Mal.

In dem Disney-Film »Findet Nemo« macht Nemos Vater sich gemeinsam mit der vergesslichen blauen Fischdame Dory auf die Suche nach seinem Sohn. Dory ist ebenso wie H. M. nicht in der Lage, neue Erlebnisse zu speichern. Ihre Erinnerung funktioniert allerdings ein bisschen besser als seine, denn als Dory an einem Abflussrohr das Wort »Sydney« liest, weiß sie, dass sie in Sydney ist, um jemanden zu suchen. Während Dory andauernd Nemos Namen vergisst und ihn stattdessen so ähnlich nennt, hätte H. M. es nicht einmal versucht. Er hatte keinerlei Erinnerung an die Personen, die er getroffen hatte und an deren Namen er sich erinnern müsste.

KURZZEITGEDÄCHTNIS

Sowohl bei Dory als auch bei H. M. war allerdings genügend Gedächtnis vorhanden, um Sätze vollenden zu können. Bevor die Hirnforscher begannen, an H. M. zu forschen, glaubten sie, das Gedächtnis sei eine Einheit. Die Observation von H. M. zeigte jedoch, dass man einen Teil des Gedächtnisses entbehren kann, einen anderen dagegen nicht. Davon ausgehend begannen die Wissenschaftler schließlich, das Gedächtnis in Kurzzeit- und Langzeitgedächtnis einzuteilen. H. M.s Kurzzeitgedächtnis war also intakt.

Der Begriff »Arbeitsgedächtnis« wird von vielen als Synonym für Kurzzeitgedächtnis benutzt. Andere meinen, dass das »Arbeitsgedächtnis« die Teile unseres Kurzzeitgedächtnisses sind, die unsere volle Konzentration erfordern, während die anderen Teile des Kurzzeitgedächtnisses eher passiv und nur mit dem Abspeichern von Erinnerungen befasst sind, was nicht viel Aufmerksamkeit erfordert. Die Trennung zwischen beiden ist allerdings so unscharf, dass ich, und viele andere mit mir, sie lieber gemeinsam behandle. Die Trennung zwischen Kurzzeitgedächtnis und Langzeitgedächtnis ist auch nicht gerade messerscharf, aber es gibt wenigstens eine klare anatomische Trennung, was deutlich wurde, nachdem bei H. M. Teile der Schläfenlappen operativ entfernt worden waren. Er konnte sich dieselben Filme unzählige Male ansehen, ohne jedes Anzeichen von Wiedererkennen. Trotzdem schaffte er es, sich beliebige Wörter oder Zahlen mehrere Minuten lang zu merken, sofern er nicht abgelenkt wurde. Das Kurzzeitgedächtnis konnte also nicht in den Schläfenlappen sitzen.

Spätere Forschungen haben ergeben, dass das Kurzzeit- oder

3 GEDÄCHTNIS UND LERNEN

Arbeitsgedächtnis in den Frontallappen sitzt. Das Arbeitsgedächtnis ist wichtig, um zu überlegen, zu planen und alternative Problemlösungen zu finden. Wenn man allerdings nur das Kurzzeitgedächtnis zur Verfügung hat, wird das Leben schwierig, wie der Fall H. M. bewies.

Hast du dich schon mal mit jemandem unterhalten und bemerkt, dass das Gespräch links von dir viel interessanter ist? Du nickst und lächelst deinen Gesprächspartner an, bis du hörst, dass der Tonfall beim letzten Wort des Satzes nach oben geht. Du begreifst, dass dir eine Frage gestellt wurde, die du nicht richtig mitbekommen hast. Denn das Arbeitsgedächtnis ist begrenzt. Damit wir uns an etwas erinnern, müssen wir es verarbeiten. Wir müssen die Informationen sortieren: Was ist wichtig für mich? Was fehlt? Was möchte ich noch erfahren? Stimme ich dem Gesagten zu? Um sich später daran zu erinnern, muss es auch wiederholt werden. Du hast die Worte zwar gehört, dich aber nicht darauf konzentriert. Dein Gedächtnis wird dir deshalb nicht helfen können, und du musst dein Gegenüber wohl oder übel darum bitten, die Frage zu wiederholen.

Wenn meine Familie sich zu Ostern in der Berghütte trifft, spielen wir gerne die üblichen kleinen Osterspiele, wie etwa Skispringen auf Mini-Skiern oder den Kartoffellauf. Aber auch das Kim-Spiel. Wir sind eine bunt gemischte Gruppe aus Männern und Frauen zwischen 20 und 60, mit unterschiedlicher Schulbildung und unterschiedlichem Background. Trotzdem gibt es auffallend wenig Variation in der Anzahl der Gegenstände, die wir uns innerhalb einer Minute merken können. Das Ergebnis liegt bei etwa sieben – die magische Siebenzahl. Die Zahl der Himmel Allahs und der Farben des Regenbogens, aber auch die Anzahl dessen, was wir

Menschen gleichzeitig registrieren können. Alles darüber hinaus müssen wir in kleinere Einheiten aufteilen und zusammenzählen.

LANGZEITGEDÄCHTNIS

Trotzdem gibt es Leute, die sich Listen mit weit mehr als sieben Begriffen merken können. Der Gehirnscan solcher Versuchspersonen zeigt Aktivität im innersten Teil der Schläfenlappen. Es scheint also so zu sein, dass die Begriffe, die zuerst gehört wurden, bereits im Langzeitgedächtnis abgespeichert sind, während die zuletzt gehörten Wörter immer noch im Arbeits- bzw. Kurzzeitgedächtnis liegen. Der Übergang ist offenbar fließend.

Der Fall von H. M. war noch für eine weitere Aufteilung des Gedächtnisses wichtig. Anfang der 1960er-Jahre wurde er gebeten, einen Stern zu zeichnen, den er nur im Spiegel sah, ohne dass er dabei auf den Zeichenblock schauen durfte. Er gab sich alle Mühe, aber das Ergebnis fiel erbärmlich aus. Am nächsten Tag stellten die Hirnforscher ihm dieselbe Aufgabe noch einmal, und die Sache wiederholte sich: H. M. meinte, so etwas noch nie getan zu haben, und brauchte genauso detaillierte Anweisungen wie am Tag zuvor. Auch diesmal fiel es ihm schwer, aber er bemühte sich nach Kräften. Nun war das Ergebnis nicht mehr ganz so schlecht. Und mit jedem neuen Tag wurde er besser. Zwar erinnerte er sich nicht an die Aufgabe, aber seine Hand schien es zu tun. Nach dieser Entdeckung unterteilte man das Langzeitgedächtnis in ein Faktengedächtnis und ein motorisches Gedächtnis. Als du Radfahren oder Schwimmen gelernt hast, genügte es nicht, dass dir jemand die Technik erklärte und du sie dir einprägtest. Das Einzige, was wirklich etwas brachte, war üben, üben, üben. Hier nenne ich es motorisches Gedächtnis, aber es wird oft auch als implizites Gedächtnis bezeichnet.

Das Faktengedächtnis, auch deklaratives oder explizites Gedächtnis genannt, enthält alles, was du an Erinnerungen, Faktenwissen und Erfahrungen abspeicherst. Als du das kleine Einmaleins oder die Hauptstädte Europas gepaukt hast, wurde das zu einem Teil deines Faktengedächtnisses. Auf dieselbe Weise wird alles, was du erlebst, in diesem Gedächtnis gespeichert.

DER HIPPOCAMPUS UND SEINE FREUNDE

Der Teil des Gehirns, der H. M. entfernt wurde, um seine Epilepsie zu heilen, heißt Hippocampus (siehe Abbildung 7, Seite 63). Er liegt an der Innenseite der Schläfenlappen und ist eine lange, wurstförmige Struktur, die sich ungefähr wie der Schwanz eines Seepferdchens ringelt, daher auch der Name: Hippocampus bedeutet Seepferdchen.

Seit den 1950er-Jahren weiß die Hirnforschung, dass sich das Gedächtnis über die Hirnrinde verteilt. H. M. erinnerte sich an alles, was er bis wenige Jahre vor der Operation erlebt hatte. Was gespeichert war, war gespeichert. Der Hippocampus scheint allerdings wichtig für den Vorgang des Abspeicherns zu sein. Damit du dich erinnern kannst, was du erlebt, gelesen oder worüber du gesprochen hast, muss der Hippocampus es für dich kodieren. Sonst verschwindet es einfach. Der Hippocampus nimmt die Informationen von Riechrinde, Hörzentrum, Sehrinde, der Rinde für Hautempfindungen und den Kernen für emotionale Empfindungen entgegen. Aus dieser Summe von Eindrücken konstruiert der Hippo-

Der Hippocampus und seine Freunde

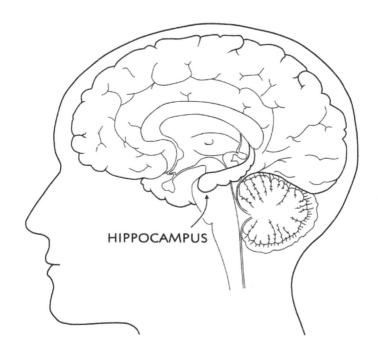

Abbildung 7. Rechte Gehirnhälfte, von der Mitte aus gesehen, mit dem Hippocampus der linken Hirnhälfte. Der Hippocampus liegt normalerweise an der Innenseite des Schläfenlappens, der hier entfernt ist.

campus eine Erinnerung, oder besser gesagt, nicht nur eine einzige Erinnerung, sondern Fragmente von Erinnerungen, die später wieder zusammengesetzt werden können.

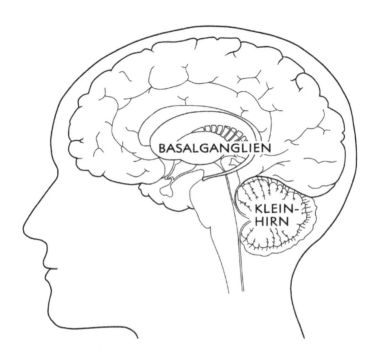

Abbildung 8. Rechte Gehirnhälfte, von der Mitte aus gesehen, mit den Basalganglien der linken Hälfte im Vordergrund. Die Basalganglien sind eine Gruppe von Nervenzellen, Kerne, die tief in beiden Hälften des Großhirns liegen.

Der Hippocampus und seine Freunde

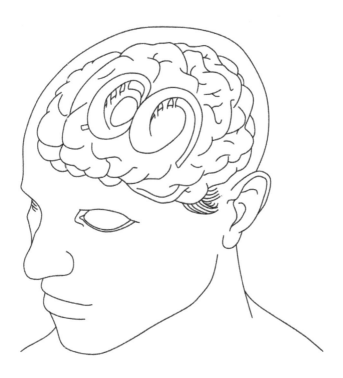

Abbildung 9. Das Großhirn von schräg links gesehen, mit den Basalganglien beider Hälften.

Der Frontallappen ist der beste Freund des Seepferdchens, sein *wing man*. Er ist der gute Kumpel, der dem Hippocampus sagt, worauf er Energie verwenden sollte und was er getrost vergessen kann. Damit Informationen durch den Hippocampus gespeichert werden können, müssen sie erst eine Runde durch das Arbeitsgedächtnis im Frontallappen drehen. Manchmal vergisst der Frontallappen seine Aufgabe und schwatzt lieber mit dem Seepferdchen über Urlaubspläne und wer weiß was noch alles. Dann kommt das Seepferdchen nicht dazu, das zu speichern, was es eigentlich speichern soll. Und du musst dich zusammenreißen und vielleicht ein Kapitel wieder und wieder lesen, um den Frontallappen zu zwingen, dem Seepferdchen die Informationen zu liefern, die es braucht, damit neuer Stoff sich setzt.

Das Kleinhirn und die Basalganglien sind eine andere Freundesclique, mit der der Hippocampus allerdings nicht so oft zu tun hat (siehe Abbildungen 8 und 9, Seite 64 f.). Trotzdem werden sie zu seinem Freundeskreis gezählt, weil sie in derselben Branche tätig sind. Kleinhirn und Basalganglien beschäftigen sich auch mit dem Gedächtnis, aber nicht mit dem Faktengedächtnis, wie der Frontallappen und der Hippocampus, sondern mit dem motorischen Gedächtnis. Schäden im Kleinhirn oder in den Basalganglien bewirken, dass Übung nicht mehr den Meister macht. Kleinhirn und Basalganglien arbeiten zusammen, damit wir besser Klavier oder Fußball spielen. Wenn wir uns wirklich anstrengen. Während der Hippocampus dir hilft, dich an das »Was« zu erinnern, sorgen Kleinhirn und Basalganglien dafür, dass du dir das »Wie« merkst.

FÜR DIE ZUKUNFT MERKEN

Die primäre Aufgabe des Gedächtnisses ist es, unsere Überlebenschancen zu verbessern. Es ist das Werkzeug, das wir benutzen, um unser Verhalten auf Basis früherer Erfahrungen anzupassen. Was mache ich jetzt? Wohin soll ich gehen? Womit muss ich rechnen? Wir haben unser Gedächtnis nicht, um die Vergangenheit wieder aufleben zu lassen, sondern um richtige Entscheidungen für die Zukunft zu treffen. Wenn wir zukünftige Ereignisse vor uns sehen oder unser Handeln planen, können wir auf Basis unserer Erinnerungen diese Szenen vor unserem geistigen Auge gestalten. Unsere Erinnerung ist kein perfektes Abbild der Vergangenheit, sie kann konstruiert und rekonstruiert werden, je nachdem, was wir über unsere Umgebung wissen. Ein wichtiger Teil dieses Prozesses findet im Hippocampus statt, wo umfangreiche, zusammenhängende Szenarien auf der Grundlage dessen gebaut werden, was wir früher gesehen und erlebt haben. Menschen mit beschädigtem Hippocampus haben nicht nur die Fähigkeit verloren, Erinnerungen zu speichern, sie können sich auch die Zukunft nicht vorstellen. Sie sind, ebenso wie H. M., regelrecht in der Gegenwart gefangen. Sie können keine gedanklichen Zeitreisen unternehmen. Mit gesundem Hippocampus können wir in Gedanken durch die Zeiten reisen, und am besten haben wir zwei davon, einen in jeder Gehirnhälfte.

LERNEN

Lernen heißt, sich Wissen anzueignen, während es bei der Erinnerung darum geht, dieses Wissen zu speichern. Mit anderen Worten: Ohne Lernen hättest du nichts, woran du dich erinnern könntest. Erinnerungsvermögen ist essentiell für alles Lernen, denn du musst das Gelernte speichern und wieder abrufen können.

3 GEDÄCHTNIS UND LERNEN

Nicht nur ein Gebiet im Gehirn ist verantwortlich für das Lernen, es sind viele. Die präfrontale Hirnrinde spielt beispielsweise eine wichtige Rolle für das Lernen durch Belohnung und Strafe. Dasselbe gilt für den Hypothalamus, unser Hormonzentrum. Die Bereiche der Hirnrinde, die verantwortlich für Bewegungen sind, werden erkennbar durch Lernen beeinflusst, indem sie auf schwierige Aufgaben, die wir uns selbst stellen, reagieren und sich anpassen. In der Chirurgie zum Beispiel ist es wichtig, während einer Operation beide Hände aktiv zu benutzen. Als ich in der neurochirurgischen Abteilung arbeitete, bekam ich den Tipp, mir die Zähne mit links zu putzen, um meinem Gehirn beizubringen, diese Hand geschickter zu steuern. Das ist ein guter Rat. Studien haben tatsächlich gezeigt, dass der Rindenbereich, der die linke Hand steuert, bei Musikern, die ihre linke Hand zum Spielen von Saiteninstrumenten brauchen, ausgedehnter ist als bei einer Kontrollgruppe. Am größten war der Unterschied bei denen, die in jungen Jahren begonnen hatten, ihr Instrument zu spielen.

CLOWNS UND SABBERNDE HUNDE

Als der russische Arzt Iwan Pawlow das Verdauungssystem von Hunden erforschte und untersuchte, woraus ihr Speichel in verschiedenen Phasen der Mahlzeit bestand, entdeckte er nach einer Weile, dass die Hunde zu sabbern begannen, noch bevor sie ihr Futter erhielten. Ihnen lief das Wasser im Maul zusammen, wenn sie begriffen, dass es gleich etwas zu fressen geben würde. Das Geräusch von Schritten auf dem Weg zu den Hunden reichte bereits aus. Da erweiterte Pawlow seine Untersuchungen, um herauszufinden, wie sich zwei verschiedene Anreize miteinander kombinieren ließen. Er konnte den Hunden beibringen, nahezu alles mit dem Herannahen von Futter zu verbinden. Zuerst versuchte er es mit einem bestimmten Geräusch und gab den Hunden anschließend ihr Fressen. Nach einer Weile begannen die Hunde schon zu sabbern, wenn sie nur dieses Geräusch hörten. Diese Art des Lernens heißt klassische Konditionierung.

Als Kind liebte meine jüngere Schwester Erdbeereis. Alle anderen Kinder nahmen Cornetto mit Schokolade, nur sie wollte immer das mit Erdbeergeschmack. Bei einer Familienfeier bei Oma und Opa gab es Erdbeereis, und sie durfte sich ausnahmsweise selbst davon nehmen. Wie die meisten Kinder kannte sie ihre Grenzen nicht und häufte sich den Teller übervoll. Unsere Mutter, die sehr konsequente Erziehungsgrundsätze hatte, kannte keine Gnade – was man sich selbst auffüllt, wird aufgegessen. Basta. Meine arme Schwester verdarb sich gründlich den Magen. Bis heute verbindet sie den Anblick und den Geschmack von Erdbeereis mit Bauchweh und Erbrechen. Schon bei dem Gedanken an Erdbeereis wird ihr schlecht. Das ist klassische Konditionierung. Sie spielt auch mit hinein, wenn du den Wunsch verspürst, dir eine Omega-Uhr zu kaufen, weil du auf einem Foto George Clooney mit einer solchen Uhr gesehen hast. Klassische Konditionierung ist eine Form des unbewussten Lernens. Meine Schwester wollte gewiss nicht, dass ihr von ihrem Lieblingseis übel wird, und wer lässt sich schon gerne von Werbung manipulieren?

Operante Konditionierung ist bewusster als die klassische. Operante Konditionierung ist nicht der Hund, der unbewusst zu sabbern beginnt, wenn er ein Geräusch hört, das er mit Fressen verbindet, sondern der Hund, der bereitwillig Sitz macht, Pfötchen gibt, sich auf dem Boden rollt oder andere Dinge anstellt, um ein Leckerli zu erhalten. Gibst du dem Hund ein Leckerli, erhöht sich die Chance, dass er sein Verhalten wiederholt. Schimpfst du ihn aus, sinkt die Chance. Ein nervtötender Pfeifton im Auto, wenn du vergessen hast, dich anzuschnallen, ist eine Form von operanter Konditionierung, denn du legst den Gurt an, um das Pfeifen zu vermeiden. Operante Konditionierung erfordert bewusstes Handeln.

Wir haben nun über klassische und operante Konditionierung gesprochen, aber es fehlen noch die simpelste und die komplexeste Form des Lernens. Die simpelste heißt Habituierung. Sie bedeutet ganz einfach, dass du dich an etwas gewöhnst. Bei meinem ersten Job in einer Boutique vergaß ich manchmal abends, wenn ich den Laden schloss, die laute Musik abzustellen, weil ich mich so daran gewöhnt hatte, dass ich sie gar nicht mehr hörte.

Die komplexeste Form des Lernens beinhaltet, von anderen zu lernen. Du kannst dir nicht durch operante Konditionierung selbst beibringen, Auto zu fahren, Klavier oder Fußball zu spielen. Dazu sind die Regeln zu komplex. Du lernst das Autofahren, indem du deinen Eltern dabei zusiehst, bis du es irgendwann selbst ausprobieren darfst. Fußball lernst du, indem du dir Fußballspiele im Fernsehen anschaust, Fußball am Computer und auf dem Bolzplatz mit Freunden spielst. Du lernst von anderen. Du siehst, wie andere Leute es machen, und machst es nach. Das wurde auf eine ziemlich unangenehme Weise von einem Psychologen namens Albert Bandura nachgewiesen. Er setzte ein Kind allein in einen Raum, wo es sich einen Film ansehen musste, in dem ein Erwachsener eine Clownspuppe verprügelt. Als er das Kind später in einen anderen Raum brachte, in dem sich eine Clownspuppe befand, begann das Kind ebenfalls, auf die Puppe einzuschlagen. Wenn das Kind sieht, dass das erwachsene Rollenvorbild für seine Gewalttätigkeit belohnt wird, ist die Wahrscheinlichkeit, dass es ebenfalls Gewalt gegen die Puppe ausübt, wesentlich größer, als wenn das Rollenvorbild bestraft wird.

EINPRÄGEN

Einige Lernformen, wie Habituierung und klassische Konditionierung, finden nie ihren Weg in das bewusste Gedächtnis. Du gewöhnst dich unbewusst an etwas oder erwartest unbewusst etwas. Wenn du komplexere Dinge lernst, wie Fußballspielen oder Autofahren, bist du darauf angewiesen, dass das, was du lernst, im Gedächtnis gespeichert wird. Dein Faktengedächtnis merkt sich Verkehrsregeln und Spielregeln, während du durch Training bessere Fertigkeiten erhältst, die im motorischen Gedächtnis abgelegt werden.

Wenn du versuchst, etwas Neues zu lernen, sitzt manches gleich beim ersten Hören bombenfest, während andere Dinge bis ins Unendliche wiederholt werden müssen. Warum merkst du dir manche Sachen sofort und andere nicht? Vor allem ist es wichtig, dass du fokussieren kannst und konzentriert bist, etwas, wobei dir der Thalamus (siehe Abbildung 1, Seite 19) und die Frontallappen helfen. Für das Einprägen ist es gut, wenn du gezwungen bist, zu fokussieren. Man hat sogar festgestellt, dass Studenten sich an den Inhalt eines Textes, der in einer schwer lesbaren Schrift geschrieben ist, besser erinnern als an einen Text in leicht lesbarer Schrift.

3 GEDÄCHTNIS UND LERNEN

Wahrscheinlich hängt das damit zusammen, dass die schlecht lesbare Schrift sie zwingt, sich zu konzentrieren.

Wenn Gefühle wie Interesse, Freude oder sogar Zorn beteiligt sind, erhöht sich die Wahrscheinlichkeit, dass das Gelesene oder Erlebte gespeichert wird. Sind Emotionen mit dem verbunden, was wir uns merken möchten, steigt unsere Aufmerksamkeit. Dann mischt sich die Amygdala ein, der Mandelkern (siehe Abbildung 1, Seite 19). Starke Gefühle scheinen uns allerdings auch Scheuklappen anzulegen. Opfer von Raubüberfällen, die mit einer Waffe bedroht wurden, erinnern sich oft bis ins Detail an die Waffe, aber kaum daran, wie der Täter gekleidet war oder wie das Fluchtauto aussah.

Alles, woran wir uns erinnern sollen, wird als Information von einem oder mehreren unserer Sinne geliefert. Die Informationen werden in verschiedenen Bereichen unserer Hirnrinde dekodiert, bevor der Hippocampus, das Seepferdchen, sie zu einem Erlebnis zusammensetzt. Im Hippocampus wird die neue Information mit früher gespeicherten Informationen verglichen und assoziiert. Passiert sie das Nadelöhr des Hippocampus, wird sie im Langzeitgedächtnis abgelegt. Wir wissen, dass die Erinnerungen im Langzeitgedächtnis in verschiedenen Teilen der Hirnrinde gespeichert sind, aber vorläufig fehlt noch einiges an Forschung, ehe wir genau sagen können, welche Art von Information an welchem Ort abgelegt wird.

Unser Gedächtnis ist assoziativ, was bedeutet, dass das, woran wir uns erinnern wollen, sich besser festsetzt, wenn wir es mit etwas verknüpfen können, was wir bereits von früher kennen oder wissen. Wenn du das, was du im Gedächtnis behalten möchtest, mit etwas assoziieren kannst, das dir viel bedeutet, wird es sich richtig gut festsetzen. Versuchst du andererseits, dir etwas einzuprägen, was du im Grunde nicht verstanden hast, funktioniert die Assoziationstechnik nicht. Du wirst dich nur schlecht daran erinnern, wenn überhaupt.

Eine bekannte Erinnerungstechnik macht sich zunutze, dass das Gedächtnis assoziativ ist, also dass es neue Informationen mit dem verbindet, was bereits in unserem Langzeitgedächtnis gespeichert ist. Manche Menschen stellen sich vor, dass sie ein Haus betreten, und assoziieren jedes neue Wort, das sie hören, mit einem anderen Zimmer, durch das sie im Geiste gehen. Merkverse oder Eselsbrücken funktionieren ähnlich. Man kann einen einprägsamen Spruch oder ein lustiges Wort aus den ersten fünf Buchstaben des Begriffs machen, den man sich merken möchte. In der Schule lernt man die Regel »Wer nämlich mit ›h‹ schreibt, ist dämlich« oder »Wer brauchen ohne ›zu‹ gebraucht, braucht ›brauchen‹ überhaupt nicht zu gebrauchen«. Als wir uns im Medizinstudium die anatomische Anordnung der Herzklappen einprägen sollten, sagten wir im Stillen vor uns hin: »Täglich pulsiert meine Aorta«, für Trikuspidal-, Pulmonal-, Mitral- und Aortenklappe. Später ging uns das so in Fleisch und Blut über, dass wir keine Eselsbrücke mehr brauchten, aber bis dahin war es eine prima Merkhilfe.

Eselsbrücken kann man bei Bedarf benutzen, aber es ist nicht so, dass das Gedächtnis als solches immer besser wird, je mehr du paukst. Je öfter du wiederholst, was du dir einprägen willst, desto leichter wirst du dich daran erinnern, aber du kannst dein Gedächtnis trotzdem nicht so trainieren wie einen Muskel.

SPEICHERN

Wenn der Hippocampus die Erinnerungen sortiert hat – ein Vorgang, der zwischen zwei Minuten und mehreren Jahren dauern kann –, werden sie im Langzeitgedächtnis, das sich über die Hirnrinde verteilt, abgelegt. Und zwar in mehreren kleinen Häppchen. Es ist also nicht so, dass du bei Bedarf nur eine Schublade aufzuziehen brauchst und die Erinnerung in einem Stück herausnehmen kannst. Seheindrücke werden in der Sehrinde gespeichert, Höreindrücke im Hörzentrum, emotionale Gefühle in der Amygdala und Tastempfindungen in der sensorischen Hirnrinde. Wir merken uns Schmerz und versuchen, dieses Erlebnis künftig zu vermeiden. Du hast vielleicht im Fernsehen gesehen, wie sich jemand verletzt, und unwillkürlich »autsch« gerufen, oder du hast beobachtet, wie sich ein Zuschauer beim Anblick eines Fußballers krümmt, der einen Tritt in die Hoden bekommt. Wir speichern nicht nur Erinnerungen an Bilder und Worte, sondern auch an Empfindungen.

VOM ERSTEN DATE ZUR FESTEN BEZIEHUNG

Wir haben rund 86 Milliarden Nervenzellen im Gehirn. Das ist eine riesige Menge. Aber viel mehr werden es auch nicht. Neue Nervenzellen bilden sich nur in einigen wenigen Bereichen des Gehirns. In den meisten Bereichen scheinen dagegen überhaupt keine neuen Zellen zu entstehen. Wenn wir Algebra lernen, bildet unser Gehirn daher keine eigenen »Algebra-Zellen«, in denen wir die Informationen ablegen. Wir müssen das neue Wissen in den vorhandenen Nervenzellen unterbringen, und zwar in Zellen, die bereits dazu benutzt werden, andere Informationen zu speichern.

Alles, was du denkst, lernst und woran du dich erinnerst, wird als eine Serie von elektrischen und chemischen Signalen in ein zusammenhängendes Nervenzellennetzwerk geschickt. Elektrische Signale laufen durch den Nervenzellkörper und weiter in die Nervenzellfortsätze, die Axone. An der Spitze des Axons verwandelt sich das elektrische Signal in ein chemisches, das den engen, nur 20 Nanometer breiten Synapsenspalt überwindet. Die Nervenzellen haben nämlich keinen unmittelbaren Kontakt, überhaupt nicht. Ein Spalt von 0,00002 Millimetern trennt sie. Auf der anderen Seite dieses Spalts treffen die chemischen Signalstoffe auf die Nachbarzelle im neuronalen Netz. Wenn das chemische Signal durch die Synapse übertragen ist, wird es wieder in ein elektrisches Signal verwandelt, das sich blitzschnell auf den Weg zur nächsten Nervenzelle macht.

Eine Synapse ist also die Stelle, an der ein Signal von einer Nervenzelle zur nächsten weitergereicht wird. Du solltest dir viele Synapsen wünschen. Hast du viele Synapsen, ist es leichter, sich an neue Herausforderungen anzupassen. Wie bekommt man mehr Synapsen? Lerne etwas Neues! Es braucht nichts Theoretisches zu sein; Tischtennis oder Salsa ist mindestens genauso gut. Je mehr Synapsen, desto mehr Nervenzellennetzwerke können deine Nervenzellen versorgen. Wenn du etwas Neues lernst, entstehen also neue Synapsen, aber falls du das Gelernte nicht wiederholst, können sich die Synapsen wieder zurückbilden. Andauernd entstehen und verschwinden neue Synapsen, aber diejenigen, die gebraucht werden, bleiben. Die besonders häufig gebrauchten werden durch das mysteriöse LTP gestärkt, siehe folgendes Unterkapitel.

HERR LTP PERSÖNLICH

Du weißt, dass du ein Nerd bist, wenn dir bei der Begegnung mit einem 80-jährigen Professor vor Aufregung die Knie zittern ... Ich hatte das Glück, Terje Lømo höchstpersönlich kennenzulernen – den norwegischen Arzt, der die LTP entdeckt hat. Das ist nobelpreiswürdig.

Jede Nervenzelle hat zwischen 10 000 und 150 000 Kontaktpunkte (Synapsen) mit anderen Nervenzellen. Nicht alle dieser Synapsen sind gleichermaßen effektiv. Die Abkürzung LTP steht für *long-term potentiation*, Langzeit-Potenzierung, was bedeutet, dass die Synapse mit der Zeit immer effektiver wird. LTP entsteht, wenn eine Gruppe von Nervenzellen sich untereinander so oft Signale sendet, dass sie nach und nach immer empfindsamer füreinander werden. Es erinnert an Freundschaft: Nervenzellen, die über die Synapse viel miteinander reden, verbinden sich inniger. Nach einer Weile ist es, als ob Nervenzelle Nummer zwei besonders aufmerksam zuhört, wenn Nervenzelle Nummer eins spricht: »Jetzt schickst du mir wirklich schwache Signale, aber ich höre sie, und weil du es bist, werde ich sie durch meinen Zellkörper in mein Axon weiterleiten. Aber nur, weil du es bist.«

Terje Lømo entdeckte LTP schon 1966, aber es dauerte seine Zeit, bis der Rest der Wissenschaftswelt begriff, wie wichtig dies für den Lernprozess war. Unsere Synapsen lernen. Die Benutzung von Nervenzellnetzwerken, die wir viel beanspruchen, wird nach und nach immer einfacher. Genau das hast du in der Praxis sicher schon oft erlebt. Sollst du neue Tanzschritte lernen, fällt es dir am Anfang richtig schwer. Aber wenn du weiter übst, geht es schließlich wie

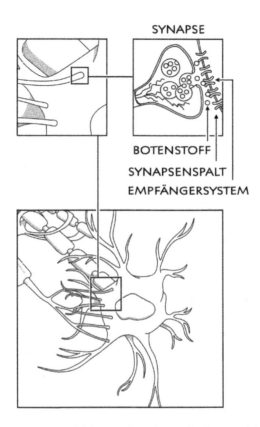

Abbildung 10. Das Hauptbild zeigt, dass der Ausläufer einer Nervenzelle Kontakt zu einer anderen Nervenzelle aufnimmt. Der Ort, an dem die Information zwischen den Nervenzellen übertragen wird, heißt Synapse, und der Spalt zwischen den Zellen heißt Synapsenspalt. Beide sind im vergrößerten Ausschnitt oben rechts zu sehen. Die Information wird übertragen, indem die erste Nervenzelle Botenstoffe freisetzt, die auf das Empfängersystem der anderen Nervenzelle einwirken.

von selbst, unter anderem deswegen, weil die Nervenzellen LTP benutzen, um besser miteinander zu kommunizieren.

WEISS IST DER HIT

Das Nervengewebe besteht, wie ich bereits angesprochen habe, aus weißer und grauer Substanz. In der grauen Substanz befinden sich die Synapsen. Grau ist toll, aber die wirklich spannenden Dinge spielen sich dort nicht ab. Informationen werden nicht in den einzelnen Synapsen gespeichert, sondern einem kompletten Nervenzellnetzwerk. Ein Netzwerk besteht aus mehreren Synapsen, aber auch aus den Schnellstraßen von A nach B. Diese Schnellstraßen befinden sich in der weißen Substanz. Sie bestehen aus Nervenzellfortsätzen – Axonen. Die Axone werden mit isolierendem Myelin umhüllt, was dafür sorgt, dass die elektrischen Signale blitzschnell sind, und das Myelin ist auch der Grund, warum die weiße Substanz weiß ist. Die Zellen, die Myelin bilden, können Signalbahnen, die besonders wichtig sind, Vorrang geben und sie besonders gut isolieren. Gute Isolierung bedeutet hohe Geschwindigkeit und wenig Gefahr, dass es auf der Schnellstraße zum Stau kommt. Wichtige Nervenzellnetzwerke erhalten mit anderen Worten nicht nur effektivere Synapsen, sondern auch effektivere Wege zur Informationsübermittlung.

Sowohl Myelin als auch Synapsen brauchen Nährstoffe und Sauerstoff. Damit werden sie durch die Blutgefäße versorgt. Deshalb führt Lernen auch dazu, dass mehr Blutadern gebildet werden, um den Energiebedarf zu decken.

Aber trotz der Neubildung von Synapsen, dickerem Myelin,

neuen Blutadern und LTP – so ganz verstanden, wie Lernen und Erinnern genau funktioniert, haben wir noch nicht. Was wir wissen ist, dass diese Entdeckungen Steinchen sind, die unseren Weg zum Verständnis pflastern.

DER ZEHN-PROZENT-MYTHOS

Dass wir nur zehn Prozent unseres Gehirns benutzen, ist ein Mythos, der sich kaum abschütteln lässt. Es ist wenig hilfreich, dass Hollywood diesem Mythos ständig einen zentralen Platz in seinen Filmen einräumt. Im Film »Lucy« aus dem Jahr 2014 begegnen wir Scarlett Johansson als 25-jährige Lucy, der eine völlig neue Droge implantiert wird. Während die Substanz langsam in ihren Körper austritt, kann das Publikum verfolgen, wie Lucy immer mehr Anteile ihres ungenutzten Gehirnpotenzials in Gebrauch nimmt. Vom neurowissenschaftlichen Standpunkt her ist das eine Irrlehre. Denn zum Glück liegen keine 90 Prozent des Gehirns brach. Wir benutzen 100 Prozent unseres Gehirns; wenn dem nicht so wäre, hätte die Evolution es kaum entwickelt, schon wegen des hohen Energieverbrauchs. Dass wir alle Nervenzellen benutzen, bedeutet allerdings nicht, dass wir nicht noch mehr aus dem Gehirn herausholen könnten. Die Nervenzellen können in Tausenden von Netzwerken mehr zum Einsatz kommen, als es heute der Fall ist. Auch die Synapsen können noch effektiver werden. Auf diese Weise organisiert und reorganisiert sich das Gehirn als Reaktion auf neue Erfahrungen und neu Gelerntes selbst und speichert Informationen ab, die wir durch Erfahrung, Training und Ausbildung erworben haben.

Ich bin nicht gut darin, mich in neuen Umgebungen zu orientie-

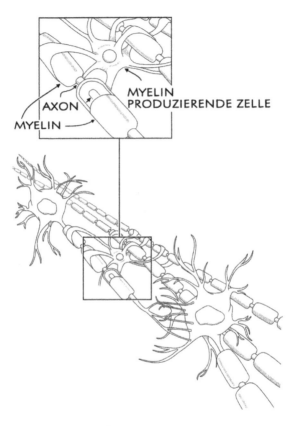

Abbildung 11. Die Nervenzellfortsätze – Axone – sind mit isolierendem Myelin umhüllt, damit die elektrischen Signale schneller vorankommen.

ren. Noch nicht. Es gibt immer ein »Noch«. Das Gehirn ist keine starre Festplatte, mit der du geboren wirst. Das Gehirn besteht aus ungefähr 86 Milliarden Nervenzellen in ständiger Veränderung. Du kannst immer noch mehr lernen und noch besser werden.

UNBEGRENZTE SPEICHERKAPAZITÄT

Das Speichern von Erinnerungen ist kein Vorgang, der ein für alle Mal gemacht wird, sondern ein fortlaufender Prozess, bei dem neue Erfahrungen und Erinnerungen sich mit den bereits gespeicherten mischen. Wenn man unkonzentriert ist, wird wenig gespeichert, und wenn man am Ende eines langen Tages, an dem man sich konzentriert auf eine Prüfung vorbereitet hat, müde und erschöpft die Bücher zuklappt, hat man das Gefühl, dass der Kopf übervoll ist und beim besten Willen nichts mehr hineinpasst.

Viele Hirnforscher meinen jedoch, dass unsere Speicherkapazität nahezu unbegrenzt ist. Wenn wir etwas vergessen, dann nicht, weil es von der Festplatte gelöscht wäre; es liegt einfach daran, dass wir Probleme haben, es wiederzufinden. Hast du schon mal versucht, dich an einen Namen zu erinnern, kommst aber beim besten Willen nicht drauf, und dann, Stunden später, fällt er dir plötzlich ein, während du mit etwas ganz anderem beschäftigt bist? Das ist eins der Argumente, die Forscher gerne dafür anführen, dass Erinnerung nicht gelöscht wird, aber manchmal schwierig hervorzuholen sein kann. Selbst, wenn wir das im Hinterkopf behalten, wissen wir, dass unser Gehirn bewusst und unbewusst einen Sortierungsprozess durchführt: Es beurteilt, was wichtig und was unwichtig ist; und was das Gehirn für unwesentliche Details hält, wird selten abgespeichert.

Es hat allerdings seine Tücken, wenn man in diesem Fachgebiet etwas behauptet. Man soll nie nie sagen. Erinnerung ist trotz allem ein flexibler Prozess. Manche unwesentlichen Details scheinen mittelfristig gespeichert zu werden, für den Fall, dass sie sich doch nicht als so unwesentlich herausstellen sollten. Vielleicht überraschst du dich selbst, wenn du dich daran erinnerst, was für ein Auto an dir vorbeigefahren ist, kurz bevor der Überfallalarm der Bank ausgelöst wurde, an der du gerade vorübergegangen bist.

ERINNERN

Wie leicht eine Erinnerung abgerufen werden kann, hängt davon ab, wie stabil das Nervenzellnetzwerk genau diese Erinnerung gemacht hat. Sie wird stark, indem oft auf sie zugegriffen wird. Eine starke Erinnerung merkt man sich leichter. Sich etwas zu merken ist ein kreativer Prozess, bei dem du neue und alte Erinnerungen mischst. Du erinnerst dich an Fragmente, die du zu einer sinnvollen Einheit zusammensetzt. Da Erinnerungen als Bruchstücke in verschiedenen Regionen der Hirnrinde abgespeichert sind, müssen sie auch in Bruchstücken abgerufen werden.

Woran du dich erinnerst, hängt auch davon ab, in welcher Stimmung du bist. Sowohl deine Umgebung als auch deine Laune werden zu Hinweisen, die eine Erinnerung leichter zutage fördern. Hast du schon mal erlebt, dass du in ein Zimmer gehst und plötzlich nicht mehr weißt, was du dort wolltest? Erst, wenn du an den Ausgangspunkt zurückkehrst, fällt es dir wieder ein. Dann war es die Umgebung, die dir geholfen hat. Auf dieselbe Weise erinnerst du dich leichter an Ereignisse auf einer Bergwanderung, wenn du im Gebirge bist, und dir fallen mehr angenehme Erinnerungen ein, wenn du gut gelaunt bist, wogegen unangenehme Erinnerungen eher hochkommen, wenn du Trübsal bläst.

Wenn wir uns Wörter auf einer Liste in beliebiger Reihenfolge in Erinnerung rufen, erinnern wir uns üblicherweise am besten an die ersten und die letzten Begriffe, während wir die in der Mitte am leichtesten vergessen. Nachbarworte werden oft miteinander verknüpft und zusammen erinnert. Werden kleine Hinweise gegeben, erinnern sich die meisten Leute in der Regel wieder an Wörter, die ihnen zuerst nicht eingefallen sind. Die Wörter waren also nicht aus dem Gedächtnis verschwunden, aber es war ein bisschen Hilfe nötig, um sie wieder auszugraben.

Wenn uns eine Frage gestellt wird, wissen wir sofort, ob wir sie beantworten können oder nicht. Wir brauchen nicht erst zu »suchen«, um dann festzustellen: Dazu kann ich leider nichts sagen. Wissen wir, dass wir die Antwort kennen, kann es natürlich trotzdem passieren, dass wir überlegen müssen, um die Information hervorzuholen; das hängt auch davon ab, wie lange es her ist, seit wir sie zuletzt abgerufen haben.

Inhalte können aus dem Gedächtnis abgerufen werden, indem du dich aktiv erinnerst oder sie wiedererkennst. Wenn du etwas wiedererkennst, vergleichst du etwas, das du siehst oder hörst, mit deiner Erinnerung. Im Gehirn haben wir sogar eine eigene Gesichtserkennungsregion. Diese Gesichtserkennungsregion ist unglaublich viel nuancierter und zuverlässiger als jede andere Beschreibung eines Gesichts. Wenn 200 oder 2000 Leute in einem Raum wären, würdest du ohne Probleme deinen Vater unter ihnen finden. Aber du würdest es wohl kaum schaffen, ihn so präzise zu beschreiben, dass ein Fremder ihn ebenso problemlos findet, oder? Wiedererkennen ist ein viel passiverer Prozess als Erinnern. Es ist,

3 GEDÄCHTNIS UND LERNEN

als würde es einfach »klick« machen, ohne dass wir darüber nachdenken müssen.

Menschen, die wir oft sehen, erzeugen mit der Zeit ein sehr spezifisches Aktivitätsmuster in unserem Gehirn, sodass eigene Nervenzellen aktiviert werden, wenn wir Familienangehörige, Freunde oder Prominente sehen. Wusstest du zum Beispiel, dass wir eine Jennifer-Aniston-Nervenzelle haben? Als bei einer Gruppe von Patienten, die wegen Epilepsie operiert werden sollten, das Signal einer Nervenzelle im Gehirn mit einer Elektrode gemessen wurde, stellte sich heraus, dass genau diese Nervenzelle immer nur dann reagierte, wenn ein Bild von Jennifer Aniston gezeigt wurde, unabhängig von der Entfernung, der Perspektive oder der Situation, in der das Foto gemacht worden war.

Wenn du dich an etwas erinnern sollst, spielt dein Gehirn das Nervenzellnetzwerk ab, das aktiviert war, als die Erinnerung sich das erste Mal festsetzte. Ganz identisch wird es zum Glück nicht – sonst hätte man ja das Gefühl, jedes Mal zu halluzinieren, wenn man an etwas denkt, das man erlebt hat. Dein Gehirn sagt dir, dass das, was du dir vorstellst, nur eine Erinnerung ist, und es erinnert dich gleichzeitig daran, wo du dich tatsächlich befindest. Und das ist auch gut so.

Wir wissen, dass unser Gedächtnis dazu dient, uns an frühere Ereignisse zu erinnern, die uns bei zukünftigen Entscheidungen helfen können. Aber um das zu erreichen, brauchen wir nicht absolut alles zu speichern, was wir jemals erlebt haben. Deshalb werden wahrscheinlich einige der Episoden, die in unserem Langzeitgedächtnis lagern, mit der Zeit Teil einer generellen Wissensdatenbank, die es uns ermöglicht, auf Basis von Erfahrung zu generalisieren, ohne dass wir die individuellen Erinnerungen voneinander trennen können.

WIE MAN SICH BESSER ERINNERT

Wenn du verstehst, wie dein Gedächtnis funktioniert, kannst du es leichter dazu bringen, mit dir im selben Team zu spielen. Nach allem, was du jetzt über Erinnerung gelesen hast, weißt du, wie wichtig es ist, sich zu konzentrieren, wenn neue Informationen abgespeichert werden sollen. Deshalb ist es auch wichtig, große Schlafdefizite zu vermeiden. Stress kann deine Gedächtnisleistung ebenfalls verringern. Wenn du deine ganze Konzentration dazu benutzt, dich vor der anstehenden Prüfung oder dem nächsten Vortrag, den du halten sollst, zu gruseln, hast du vielleicht nicht mehr genug Konzentrationsreserven, um etwas Neues zu lernen. Gehörst du zu den Menschen, die schon Tage vor einer Prüfungssituation unter großem Stress stehen, ist es besonders wichtig, dass du das, woran du dich erinnern musst, rechtzeitig lernst. Wenn du es schaffst, dich für den Stoff zu begeistern und ihn auf diese Weise mit positiven Gefühlen zu verknüpfen – umso besser. Je mehr Sinne du einbindest, um dir etwas zu merken, desto besser setzt es sich fest. Wenn du dir selbst laut vorliest, nimmst du die Information sowohl über die Augen als auch über das Gehör auf. Das hilft dir beim Erinnern. Am allerbesten funktioniert es jedoch, wenn du dich damit begnügst, nur die wichtigsten Worte und Sätze laut zu lesen. Danach solltest du den Stoff wiederholen und es regelrecht trainieren, ihn genau dann abzurufen, wenn du es willst. Dabei kannst du dann gleich den einen oder anderen Fehler korrigieren, der sich vielleicht ins Gedächtnis eingeschlichen hat.

Vielleicht solltest du auch nicht allzu tief ins Glas schauen, bevor du wichtige Informationen im Gedächtnis ablegst, und schon gar nicht, wenn du sie in nüchternem Zustand wieder abrufen musst. Falls du etwas in berauschtem Zustand lernst, erinnerst du dich nämlich in einem vergleichbaren Rauschzustand besser daran, als wenn du nüchtern bist. Wenn die Situation beim Abspeichern und beim Abrufen von Information gleich ist, verläuft der Vorgang geschmeidiger. In welcher Sprache dir Fragen gestellt werden, wirkt sich auch darauf aus, an was du dich erinnerst. Zweisprachige Russen, die in den USA lebten, erinnerten sich leichter an Details aus ihrer Kindheit, wenn man sie auf Russisch danach fragte, als wenn die Fragen auf Englisch gestellt wurden. Wir erinnern uns auch besser an etwas, das wir in Farbe sehen, als in Schwarzweiß. Wenn du eine Prüfung in einem stillen Raum ablegen musst, solltest du auch in einer stillen Umgebung arbeiten, wenn du für die Prüfung lernst.

Da das Wiederholen wichtig ist, damit du dich später daran erinnerst, nehme ich mir jetzt die Freiheit, diesen Punkt zu wiederholen. Willst du dir etwas gut merken, solltest du dir die Zeit nehmen, dich selbst abzuhören oder dich von anderen abhören zu lassen. Teste dich selbst, arbeite Prüfungsaufgaben durch oder bitte Freunde, dir Fragen zum Thema zu stellen. Es ist viel effektiver, das Abrufen von Wissen zu üben, als in derselben Zeit alles noch einmal zu lesen. Es tut deinem Gedächtnis gut, wenn du aktiv mit dem Stoff arbeitest. Denk daran, dass nicht nur das Abspeichern von Erinnerung gut funktionieren muss, sondern auch das Wiederhervorholen.

Es gibt allerdings Menschen mit einem ganz seltenen Erinnerungsvermögen. Manche Gehirne erinnern sich nach einem kurzen Flug über eine Großstadt an unfassbar viele Details oder speichern sogar komplette Telefonbücher ab. Gleichzeitig fehlen ihnen vielleicht andere, ganz grundlegende Fähigkeiten. Bestimmte Formen von Hirnschädigungen bringen die außergewöhnlichsten Gehirne hervor. Wir haben keine gesicherte Erklärung, warum das so ist, aber es gibt viele Theorien dazu. Eine davon deutet auf Schäden oder Schwächen in der linken Gehirnhälfte hin, der Hälfte, die dazu beiträgt, Informationen für uns zu filtern. Die Menschen, die diese in sich widersprüchliche Mischung aus psychischer Entwicklungsstörung oder Autismus und superentwickelten Fähigkeiten aufweisen, werden Savants genannt. Ungefähr 50 Savants weltweit sind bekannt. Einer von ihnen lernte lesen, bevor er laufen konnte. Er hatte einen vergrößerten Kopf, keinen Balken zwischen linker und rechter Gehirnhälfte und auch kein Kleinhirn. Er wurde als geistig zurückgeblieben diagnostiziert, aber er besaß ein einzigartiges Gedächtnis. Er konnte zwei Seiten auf einmal lesen, mit jedem Auge eine, und erinnerte sich an jedes Detail. Für immer. Am Ende kannte er den Inhalt von 12 000 Büchern auswendig. Als er dies dem Drehbuchautor Barry Morrow demonstrierte, beschloss Morrow, über ihn zu schreiben. Vier Jahre später kam der Oscar-prämierte Film »Rain Man« in die Kinos. Der echte Name dieses höchst außergewöhnlichen Mannes war Kim Peek.

Wo ich aufgewachsen bin, hatten wir vom Küchenfenster Aussicht auf einen Baum, in dem regelmäßig Scharen verschiedener Vögel saßen. Von diesem Baum lernte ich, Dompfaff, Kohlmeise, Spatz und Eichelhäher wiederzuerkennen. Besonders an den Eichelhäher erinnere ich mich gut, weil er so schöne blaue Federn an den Flügeln hatte. Der Eichelhäher ist ein Beispiel, das oft herangezogen wird, wenn wir über Gedächtnisleistungen sprechen. Er versteckt nämlich seinen Futtervorrat für den Winter in kleinen Portionen unter Baumwurzeln, in Astlöchern und allen Arten von Rissen und Spalten. Dieser Vogel gilt nicht als besonders schlau, aber Untersuchungen haben ergeben, dass er sich an mehrere hundert Verstecke dieser Minivorräte erinnern kann.

Als wir in die Grundschule gingen, dachten wir, dass die klügsten Kinder in der Klasse diejenigen seien, die die meisten Hauptstädte aufsagen konnten. In Wirklichkeit kannst du vieles auswendig lernen, aber intelligenter wirst du dadurch nicht. H. M.s Intelligenz war völlig normal, trotz seines ausgesprochen löchrigen Gedächtnisses. Kim Peek konnte ein dickes Buch in einer Stunde durchlesen und erinnerte sich an jedes Detail darin, aber sein eigenes Hemd zuknöpfen konnte er nicht.

ERINNERN MIT DER NASE

»Gleich darauf führte ich, ohne mir etwas dabei zu denken, doch bedrückt über den trüben Tag und die Aussicht auf ein trauriges Morgen, einen Löffel Tee mit einem aufgeweichten kleinen Stück Madeleine darin an die Lippen. In der Sekunde nun, da dieser mit den Gebäckkrümeln gemischte Schluck Tee meinen Gaumen berührte, zuckte ich zusammen und war wie gebannt durch etwas Ungewöhnliches, das sich in mir vollzog. Ein unerhörtes Glücksgefühl, das ganz für sich allein bestand und dessen Grund mir unbekannt blieb, hatte mich durchströmt. (…) Woher strömte diese mächtige Freude mir zu? Ich fühlte, daß sie mit dem Geschmack des Tees und des Kuchens in Verbindung stand, daß sie aber weit darüber hinausging und von ganz anderer Wesensart sein mußte. (…) Wird sie bis an die Oberfläche meines klaren Bewußtseins gelangen, diese Erinnerung, jener Augenblick von einst, der nun plötzlich durch die Anziehungskraft eines identischen Augenblicks von so weit her in meinem Innersten erregt, bewegt und emporgehoben wird? Ich weiß es nicht. Jetzt fühle ich nichts mehr, er ist zum Stillstand gekommen, vielleicht in die Tiefe geglitten; wer weiß, ob er je wieder aus seinem Dunkel emporsteigen wird? Zehnmal muß ich es wieder versuchen, mich zu ihm hinunterbeugen. (…) Und mit einem Mal war die Erinnerung da. (…) Der Anblick jener Madeleine hatte mir nichts gesagt, bevor ich davon gekostet hatte. (…) Doch wenn von einer weit zurückliegenden Vergangenheit nichts mehr existiert, nach dem Tod der Menschen und dem Untergang der Dinge, dann verharren als Einzige, zarter, aber dauerhafter, substanzloser, beständiger und treuer, der Geruch und der Geschmack, um sich wie Seelen noch lange zu erinnern, um zu warten, zu hoffen, um über den Trümmern alles übrigen auf ihrem beinahe unfaßbaren Tröpfchen, ohne nachzugeben, das unermeßliche Gebäude der Erinnerung zu tragen. (…) Ganz Combray und seine Umgebung, all das, was nun Form und Festigkeit annahm, Stadt und Gärten, stieg auf aus meiner Tasse Tee.«

Marcel Proust, *Auf der Suche nach der verlorenen Zeit*[*]

Hast du jemals bemerkt, dass ein Geruch oder Geschmack eine plötzliche Erinnerung in dir wachruft? Die Rindenregion, die mit dem Gedächtnis verknüpft ist, und der Teil der Hirnrinde, der Gerüche wahrnimmt, liegen direkt nebeneinander. Sie sind eng miteinander verbunden, sowohl funktionell als auch anatomisch.

---

[*] Aus: *Unterwegs zu Swann. Auf der Suche nach der verlorenen Zeit 1*, Suhrkamp

Ein bekannter Geruch – er geht dem Geschmack in der Regel voraus – kann auf diese Weise dazu beitragen, dass uns ein Ereignis einfällt, welches wir erlebt haben. Dies wird Proust-Phänomen genannt.

Alle Informationen, die den Hippocampus erreichen, haben zuvor andere Areale der Hirnrinde passiert, Areale, die vorhandenes Wissen assoziieren und die eintreffende Information interpretieren. Bei Geruch ist das anders. Der Geruch nimmt die direkte Abkürzung von der Riechrinde zum Hippocampus, ohne Umwege über Assoziationsbereiche in der Hirnrinde. Geruchsinformation geht nicht einmal durch den Thalamus, wie es alle anderen Sinnesinformationen tun. Allerdings ist es gut, dass die Geruchsinformation die Abkürzung kennt, denn der Geruchssinn ist der langsamste unserer Sinne. Das liegt daran, dass die Nervenzellfortsätze, die Axone, überhaupt nicht isoliert sind. Wenn elektrischer Strom durch eine Leitung gehen soll, die nicht isoliert ist, kann man das kompensieren, indem man den Leitungsquerschnitt vergrößert, aber der Querschnitt der Axone, die die Geruchsinformationen befördern, ist leider klein.

Es sind nicht nur die engen Nervenzellverbindungen zwischen Riechrinde und Hippocampus, die dafür sorgen, dass schon ein schwacher Dufthauch alte Erinnerungen hervorrufen kann. Die Riechrinde ist auch eng mit der Amygdala verbunden, die wichtig für unsere Gefühle ist. In fast allen Fällen, in denen ein Duft eine Erinnerung in uns wachruft, löst diese Erinnerung auch ein Gefühl in uns aus. Dass wir die Erinnerungen, die mit einem Geruch verbunden sind, als so stark und echt und wichtig empfinden, liegt daran, dass diese Erinnerungen emotionsgeladen sind.

Die Geruchsnerven sind die einzigen Nervenzellen in unserem

Zentralnervensystem, die Frischluft ausgesetzt sind, da sie ganz oben in unserer Nase liegen. Sie fangen eine Unmenge an Gerüchen ein, die wir sofort wiedererkennen, und auch solche, bei denen es uns schwerfällt, Worte dafür zu finden. Wie würdest du beispielsweise jemandem den Geruch von Erdbeeren beschreiben, der sie noch nie gerochen hat? Wärst du in der Lage, ihren Duft so zu beschreiben, dass die betreffende Person ihn sofort als Erdbeerduft identifiziert, wenn er ihre Nase streift? Fest steht jedenfalls, dass du einen Geruch, den du einmal abgespeichert hast, nie wieder vergisst. Das Geruchsgedächtnis ist überraschend stabil.

BLACKOUT

»Blackout« ist kein wissenschaftlicher Begriff, aber er wird oft gebraucht – beispielsweise, wenn man sich nach einem schweren Alkoholrausch an nichts mehr erinnert. Es gehört schon eine Menge dazu, aber das Gehirn kann so betäubt werden, dass es Eindrücke nicht mehr speichert. Dann hast du auch keine Erinnerung daran. Kontroverser wird es, wenn wir von unterdrückten Erinnerungen sprechen; das sind Erinnerungen, die sich nicht mehr abrufen lassen, nachdem man etwas Schreckliches erlebt hat. Es ist nicht bewiesen, dass Erinnerungen unbewusst von traumatischen Erlebnissen unterdrückt werden, aber auch nicht widerlegt. Etwas akzeptierter ist die Theorie, dass wir Erinnerungen bewusst verdrängen. Wissenschaftler der Universität Colorado führten 2007 einen Test durch, bei dem sie einer Gruppe Versuchspersonen unangenehme Bilder zeigten. Wie man herausfand, konnten die Personen eine gewisse Kontrolle auf ihre emotionalen Erinnerungen ausüben. Indem sie sich aktiv bemühten, sich nicht an das Gesehene zu erinnern, konnten sie den Speicherprozess anhalten, meinten die Forscher.

Damit du unbewusst etwas unterdrücken oder bewusst etwas verdrängen kannst, muss sich zuerst eine Erinnerung gebildet haben. Erleben wir etwas Traumatisches, brennt sich das oft ins Gedächtnis ein. Die Hauptregel ist, dass wir uns an Traumata besonders gut erinnern.

DEMENZ IST HIRNVERSAGEN

Zunehmende Vergesslichkeit ist ein normaler Teil des Alterungsprozesses, da Nervenzellen in einem alternden Gehirn einige ihrer Verbindungen untereinander verlieren und einfach absterben. Mit den Jahren verlieren wir so viele Nervenzellen, dass man auf CT- oder MRT-Aufnahmen des Gehirns erkennen kann, wie es schrumpft. Dabei ist der Hippocampus, der so wichtig für unser Gedächtnis ist, eine der ersten Regionen, die durch das Alter geschwächt werden. Der Begriff »Demenz« leitet sich aus dem Lateinischen ab (*de-* = weg von, *mens* = Geist). So gesehen ist es ein gutes Wort, aber die Bedeutung ergibt sich nicht intuitiv, sofern du kein Sprachwissenschaftler bist. Wir nennen es Nierenversagen, wenn die Nieren versagen, Herzversagen, wenn das Herz versagt, und Immunversagen, wenn das Immunsystem versagt. Trotzdem nennen wir es Demenz, wenn das Gehirn versagt.

Denn tatsächlich ist Demenz genau das: Hirnversagen. Demenz wird in viele Untergruppen eingeteilt, je nachdem, wo der Ausfall beginnt, aber am Ende ist das Versagen so ausgedehnt, dass es schwierig wird, die Gruppen voneinander zu unterscheiden. Die Alzheimer-Demenz ist die häufigste Form, sie hat mit dem fehlerhaften Abbau eines speziellen Proteins zu tun. Das wiederum trägt zu Ablagerungen bei, die die Nervenzellen schädigen. Die Schädigung beginnt anscheinend in den Schläfenlappen, unmittelbar am Hippocampus. Das Gedächtnis ist mit als Erstes betroffen. Der oder die Erkrankte ist immer noch derselbe Mensch, mit der Persönlichkeit und der Gemütslage, die die Angehörigen kennen, nur dass dieser Mensch vergisst, die Kaffeemaschine auszuschalten oder die Teelichter auszublasen und im Supermarkt nicht mehr weiß, was er einkaufen wollte. Am Anfang kann das durch Merklisten und Notizzettel kompensiert werden, aber irgendwann hilft das auch nicht mehr. Vielleicht begreift man erst dann, dass etwas nicht stimmt, und geht zum Arzt. Meine Urgroßmutter litt auch an Alzheimer, und besonders an eine Geschichte erinnere ich mich noch gut. Uroma deckte den Tisch für eine große Familienfeier und stand stundenlang am Herd, aber es kam niemand. Sie war sehr gekränkt. Später stellte sich heraus, dass sie vergessen hatte, die Gäste einzuladen. Demenz sorgt für viel Kummer, vor allem in der ersten Phase, wenn der Rest des Gehirns noch funktioniert und man selbst mitbekommt, was mit einem passiert.

Du kennst vielleicht den Ausdruck, dass jemand »in der Vergangenheit lebt«. Bei der Alzheimer-Demenz kommt das im Verlauf der Krankheit nicht selten vor, und dann in einem Stadium, in dem die im Langzeitgedächtnis gespeicherten Erinnerungen noch intakt sind. Je mehr die Krankheit sich ausbreitet, desto mehr verschwindet allerdings auch das Langzeitgedächtnis. Und die Persönlichkeit. Und das Gemüt. Die Angehörigen werden zu Zeugen, wie ein geliebter Mensch dahinwelkt. Zum Glück werden immer neue Entdeckungen auf dem Weg zur Lösung des Alzheimer-Rätsels gemacht. Wenn man die Antwort darauf findet, warum das Protein fehlerhaft abgebaut wird und sich anlagert, wird man auch eine Behandlung dafür finden und den Krankheitsfortschritt vielleicht aufhalten können.

Die zweithäufigste Demenzform ist die vaskuläre Demenz. Sie beinhaltet, dass kleine, verstreute Gebiete des Gehirns nicht ausreichend mit Blut versorgt werden, sodass die Nervenzellen absterben. Das geschieht meist, weil dünne Blutgefäße verstopfen und kleine Schlaganfälle oder Durchblutungsstörungen verursachen. Die Entwicklung verläuft deshalb nicht schleichend wie bei Alzheimer, sondern eher sprunghaft, je nachdem, wann die Hirnschläge auftreten. Die Risikofaktoren sind dieselben wie bei allen Krankheiten, die das Gefäßsystem betreffen: ungesunde Ernährung und zu wenig Bewegung.

Die anderen Demenzformen betreffen nicht als Erstes das Gedächtnis, sondern rufen eher Persönlichkeitsveränderungen und Halluzinationen hervor. Früher oder später zerstören allerdings auch sie das Gedächtnis.

Jeder fünfte Norweger wird irgendwann im Laufe seines Lebens an Demenz erkranken. Heute leiden 70 000 Norweger an Demenz, 2050 werden es doppelt so viele sein. Bisher gibt es keine Heilung. Was also können wir tun, um das Risiko zu verringern? Daran, dass wir alt werden, können wir kaum etwas ändern. Was Alzheimer betrifft, wissen wir nicht genug über die Risikofaktoren, aber wir wissen, dass ein trainiertes Gehirn robuster ist. Wenn du deine kleinen grauen Zellen bis ins hohe Alter beschäftigst, muss schon etwas mehr passieren, bevor ein paar unvollständig abgebaute Proteine dein Gehirn schachmatt setzen. Die Krankheit verschlimmert sich unverkennbar, aber es wird länger dauern, bis du Symptome an dir feststellst. Für vaskuläre Demenz gilt ebenfalls das, was du bereits weißt: Lebe gesund und ernähre dich gesund.

Trotzdem, es besteht Hoffnung. Die Forschung macht Fortschritte. Wissenschaftler der Universität Stanford entdeckten, dass bei alten Mäusen, die Blut von jungen Mäusen erhielten, die Zellneubildung im Hippocampus zunahm. Enthält junges Blut vielleicht einen Faktor, der die Vergesslichkeit, die das Alter mit sich bringt, verringern kann?

MR. APPLESINE

Als ich ein kleines Kind war, erzählte meine Mutter einmal von einem Englischlehrer, der nie zugeben wollte, dass er einen Fehler gemacht hatte oder die Antwort auf eine Frage nicht wusste. Als er auf Englisch über die Apfelsine sprechen sollte, benutzte er das Wort »Applesine«, und als man ihn berichtigte, weigerte er sich einzugestehen, dass er sich in der Vokabel geirrt hatte. Zur Strafe hieß er von dem Tag an nur noch Mr. Applesine. Alle lachten herzlich über Mamas Geschichte. Ich konnte damals noch kein Englisch, deshalb erklärte man mir, dass Apfelsine auf Englisch *orange* heißt. Jetzt, wo ich Englisch spreche, muss ich mich konzentrieren, damit ich im Flugzeug nicht *applesine juice, please* bestelle, und ich muss immer wieder *orange, orange, orange* vor mich hinsagen, damit ich mich nicht blamiere und eine Mrs. Applesine werde. Es mag die eine oder andere Methode geben, wie man etwas, das man sich einmal gemerkt hat, wieder loswird, aber eine Löschtaste gibt es nicht. Es ist so gut wie unmöglich, auf Kommando etwas zu vergessen. Jedes Mal, wenn mir der falsche Begriff auf der Zunge liegt, ist wieder genau dasselbe Nervenzellnetzwerk aktiv. Selbst, wenn ich es dazu benutze, mich zu korrigieren, habe ich es genau dadurch ein bisschen stärker gemacht. Wahrscheinlich werde ich mich für den Rest meines Lebens an diese Geschichte erinnern.

FALSCHE ERINNERUNGEN

Eine Erinnerung ist nichts, was man unverändert hervorholt und nur ein bisschen abstauben muss, für den Fall, dass man es später noch mal braucht. Das Gedächtnis ist nicht ganz zuverlässig. Wir speichern Informationen in Form eines »Erinnerungs-Skeletts«, das nur aus den wichtigsten Inhalten der Erinnerung besteht. Wenn wir diese Erinnerung abrufen, benutzen wir unser Allgemeinwissen, um das Gerippe mit Informationen aufzufüllen, die auf Annahmen und Erfahrungen basieren. Das kann auch eine Fehlerquelle sein. Studien haben gezeigt, dass wir empfänglich für Vorschläge sind, die uns helfen, die Erinnerungslücken zu füllen, sowohl beim Konstruieren als auch beim Rekonstruieren der Erinnerung.

Es gibt viele Beispiele für sogenannte »falsche Erinnerungen«, etwa wenn Zeugenaussagen sich unter dem unbewussten Einfluss von Verhören und Medienberichten ändern. Viele Erinnerungen müssen hervorgeholt und durch Wiederholungen mehrmals neu abgespeichert werden, bis sie schließlich dauerhaft im Langzeitgedächtnis abgelegt werden können. Während des Wiederabspeicherns kann sich allerdings die gesamte Erinnerung ändern. Die Stärke der Nervenzellverbindungen ist veränderlich, und die Erinnerung kann mit neuen Gefühlen, Umgebungssituationen, Erwartungen oder Kenntnissen assoziiert werden.

Die Psychologin Elizabeth Loftus hat einen Großteil ihres Lebens der Erforschung von falschen Erinnerungen gewidmet. Sie hat nachgewiesen, dass die Art, wie man eine Aussage formuliert, ganz entscheidend dafür ist, wie man sich an etwas erinnert. In einem ihrer Experimente zeigte sie zwei verschiedenen Gruppen von Personen das Bild eines Autounfalls. Der einen Gruppe erzählte sie, die Autos seien »zusammengeknallt«, woraufhin diese Gruppe sich später an mehr zerbrochenes Glas erinnerte als die zweite Gruppe, der sie gesagt hatte, die Autos seien »zusammengestoßen«. Und das, obwohl beide Gruppen genau dasselbe Bild gesehen hatten. Wir lassen uns also von der Wortwahl in einer Aussage beeinflussen.

Die Geschichte von H. M. ist auch ein gutes Beispiel dafür, warum wir froh sein sollten, dass unser Gedächtnis nicht statisch ist. H. M. ging durchs Leben in dem festen Glauben, er sei ungefähr 30 Jahre alt, also etwa in dem Alter, in dem er war, als ihm der Hippocampus entfernt wurde. Als er ein Foto von sich in fortgeschrittenem Alter sah, meinte er seinen Vater darin zu erkennen, obwohl sein Vater keine Brille getragen hatte. Jeden Morgen wurde er aufs Neue von seinem Spiegelbild überrascht. Er hatte ausschließlich Erinnerungen an die Zeit vor der Operation bewahrt und erinnerte sich deshalb nur an sein 27-jähriges Ich.

Ohne Gedächtnis würden wir weder Familienangehörige noch Freunde erkennen. Ohne Gedächtnis erkennen wir nicht einmal uns selbst.

3 GEDÄCHTNIS UND LERNEN

LOB DER VERGESSLICHKEIT

Viele wünschen sich ein besseres Gedächtnis, aber dieser Wunsch ist mit Vorsicht zu genießen. Wenn du ein durchschnittliches Gedächtnis hast, solltest du vielleicht zufrieden sein. Durchschnittlich ist nicht gleichbedeutend mit schlecht. Das Gehirn sortiert, holt hervor, was wichtig ist, und schließt Unwichtiges weg. Nicht alles, was du erlebst, wird gespeichert. Dein Gedächtnis fungiert als eine Art Filter, der dich vor dem Übermaß an Information beschützt, mit dem du täglich bombardiert wirst.

Es ist ein seltenes Phänomen, aber es gibt Menschen, die nichts von dem vergessen, was sie jemals erlebt haben. Damit meine ich nicht die Gedächtniskünstler mit den Guinness-Rekorden, da diese Leute ihr Erinnerungsvermögen typischerweise mit bestimmten Strategien trainieren. Ich rede auch nicht von Savants. Einige wenige Menschen auf der Welt erinnern sich an jeden Tag in ihrem Leben. Der erste Mensch, bei dem diese Fähigkeit festgestellt wurde, ging zunächst als A. J. in die Literatur ein, bis sich herausstellte, dass A. J. eine Amerikanerin namens Jill Price ist. Wenn man ihr irgendein Datum nennt, kann sie sofort sagen, wie das Wetter an dem Tag war, womit sie und die Menschen in ihrem Umfeld beschäftigt waren und worüber in den Nachrichten berichtet wurde. Sie selbst sagt, es sei so, als würde in ihrem Kopf ein Film ablaufen, der niemals anhält. Für sie ist die Welt zweigeteilt in Gegenwart und Vergangenheit, die sie beide gleichzeitig sieht. Jedes kleinste Detail in ihrem Alltag erinnert sie an eine Reihe von früheren Ereignissen, die sie sofort noch einmal durchlebt. Die meisten halten ihr Ausnahmegedächtnis für ein Geschenk, sie selbst empfindet es als Last.

A. J. und Kim Peek sind für ihr enormes Gedächtnis bekannt, während H. M. bekannt war für seine enorme Vergesslichkeit. Auch wenn H. M. den größten Teil seines Lebens damit verbrachte, Dinge zu vergessen, hat er uns eine Menge über das Gedächtnis gelehrt und wird selbst noch vielen Generationen in Erinnerung bleiben.

Das Wissen über die Funktionsweise des Gedächtnisses kann dir helfen zu verstehen, wie du dein Gedächtnis verbessern kannst, und auch, wann du ihm nicht trauen solltest. Erinnerungen sind keine exakten Abbilder der Vergangenheit, aber sie sind wichtig für die Zukunft. Und vergiss nicht, deine Vergesslichkeit zu genießen!

4 DAS GPS DES GEHIRNS

Eine Ratte rennt vergnügt in ihrem großen Käfig herum und sucht nach Schokoladenstückchen, die der Forscher in regelmäßigen Abständen hineinfallen lässt. Sie trägt etwas, das an einen Hut mit Kabeln erinnert. Die Kabel registrieren, wann eine »ausgewählte« Nervenzelle im Gehirn der Ratte Signale sendet. Diese Nervenzelle sitzt im Schläfenlappen. Auf den ersten Blick könnte man den Eindruck haben, das diese eine Zelle die Signale willkürlich aussendet, aber nachdem die Ratte eine Weile auf der Suche nach mehr Schokolade herumgelaufen ist, beginnt sich ein Muster abzuzeichnen – kein Gitternetz aus Längen- und Breitengraden wie bei normalen Landkarten, aber wenn man die Punkte, an denen die ausgewählte Nervenzelle Signale sendet, miteinander verbindet, erhält man ein Gitter aus geometrisch perfekten Sechsecken. Alle sechs Seiten sind gleich lang, und auch der Abstand vom Mittelpunkt eines Sechsecks zu den Mittelpunkten aller anderen umliegenden Sechsecke ist genau gleich. Spieleentwickler sind seit Längerem der Meinung, dass ein Gitternetz aus Sechsecken sich für die Konstruktion virtueller Welten viel besser eignet als ein gewöhnliches Gitternetz aus Quadraten. Jetzt stellt sich heraus, dass das Gehirn schon viele Millionen Jahre früher als die Spieleentwickler zu diesem Ergebnis gekommen ist. Selbstverständlich.

GITTER IM GEHIRN

Es waren norwegische Hirnforscher, die diese bahnbrechende Entdeckung gemacht haben. May-Britt und Edvard Moser leiteten das Team, das 2005 die Zellen entdeckte, die dieses Gitter aus Sechsecken konstruieren. Sie nannten sie Gitterzellen. Später haben sie nachgewiesen, dass unser Ortssinn aus mehreren unterschiedlichen Gitterkarten besteht und dass diese Karten jeweils ihre eigenen Aufgaben und Maschengrößen haben. Es gibt welche mit groben Maschen für größere Gebiete, bei denen es nicht auf Details ankommt, und solche mit feinen Maschen für kleinere Gebiete, bei denen eine hohe Auflösung wichtig ist. Die Gitterzellen wurden in der Hirnrindenregion gefunden, die direkt am Hippocampus im Schläfenlappen liegt. Am einen Ende der Region ist die Maschengröße klein und am anderen Ende riesig. Die Vergrößerung der Maschen ist allerdings nicht dem Zufall überlassen, sondern sie nimmt um die Quadratwurzel aus zwei von einem Bereich zum nächsten zu.

»SIE BEFINDEN SICH HIER«

Früher benutzten die Leute meist Landkarten aus Papier, um den Weg zu finden. Manche tun es heute noch. In der Zeit vor dem GPS im Handy musste man die Karte drehen und wenden, um sich zu orientieren. Vielleicht musste man nach einer Landmarke wie einem Berg oder einer Kirche suchen, um zu verstehen, wo man sich befand. Wäre es nicht toll gewesen, wenn es einen roten Punkt

4 DAS GPS DES GEHIRNS

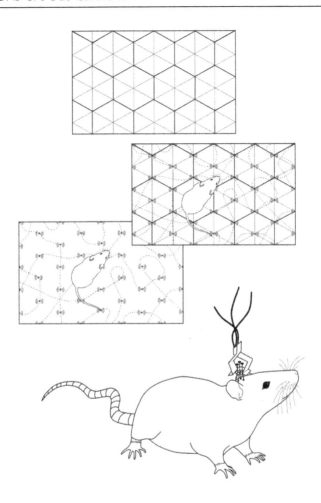

Abbildung 12. Die Abbildung zeigt beispielhaft, wie das Bewegungsmuster der Ratte registriert wird und wie sich aus den Signalpunkten nach und nach ein Muster von Gitterzellen ergibt.

auf der Karte gegeben hätte, der einem sagt: »Sie befinden sich hier«? Das Gehirn hat so etwas tatsächlich.

Keine zehn Jahre, nachdem die Mosers die Gitterzellen entdeckt hatten, erhielten sie den Nobelpreis für Medizin zusammen mit dem Briten John O'Keefe – das Ehepaar Moser für die Entdeckung von Gitterzellen, O'Keefe für die Entdeckung von Ortszellen. Die Ortszellen sind genau der rote Punkt, von dem ich eben sprach. Die Ratten von John O'Keefe liefen mit ähnlichen Hüten herum wie die Ratten von May-Britt und Edvard Moser, aber O'Keefe maß die Aktivität von Nervenzellen im Hippocampus und nicht im Rindenbereich drumherum. Er fand Nervenzellen, die starke Signale sendeten, wenn die Ratten sich an einer bestimmten Stelle in ihrem Käfig aufhielten, und an allen anderen Stellen stumm blieben.

Als dem bekannten Patienten H. M. der Hippocampus (auf beiden Seiten) und ein Teil der umgebenden Hirnrinde entfernt wurde, verlor er bei derselben Operation auch seine Orts- und seine Gitterzellen. Und ganz richtig: Nicht nur, dass er nach der Operation das Pflegepersonal im Krankenhaus nicht wiedererkannte, er konnte auch den Weg zur Toilette nicht mehr finden. Ortszellen und Ortsorientierung hängen eng mit dem Gedächtnis zusammen. Die allermeisten unserer Erinnerungen sind tatsächlich mit dem Ort verknüpft, an dem wir das Erinnerte erlebt haben. Ausgehend von Studien an Ratten scheint es so zu sein, dass die Ortszellen uns nicht nur sagen, an welchem Ort wir uns genau in diesem Moment befinden, sondern dass sie auch Informationen über Erinnerungen beisteuern, die an konkrete geografische Orte gebunden sind. Ortszellen, die zur Spielzeugkiste in deinem alten Kinderzimmer gehören, senden dir höchstwahrscheinlich starke Signale, wenn du daran zurückdenkst, wie du früher damit gespielt

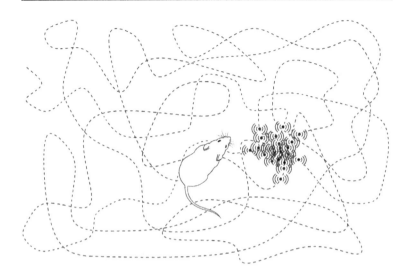

Abbildung 13. Ortszellen senden nur in einem Bereich des Käfigs Signale, und dieser Bereich erscheint umso deutlicher, je größer das Gebiet ist, durch das sich die Ratte bewegt.

hast, selbst wenn du in dem Moment, in dem die Erinnerung in dir hochkommt, geografisch an einem ganz anderen Ort bist. Mental bist du bei deiner Spielzeugkiste, wenn du an sie denkst.

Diese Entdeckungen wurden also an Ratten gemacht. Der Hippocampus ist allerdings evolutionär gesehen ein alter Teil der Hirnrinde, ein Teil, den Menschen und Ratten gemeinsam haben. Der Ortssinn kann mit einiger Sicherheit als ebenso wichtig für Ratten wie für Menschen angesehen werden, und es wäre daher keine Überraschung, wenn der Ortssinn, den wir bei Ratten vorfinden, ebenso hoch entwickelt wäre wie bei uns. Auch wenn es wohl noch eine Weile dauert, bis der Ortssinn bei uns Menschen ebenso gut erforscht ist, gehen die Arbeiten voran. Gitterzellen wurden bereits im menschlichen Gehirn gefunden. Durch die Arbeit mit den Ratten wissen wir, wo wir mit der Suche ansetzen müssen.

KARTE UND KOMPASS

Ich war nie besonders gut darin, mich örtlich zurechtzufinden, das gebe ich gerne zu. Das Ergebnis ist, dass ich einfach passiv mitlaufe und demzufolge meinen Orientierungssinn auch nicht trainiere. Ein seltenes Mal kann es allerdings passieren, dass ich fest überzeugt bin zu wissen, in welche Richtung ich gehen muss. Nach unserem ersten Universitätsexamen fuhren zwei Freundinnen und ich nach Budapest. Dort wurden die pädagogischen Fähigkeiten meiner geduldigen Freundinnen auf eine harte Probe gestellt. Ich war so sicher, den richtigen Weg zu kennen, dass es beinahe körperlich wehtat, als eine der beiden behauptete, wir müssten in die genau entgegengesetzte Richtung gehen. Obwohl mir alle Erfahrung sagte, dass sie recht hatte und ich mich irrte. Pädagogisch, wie sie war, ging sie mit mir in die Richtung, auf die ich beharrte, zeigte unterwegs auf Landmarken und erklärte geduldig, warum ich mich irrte. Schließlich gelang es ihr, mein hilfloses Orientierungssystem wieder einigermaßen auf Kurs zu bringen, und wir machten auf dem Absatz kehrt und gingen in die Richtung, von der sie die ganze Zeit gewusst hatte, dass sie die richtige war. Mit dem Unterschied, dass diesmal nicht sämtliche Richtungszellen in meinem Kopf wütend protestierten.

4 DAS GPS DES GEHIRNS

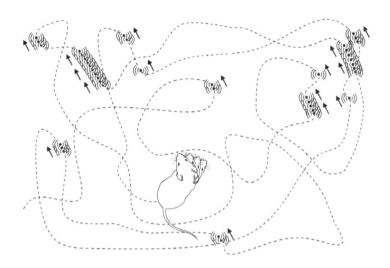

Abbildung 14. Wie aus der Abbildung hervorgeht, lassen die Kopfrichtungszellen sich nicht davon beeinflussen, in welche Richtung die Ratte läuft, sondern in welche Richtung der Kopf gewandt ist.

In vieler Hinsicht erinnern Kopfrichtungszellen an einen eingebauten Kompass. Sie sagen dir allerdings nicht, wo Süden, Norden, Osten und Westen sind. Die Richtungszellen sind nicht an die Magnetpole der Erde gekoppelt, sondern an das Gleichgewichtsorgan im Innenohr. Eine Kopfrichtungszelle ist eine Zelle, die hell begeistert ist, wenn du deinen Kopf in die Richtung drehst, die sie anzeigt, völlig unabhängig davon, ob du gerade einen Handstand machst oder die Augen zu hast. Lässt du deine Augen allerdings längere Zeit geschlossen, wird die Richtung, die die Kopfrichtungszelle anzeigt, ungenauer. Versuche mit Ratten, bei denen man viele

Male nacheinander das Licht ein- und ausschaltete und die Ratte wiederholt desorientiert war, zeigten, dass das gesamte Kopfrichtungssystem vorübergehend zusammenbrechen kann. Wenn die Ratte alle paar Minuten in eine andere Umgebung umgesetzt wird, verlieren die Landmarken nach einer Weile ihren Einfluss auf die Kopfrichtungszellen. Das führt dazu, dass die Richtungszellen ihre Signale nicht mehr konsequent senden, sondern völlig willkürlich – und jedes Mal ein wenig verändert. Ob das wohl auch mit meinen Kopfrichtungszellen passiert war?

Vieles deutet darauf hin, dass die Kopfrichtungszellen an Erinnerungen gebunden sind, so wie die Ortszellen. Wenn Ratten still daliegen und schlafen, sind die Kopfrichtungszellen weiterhin aktiv. Tatsächlich sind sie nicht weniger aktiv, als wenn die Ratten wach sind und herumlaufen und ihren Käfig untersuchen. Dies gilt besonders während des Traumschlafs.

BIS HIERHER UND NICHT WEITER

Zwischen Kopfrichtungszellen und Gitterzellen im Rindenbereich außerhalb des Hippocampus gibt es eine kleine Gruppe von Zellen, die dir sagen, wo eine Grenze ist. Grenzzellen senden Signale, wenn du dich an einem Hindernis im Gelände befindest, wie etwa einem Berg, einer Mauer oder einem Zaun – oder einfach einer Wand im Rattenkäfig. Die Grenzzelle sendet Signale beispielsweise bei allen Hindernissen und Begrenzungen, die rechts von dir sind, aber nur, wenn du dich *unmittelbar* an der Begrenzung befindest. Wird der Rattenkäfig nach rechts vergrößert, sendet die Grenzzelle ihr Signal nicht an derselben Stelle wie zuvor, sondern an der neuen Be-

4 DAS GPS DES GEHIRNS

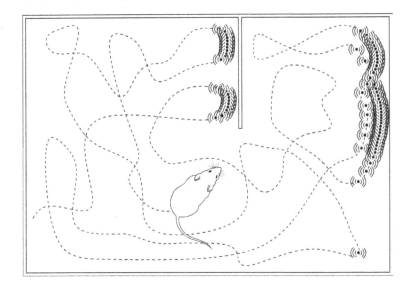

Abbildung 15. Die Grenzzelle markiert Grenzen, sowohl die Wand des Rattenkäfigs als auch eine eingezogene Teilwand, hier dargestellt als Grenze nach rechts.

grenzung. Die Grenzzelle sagt den Ortszellen und Gitterzellen, auf welches Gebiet sie sich konzentrieren sollen.

FRED FEUERSTEINS AUTO

Comicfigur und Steinzeitmann Fred Feuerstein hat ein Auto ohne Motor, bei dem sowohl die Räder als auch das Lenkrad aus Stein sind. Damit das Auto sich vorwärtsbewegt, muss Fred Feuerstein laufen oder gehen, je nachdem, wie hoch die Geschwindigkeit sein soll. Ein solches Auto haben May-Britt und Edvard Moser für ihre Ratten gebaut. In dem konnten die Tiere laufen, um zu einer Schokoladenbelohnung am Ende eines vier Meter langen Transportbands zu kommen. Wenn man den Ratten erlaubte, ungehindert in Richtung Schokolade zu laufen, konnten sie bis zu 50 Zentimeter pro Sekunde zurücklegen. Mosers entschieden sich jedoch, die Geschwindigkeit mit Hilfe des Feuerstein-Autos auf 7, 14, 21 oder 28 Zentimeter pro Sekunde zu regulieren (siehe Abbildung 16, Seite 110). Die Forscher maßen die Aktivität von mehreren hundert Nervenzellen, während die Ratten auf die Belohnung zuliefen. Sie fanden spezielle Geschwindigkeitszellen – also Zellen, die Signale abhängig vom Tempo sendeten, in dem die Ratten liefen. Eine Geschwindigkeitszelle ist eine Art Tachozelle, die unabhängig von Landmarken funktioniert und davon, ob es hell oder stockdunkel ist. Wenn die Ratten frei laufen durften, zeigten die Geschwindigkeitszellen außerdem das Tempo, das die Ratte erreichen würde, noch deutlicher an als das Tempo, das sie im Moment lief.

Während die Kopfrichtungszellen also den Gitterzellen sagen, in welche Richtung die Ratte sich bewegt, sagen die Geschwindigkeitszellen, wie schnell die Ratte läuft. Diese Informationen werden von den Gitterzellen benutzt, um das Gitternetz zu aktualisieren. Die Gitterzellen liefern uns eine Art Karte, und die Grenzzellen grenzen diese Karte ein. Die Ortszellen sagen uns, wo wir sind. All diese verschiedenen Zellen tragen jede auf ihre Art zu unserer Ortsorientierung bei. Zusammen bilden diese Zellen das globale Positionsbestimmungssystem des Gehirns – unser GPS im Kopf mit Tachometer, Kompass und Grenzmarkierungen.

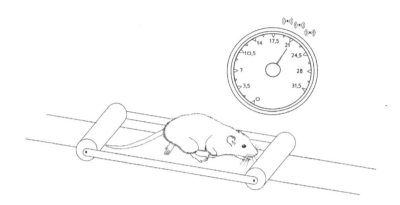

Abbildung 16. Ratte in Feuerstein-Auto, wobei die Geschwindigkeitszelle Signale bei 21 Zentimeter pro Sekunde sendet.

MEHR ALS LANDKARTE, KOMPASS UND TACHOMETER

Die Ortszellen befinden sich also im Hippocampus, während die Gitterzellen in der Hirnrinde direkt außerhalb sitzen. Zwei der wichtigsten Zelltypen für unsere Ortsorientierung befinden sich damit ausschließlich im Schläfenlappen. Soweit wir wissen. Die Kopfrichtungszellen sitzen dagegen nicht nur in der Rinde um den Hippocampus, sondern auch in verschiedenen anderen Rindenregionen, außerdem im Thalamus und in den Basalganglien (siehe Abbildungen 1/Seite 19, 8/Seite 64, und 9/Seite 65).

Wenn wir uns in unserer Umgebung orientieren, brauchen wir mehr als Landkarte, Kompass und Tachometer im Kopf. Wir brauchen den Sehsinn im Hinterhauptlappen, um Landmarken wiederzuerkennen. Wir benötigen den Tastsinn und das Bewusstsein unserer eigenen Bewegung, beispielsweise, wenn der Fuß auf den Boden gesetzt wird. Dazu tragen der Scheitellappen und das Kleinhirn bei. Wenn wir uns bewegen, ist unsere Orientierungsfähigkeit also nicht nur abhängig von Landmarken am Horizont, sondern auch von den Signalen, die unsere Bewegungen laufend an unser Gehirn senden, schlicht davon, wo im Raum unsere Arme und Beine sich zu einem beliebigen Zeitpunkt befinden. Das Gehirn ist auf die Zusammenarbeit des Sehsinns und eben dieses Körperbewusstseins angewiesen, damit du dich effektiv fortbewegen und orientieren kannst.

Der Scheitellappen kombiniert normalerweise visuelle Eindrücke mit den Informationen, die von den übrigen Sinnen gesendet werden. Ratten mit Schäden im Scheitellappen erhalten immer noch ein gutes Stück Hilfe vom Kleinhirn, aber es ist klar erkennbar, dass die Sinneseindrücke schlechter werden. Das Resultat ist, dass die Ratten Mühe haben, sowohl ihr Futter zu finden als auch den Rückweg zu ihrem eigenen Käfig. Aber nicht nur Ratten haben nach Schäden im Scheitellappen Probleme, die richtige Richtung zu finden. Auch Menschen, die einen Gehirnschlag im Scheitellappen erlitten haben, finden sich kaum noch zurecht – sogar in vertrauten Umgebungen.

FINDEN MÄNNER SICH ÖRTLICH BESSER ZURECHT ALS FRAUEN?

Nein. Forschungsergebnisse auf diesem Gebiet gehen so weit auseinander, dass es genauso gut auch umgekehrt sein kann. Das Einzige, was wir offenbar mit Sicherheit aus den Untersuchungen entnehmen können, ist, dass Frauen und Männer verschiedene Strategien anwenden, um sich zu orientieren. Es gibt natürlich unterschiedliche Tendenzen, je nachdem, wie eine Untersuchung angelegt ist. In Bezug auf virtuelle Orientierung, wie bei Computerspielen, zeigen mehrere Studien, dass Männer bessere Ergebnisse erzielen. Dies wird allerdings als eine Folge davon interpretiert, dass Männer im Durchschnitt mehr Erfahrung mit Computerspielen haben als Frauen. Geht es um die Orientierung in realem Gelände, fallen die Ergebnisse bei beiden Geschlechtern sehr ähnlich aus. Als Gruppe gesehen scheinen Frauen sich mehr an Landmarken wie Erhebungen, Kirchtürmen und anderen hervortretenden Landschaftsmerkmalen zu orientieren, als Männer dies tun. Männer folgen eher als Frauen einer Himmelsrichtung, unabhängig von Landmarken. Das wird auch deutlich, wenn Männern und Frauen eine Wegbeschreibung geben sollen. Eine Frau würde typischerweise sagen: »Biegen Sie am Zeitungskiosk links ab und gehen Sie dann immer geradeaus, bis die Straße eine Kurve macht.« Männer würden eher Richtungsangaben wie Osten, Westen, Norden, Süden machen. Weil Frauen sich an Landmarken orientieren, so haben mehrere Studien gezeigt, finden sie im Durchschnitt besser wieder den Weg zurück, nachdem sie an einem unbekannten Ort waren.

Alle derartigen Studien bedienen sich des Durchschnitts. Es gibt natürlich Frauen, die sich weit besser orientieren können als der Durchschnitt der Männer, aber auch Frauen, die viel schlechter darin sind. Ich selbst ziehe den Durchschnitt wohl eher nicht nach oben. Leider kann ich die Schuld nicht einfach darauf abwälzen, dass ich »so geboren bin«. Wir sind natürlich mit einer bestimmten Ausgangslage geboren, aber unser Gehirn ist bekanntlich flexibel. Ortsorientierung kann durch Training verbessert werden. Wenn du die ganze Zeit denkst, »Ich kann das nicht«, »Ich werde mich verlaufen« und »Wenn ich alleine gehe, werde ich nie rechtzeitig ankommen«, dann wird daraus schnell eine sich selbst erfüllende Prophezeiung. Es gibt eine Tendenz, dass Frauen wenig Selbstvertrauen haben, was ihren Orientierungssinn betrifft. Vielleicht deshalb, weil der Mythos von der Überlegenheit des Mannes auf diesem Gebiet sich so hartnäckig hält? Selbstvertrauen ist wichtig, um Leistung zu bringen. Eine 2006 in der Zeitschrift *Science* veröffentlichte Studie zeigte, dass Frauen, denen erzählt worden war, Männer hätten mehr Talent für Mathematik, schlechter in Mathematikprüfungen abschnitten als Frauen, denen gesagt worden war, Männer und Frauen hätten die gleichen Voraussetzungen.

GEHIRNTRAINIERTE TAXIFAHRER

Kann man den Hippocampus trainieren? Als Hirnforscher an der Universität London sich diese Frage stellten, fanden sie perfekte Versuchspersonen in ihrer eigenen Stadt. London ist ein einziges Wirrwarr von Straßen. Die Stadt erscheint nicht so architektonisch durchgeplant wie Paris oder New York. In vieler Hinsicht ist London ein bisschen wie Oslo, nur viel, viel größer. Ein Taxifahrer in London muss ein Labyrinth von 25 000 Straßen im Kopf haben, außerdem Tausende von Touristenattraktionen und anderen wichtigen Orten. Bis man sich in einer so großen und unübersichtlichen Stadt gut auskennt, muss man zwei bis vier Jahre Lernzeit veranschlagen. Selbst dann liegt die Durchfallquote in den Aufnahmeprüfungen des Taxigewerbes bei fast 50 Prozent.

Als die Forscher der Universität London die Gehirne einer

Gruppe Taxifahrer und einer Kontrollgruppe im selben Alter und mit gleichem IQ scannten, zeigte sich, dass der hintere Teil des Hippocampus bei den Taxifahrern tatsächlich wesentlich größer war als bei der Kontrollgruppe. War er aufgrund von Erfahrung und Training gewachsen, oder war es so, dass nur diejenigen mit großem Hippocampus durch das Nadelöhr kamen? Dafür, dass er gewachsen war, sprach, dass die Taxifahrer mit der längsten Berufserfahrung einen größeren Hippocampus hatten als ihre Kollegen mit geringerer Erfahrung. Der sichere Beweis dafür wurde erst Jahre später gefunden. Dieselben Hirnforscher begleiteten eine Gruppe von Leuten, die gerne Taxifahrer werden wollten, und scannten deren Gehirne jeweils vor Beginn und nach Ende der Ausbildung. Bei denen, die die Aufnahmeprüfung am Ende bestanden, war der Hippocampus gewachsen. Es hatten sich mehr Nervenzellverbindungen gebildet – und vielleicht sogar neue Nervenzellen? Der Hippocampus ist einer der wenigen Orte im Gehirn, wo sich mehr Nervenzellen bilden können. Diese Studie ist eines der allerdeutlichsten Beispiele dafür, dass Erfahrung unser Gehirn formt.

WIE VERBESSERT MAN SEINEN ORIENTIERUNGSSINN?

Die Taxifahrer in London müssen den Stadtplan der Metropole im Kopf haben und selbst den kürzesten Weg zum Ziel ausrechnen. Würden sie, ohne nachzudenken, einfach eine Adresse ins Navi eingeben und den Anweisungen völlig passiv folgen, hätten die Forscher wohl kaum einen größeren Hippocampus bei ihnen gefunden.

Indem wir uns an Landmarken orientieren und so eine innere Landkarte aufbauen, benutzen wir das Gehirn viel aktiver, als wenn wir nur den Instruktionen des GPS-Navis folgen. Wenn du jeden Tag denselben Weg von der Arbeit nach Hause fährst, bist du viel passiver, als wenn du neue Wege ausprobierst. Nervenzellverbindungen, die nicht genutzt werden, verkümmern mit der Zeit. Wenn wir immer nur 200 Meter geradeaus fahren und dann nach rechts abbiegen, weil das Navi uns das sagt, halten wir die Nervenzellverbindungen im Hippocampus nicht fit. Stattdessen navigieren wir durch eine neue Umgebung, ohne die Landmarken, die wir passiert haben, in einen Zusammenhang zu setzen. Wir haben nur auf das Navi-Display geschaut, ohne die alte Kirche oder den schönen Park zu bemerken. Damit entgeht uns auch etwas von der geografischen und kulturellen Welt um uns herum, anders als wenn wir unser Gehirn oder simple Papierlandkarten benutzt hätten – alles im Bestreben, möglichst viel Zeit zu sparen.

Japanische Forscher baten drei Versuchsgruppen, den Weg durch ein unbekanntes Stadtviertel zu einem bestimmten Zielort zu finden. Die Aufgabe sollte zu Fuß durchgeführt werden, und den jeweiligen Gruppen wurden verschiedene Navigationshilfen an die Hand gegeben. Die Personen der einen Gruppe erhielten Mobiltelefone mit GPS, die der zweiten einen normalen Stadtplan auf Papier. Den Versuchspersonen der dritten Gruppe wurde nur mündlich beschrieben, welchen Weg sie gehen sollten, weitere Hilfsmittel bekamen sie nicht. Wenig überraschend konnten die Versuchspersonen mit den GPS-Handys anschließend am schlechtesten beschreiben und auf Papier skizzieren, welchen Weg sie genommen hatten. Schon erstaunlicher ist, dass die GPS-Benutzer am Ende den längsten Weg gingen und am häufigsten unterwegs Halt machten. Die Versuchspersonen, denen man den Weg nur beschrieben hatte und die sich auf eigene Faust durchschlagen mussten, erledigten die Aufgabe tatsächlich am besten. Es gibt genügend Beispiele, wann GPS zeitsparend sein kann, aber vergiss nicht: Das eingebaute GPS in deinem Kopf ist auch nicht schlecht.

Hat man niemanden, der einem den Weg erklären kann, sind Karten auf Papier oder in digitaler Form einem GPS-Navigationssystem vorzuziehen, wenn man seinen Orientierungssinn behalten will. Die Größe des Navi-Displays trägt auch dazu bei, dass man oft nicht gleichzeitig im Blick hat, wo man ist und wo man hinwill. Die Hirnforscherin Véronique Bohbot geht sogar so weit zu behaupten, die Benutzung von GPS mache uns in einem Maße passiv, dass es später im Leben Auswirkungen in Bezug auf eine mögliche Alzheimer-Demenz haben könne. Während die Londoner Taxifahrer uns gezeigt haben, dass der aktive Gebrauch des Hippocampus ihn vergrößert, behauptet Bohbot, dass die Verwendung von GPS den Hippocampus schrumpfen lassen kann. Bei der Alzheimer-Demenz werden die Nervenzellen im Hippocampus im frühen Krankheitsverlauf geschädigt. Ein gesunder und trainierter Hippocampus kann wahrscheinlich mehr Schäden verkraften, bevor der Betroffene ausgeprägte Symptome zeigt.

Wir sollten froh darüber sein, dass wir nicht auf einen geladenen Akku im Handy angewiesen sind, um den Weg zu finden. Das GPS im Gehirn gibt uns die Möglichkeit, uns mittels eines angeborenen Richtungssinns durch die Welt zu bewegen. Diese Eigenschaft ist nützlich, um den Weg zu fremden Zielen zu finden – oder auch nur mitten in der Nacht zum Kühlschrank. Ohne diese Fähigkeit würden wir endlos im Kreis herumwandern und uns nicht entscheiden können, welchen Weg wir nehmen sollen.

5 DAS FÜHLENDE GEHIRN

Stell dir vor, wie langweilig die Welt ohne Freude und Liebe, Enttäuschung und Wut wäre. Deine emotionalen Reaktionen und die anderer Menschen zu verstehen ist ganz entscheidend für dich. Wenn du deine eigenen Gefühle erkennst und verstehst, warum sie hochkommen, kannst du einige davon mit ein paar einfachen Tricks dazu bringen, in Zukunft den Umweg über die Hirnrinde zu nehmen. Damit erhältst du auch die Möglichkeit, Gefühlsausbrüche zu korrigieren, bevor du jemanden kränkst oder beleidigst.

Gefühle können Menschen dazu bringen, sich den Kopf kahl zu scheren, einen Paparazzo mit dem Regenschirm zu verprügeln, einem Schulmädchen, das eine Dankesrede halten soll, das Mikrofon aus der Hand zu reißen oder nach einem Wahlsieg der unterlegenen Kandidatin mit heiserer, sich überschlagender Stimme kindische Abschiedsphrasen hinterherzubrüllen. In solchen Situationen tragen die Gefühle nicht dazu bei, dass man als aufgehender Stern am Popmusikhimmel oder als seriöser Politiker dasteht.

Gefühle sind etwas, das wir unter Kontrolle haben möchten. Jeder wäre gern die Ärztin, die selbst nach einer langen Nachtschicht die Beschwerden unzufriedener Patienten oder Angehöriger an sich abperlen lässt und mit ruhiger Stimme einen wohlüberlegten Plan für die weitere Behandlung unterbreitet. Keiner will der Anwalt sein, der frustriert die Fassung verliert, wenn sein Mandant

5 DAS FÜHLENDE GEHIRN

vor Gericht eine ganz andere Aussage macht, als vorher mit ihm abgesprochen war. Das wirkt unprofessionell.

Allerdings können wir nicht alle Gefühle kontrollieren. Gefühle gehen nämlich zwei verschiedene Wege, bevor sie zum Ausdruck kommen. Der eine ist ein Umweg über die Hirnrinde, was dieser die Möglichkeit gibt, rechtzeitig einzuschreiten. In dem Fall kann die Hirnrinde den primitiven Teil des Gehirns zur Vernunft bringen und zum Beispiel das Angstgefühl unterdrücken: »Kein Grund, dich vor der Ringelnatter zu fürchten, die ist nicht giftig.«

In meinem Fall schlägt beim Anblick einer Ringelnatter meine Angst allerdings direkt zu, noch bevor sie den Umweg über die Hirnrinde gehen kann. Mein Körper hat dadurch alle Freiheit, so zu reagieren, als sei ich dem Tod nahe, obwohl ich vom Verstand her weiß, dass dem nicht so ist – tatsächlich auch, wenn ich auf den Anblick vorbereitet war. Obwohl ich mir beim Besuch eines Reptilienzoos sage, dass alle Schlangen sicher in ihren gläsernen Käfigen eingeschlossen sind und mir nichts tun können, sind diese Gedanken wie weggeblasen, sobald ich die beinlosen Reptilien auch nur von fern sehe. Der primitive Teil meines Gehirns versetzt den gesamten Körper in Alarmbereitschaft, ohne dass die Hirnrinde eingreifen kann, um mich zur Vernunft zu bringen.

Welche Wege Geräusche oder Seheindrücke in unserem Gehirn nehmen, ist von Mensch zu Mensch verschieden. Ich habe zum Beispiel kein Problem, mit einem Fallschirm auf dem Rücken aus einem Flugzeug zu springen oder mich mit einem Gummistrick um den Fußknöchel von einer Brücke fallen zu lassen, sofern ich mich auf die Leute, die für meine Sicherheit verantwortlich sind, verlassen kann. Trotzdem genügt der Anblick einer Schlange, und sei es nur im Fernsehen, um mich in Angst und Schrecken zu versetzen. Das muss nicht bedeuten, dass dies für alle Zeit so bleibt. Man kann seiner Hirnrinde beibringen, die Kontrolle dort zu übernehmen, wo es bisher die Phobie getan hat. Das kann allerdings auch den gegenteiligen Effekt haben, dass schon ein einziges erschreckendes Erlebnis genügt, damit du dich nun vor etwas fürchtest, das dir vorher keine Angst gemacht hat.

Außerdem ist es nicht immer so, dass die Hirnrinde dich zügelt oder beruhigt. Sie kann dir auch sagen, dass du dich lieber von etwas fernhalten solltest, was zunächst harmlos wirkt, wie zum Beispiel von dem scheinbar netten, fremden Opa, der dir Süßigkeiten angeboten hat, als du ein kleines Kind warst.

In den meisten Fällen wünschen wir uns, dass unsere Gefühle die Sicherheitskontrolle in der Hirnrinde passieren, ehe sie zum Ausdruck kommen, damit wir nicht bei Oprah Winfrey auf dem Sofa landen. Aber genauso oft gibt es Situationen, in denen wir dankbar sein sollten, dass unsere Gefühle den kürzesten Weg nehmen. Umwege kosten Zeit, und wenn ein Auto auf dich zurast, hast du keine Zeit zu überlegen, was da passiert, wer das Auto fährt, welche Absichten er vielleicht hat oder wohin du ausweichen könntest, ohne dir nasse Füße zu holen. Da wirfst du dich besser umgehend in den nächsten Graben, anstatt wie eine Salzsäule dazustehen und zu überlegen.

Als Erwachsener darfst du nur bei einem Fußballspiel nach Herzenslust losbrüllen. Eltern dürfen nicht vor ihren Kindern fluchen, wenn sie das Pech haben, dass ihnen die Mehlschüssel aus der Hand rutscht und die ganze Küche weiß eingepudert wird. Atme tief durch, zähle bis zehn, und dann mach dich ans Aufräumen. Bei vielen Dingen im Alltag ist es besser, seine Gefühle zu zügeln.

Andererseits: Was wäre die Welt ohne Gefühle? Wenn wir keine

Schuldgefühle beim Lügen hätten, keine Liebe für Kinder, Ehepartner, Familienangehörige und Freunde empfinden würden oder keinen Ehrgeiz hätten, ein großes Ziel zu erreichen? In Wahrheit sind wir vollkommen abhängig von Gefühlen. Sowohl positive als auch negative Gefühle dirigieren uns durch den Alltag und tragen dazu bei, dass wir uns immer noch ein bisschen mehr anstrengen.

MIT DEM GEHIRN FÜHLEN

Was die Hirnrinde diktiert, wird von den Hormonen und dem autonomen Nervensystem befolgt. Das autonome Nervensystem ist der Untergebene des Gehirns, es wird eingeteilt in das sympathische Nervensystem, das dich aktiviert, und das parasympathische Nervensystem, das deine Entspannung steuert. Das sympathische Nervensystem, das gar nicht so sympathisch auftritt, trägt dazu bei, dass du anfängst zu zittern, wenn du das erste Mal vor der ganzen Klasse etwas an die Tafel schreiben musst, oder dass du bei unangenehmen Fragen schweißnasse Hände bekommst, aber es sorgt auch dafür, dass du blitzschnell reagierst und dich in Sicherheit bringst, falls es nötig sein sollte. Das parasympathische Nervensystem dämpft deine Erregung wieder, es normalisiert den Herzschlag und sorgt dafür, dass deine Atmung sich beruhigt. Während das sympathische Nervensystem will, dass alles Blut in die Muskeln gepumpt wird, um dich bereit für den Kampf oder die Flucht zu machen, lässt das parasympathische Nervensystem zu, dass Blut in die Gedärme fließt, um Nahrungsaufnahme und Verdauung zu unterstützen. Wir brauchen beide Systeme. Ohne das sympathische Nervensystem würden wir, wenn wir auf eisglatten Winterwegen ausrutschen, uns nicht voll darauf konzentrieren, den Rest des Heimwegs ohne Sturz hinter uns zu bringen. Ohne das parasympathische Nervensystem würden wir unter Verdauungsproblemen, schlaflosen Nächten, innerer Unruhe und fehlender Entspannung leiden.

Es ist natürlich das Gehirn, das den Körper und die Körperreaktionen steuert. Der primitive Teil des Gehirns trägt über das autonome Nervensystem dazu bei, dass in Situationen, in denen unser Gehirn die Aktivierung des gesamten Körpers für zweckmäßig hält, das Stresshormon Adrenalin aus den Nebennieren freigesetzt wird (siehe Abbildung 18, Seite 138). In welchen Situationen Adrenalin ausgeschüttet wird, ist unterschiedlich. Das kann der Moment sein, in dem du von jemandem geküsst wirst, zu dem du dich schon lange hingezogen fühlst, oder in Situationen, in denen du ängstlich oder wütend bist.

Indem sie Studenten Adrenalin verabreichten, fanden zwei amerikanische Forscher heraus, was darüber entscheidet, welches Gefühl wir bei Aktivierung empfinden. In vielen Situationen ist es unsere Hirnrinde, die über unsere Gefühlsempfindung bestimmt. Die Studenten, denen die üblichen Effekte von Adrenalin bekannt waren, wie beschleunigter Herzschlag und körperliche Hochform, hatten bereits eine logische Erklärung für die Symptome, die sie nach der Adrenalin-Injektion spürten. Sie stellten auch keine veränderte Stimmungslage an sich fest. Die Studenten, die nichts über die Auswirkungen von Adrenalin wussten, suchten nach anderen Erklärungen, warum sie so aufgeregt waren. Wurden sie mit einer angeblichen Versuchsperson zusammengebracht, die euphorisch tat, führten sie ihre körperlichen Reaktionen darauf zurück, dass sie in Hochstimmung seien. War es eine schauspielernde Person, die Zorn mimte, zeigten sie eine Tendenz zu der Annahme, dass ihr

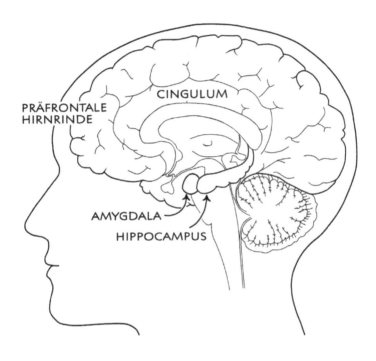

Abbildung 17. Rechte Gehirnhälfte von der Mitte aus gesehen, mit dem Hippocampus und der Amygdala aus dem linken Schläfenlappen. Zentrale Bereiche für Gefühle sind der Rindenbereich Cingulum, der Hippocampus und die Amygdala (Mandelkern), alle Teil des limbischen Systems. Die präfrontale Hirnrinde kann allerdings die Gefühle von dort übersteuern.

beschleunigter Puls und die feuchten Hände Anzeichen von Ärger sein müssten. Sie suchten also nach einer natürlichen Erklärung für ihre Symptome und griffen bereitwillig nach den Lösungen, die ihnen von den schauspielernden Versuchspersonen präsentiert wurden. Es sieht also danach aus, dass die Aktivierung von Adrenalin oder anderen Botenstoffen unterschiedliche Gefühle hervorruft und dass unser Gehirn darüber entscheidet, welche Gefühle das sind. Das heißt, du wirst nicht automatisch wütend oder fröhlich durch Adrenalin; es ist die Hirnrinde, die bestimmt, was du fühlen sollst, je nachdem, in welcher Situation du bist.

Wenn wir verliebt sind, werden Signale an den Körper gesendet, die bewirken, dass das Herz schneller schlägt und du den Eindruck hast, als würden sich deine sämtlichen Gefühle dort konzentrieren, wo die Hand des geliebten Menschen auf deinem Bein liegt. Die Verliebtheit sitzt allerdings weder im Bein noch im Herzen – sondern im Gehirn. Wo im Gehirn sich die verschiedenen Gefühle befinden, ist nicht ganz klar, aber es ist ein gewisses Muster erkennbar. Mehrere Strukturen, die tief im Gehirn liegen, zu beiden Seiten des Balkens, werden wie bereits erwähnt als limbisches System bezeichnet und gelten als Sitz all unserer Gefühle.

Das Seepferdchen – der Hippocampus – ist Teil des limbischen Systems und verwandelt dein Arbeitsgedächtnis ins Langzeitgedächtnis. Der Mensch erinnert sich, wie bereits erwähnt, besonders gut an Ereignisse, die mit starken Gefühlen verknüpft sind.

Genauso, wie Hunger dich motiviert, dir etwas Essbares zu besorgen, motivieren Gefühle dich dazu, dein Bedürfnis nach Nähe und Partnerschaft zu befriedigen. Das ist die Essenz der Evolution: Überleben und Reproduktion.

5 DAS FÜHLENDE GEHIRN

Alles Psychische ist physisch. Wohl wissend, dass dies eine extreme Vereinfachung ist, würde ich sagen, dass die wichtigsten Botenstoffe, die freigesetzt werden, wenn jemand nett zu uns ist, Dopamin, Serotonin und Oxytocin sind. Diese Hormone bewirken, dass wir uns gut fühlen und das Bedürfnis haben, das Verhalten, das uns dieses Gefühl verschafft hat, zu wiederholen. In der Praxis sind allerdings eine Reihe verschiedener chemischer Stoffe, die der Kommunikation zwischen Nervenzellen dienen, immer gleichzeitig aktiv. Einige Stoffe tragen zur Kommunikation von einer Nervenzelle zur nächsten bei, während andere die Nervenzellen in ihrem Umfeld beeinflussen. Weil viele verschiedene Botenstoffe zusammenwirken, kann das Gehirn deine Stimmung und deine Gefühle an die Situation anpassen, in der du dich befindest. Dein Gehirn steuert, welche Gefühle du empfindest, aber auch, wie intensiv du fühlst. Es steuert, ob deine Verstimmung sich zur Wut auswächst oder ob aus deiner Nervosität Todesangst wird. Wir brauchen Gefühle, um in der Gesellschaft zu funktionieren, aber zu viele Gefühle oder Gefühle zur falschen Zeit oder aufgrund eines falschen Auslösers können uns krank machen. Wann geht Niedergeschlagenheit in Depression über? Wann schlägt Angst in Phobie um?

LÄCHLE DICH FRÖHLICH

Du wirst fröhlicher, wenn du lächelst. Die Gesichtsmuskeln senden Signale zum Gehirn, die sich auf unsere Stimmung auswirken. Versuchspersonen, die gebeten wurden zu lächeln, während sie sich einen Zeichentrickfilm ansahen, fanden den Film lustiger als die Kontrollgruppe, die aufgefordert war, die Stirn zu runzeln. Wenn du ein finsteres Gesicht machst, wird das Zorn- und Furchtzentrum im Gehirn aktiviert, nämlich die Amygdala. Nach einer Botoxbehandlung fällt die Aktivierung der Amygdala schwächer aus, was die Hypothese untermauert, dass das Gehirn Signale von der Gesichtsmuskulatur empfängt und sich dies darauf auswirkt, wie wir uns fühlen. Botox ist ein Nervengift. Wenn es in die Muskeln des Gesichts gespritzt wird, hören diese auf zu arbeiten, weil die Nervenzellen, die die Muskeln steuern, keine Signale mehr senden können.

Ein Teil der Falten in unserem Gesicht werden dadurch verursacht, dass sich kleine Gesichtsmuskeln zusammenziehen, sodass sich die Haut darüber runzelt. Folglich kann man die Falten loswerden, indem man die Nervenzellensteuerung des betreffenden Muskels lahmlegt. Die Auswirkungen von Botox im Zornesmuskel, das ist ein kleiner Muskel zwischen den Augenbrauen, der für die Zornesfalte sorgt, gehören zu den am besten untersuchten. Eine Gruppe Wissenschaftler fand heraus, dass neun von zehn Personen, die sich in einem Zeitraum von mindestens sechs Monaten vor der Botoxbehandlung tief deprimiert gefühlt hatten, ihre Depression innerhalb von zwei Monaten nach der Glättung der Zornesfalte los waren. Botox ist keinesfalls eine anerkannte oder empfohlene Behandlungsmethode von Depressionen, aber die Studie gab dennoch Anlass zu einer interessanten Überlegung: Vielleicht ist es schwieriger, bekümmert zu sein, wenn die Zornesfalte verschwindet und die Gesichtsfalten entspannt sind?

5 DAS FÜHLENDE GEHIRN

SCHLECHTE LAUNE IST SCHLECHT FÜR DICH ...

... und gute Laune ist gut für dich. Dennoch ist es nicht immer so einfach, wie die vorige Überschrift vielleicht suggeriert. Unsere Stimmungslage wird von viel komplexeren Mechanismen gesteuert als nur von der Mimik. Trotzdem – die Leute haben recht, wenn sie behaupten, dass schlechte Laune nur in deinem Kopf existiert.

Negative Stimmungen, wie Traurigkeit oder Niedergeschlagenheit, hat jeder Mensch schon einmal gehabt. Es ist allerdings immer etwas Äußeres, das dich bedrückt: ein trauriger Film, ein Mensch, der dich betrügt, Enttäuschung oder Verlust. Wenn die Situation sich geändert hat und Zeit vergangen ist, fühlen die meisten Menschen sich weniger traurig. Eine Depression dagegen ist mehr als das. Depression ist kein Teil unseres natürlichen Gefühlsspektrums, sondern eine Krankheit, die beeinflusst, wie wir denken, uns verhalten und die Welt sehen. Depression ist viel umfassender als Traurigkeit und wird selten von nur einem bestimmten Ereignis ausgelöst. Eine Depression raubt dir Energie, Motivation und die Fähigkeit, Freude, Heiterkeit oder Zufriedenheit zu empfinden und einen Sinn im Leben zu sehen.

Eine Depression ist nicht nur negativ für dich, weil sie dich daran hindert, Freude über etwas zu empfinden, worüber du dich normalerweise freuen würdest. Deprimierte oder pessimistische Menschen leben auch nicht so lange wie Menschen, die es nicht sind. Dafür kann es viele Ursachen geben. Vielleicht isoliert man sich, sodass es schwieriger für andere wird, einem zu helfen, wenn man Hilfe braucht? Vielleicht vernachlässigt man seine Gesundheit? Oder ist es vielleicht einfach chronischer Stress, der Körper und

Gehirn schadet? Dann ist es gut zu wissen, dass Medikamente gegen Depression tatsächlich die Bildung neuer Nervenzellen anregen.

Es ist überholt, eine Depression als psychische Krankheit zu bezeichnen. Eine Änderung der Stimmungslage bedeutet, dass die Chemie im Gehirn verändert ist. Eine Änderung der Laune bedeutet, dass sich verändert hat, welche Hirnregionen aktiv sind, welche Nervenzellverbindungen benutzt und welche Botenstoffe zwischen den Nervenzellen ausgeschüttet werden. Das sind alles physische Veränderungen.

Der Botenstoff, der in den Studien zur Depression die meiste Beachtung gefunden hat, ist das Serotonin. Serotonin ist ein Botenstoff, der für Gemütsruhe und Optimismus sorgt. Normalerweise wird Serotonin im Spalt zwischen den Nervenzellen ausgeschüttet, und etwas davon erreicht das Empfängersystem der anderen Nervenzelle (siehe Abbildung 10, Seite 77). Mehrere Studien haben gezeigt, dass tief deprimierte Menschen weniger Empfängersysteme haben, um die Serotonin-Signale aufzufangen. Solche Studien waren bahnbrechend, weil sie uns etwas darüber sagen, welche physischen Veränderungen im Gehirn eine Depression verursachen.

Normalerweise wird der Serotoninüberschuss im Synapsenspalt von derjenigen Nervenzelle wieder aufgenommen, die das Serotonin ausgeschüttet hat. Hat der erkrankte Mensch eine bestimmte Art von Medikament gegen Depression eingenommen, kann das Serotonin jedoch nicht wieder in die ausschüttende Nervenzelle zurück. Das überschüssige Serotonin verbleibt damit länger im Spalt zwischen den Nervenzellen und hat mehr Zeit, auf das Empfängersystem der anderen Nervenzelle einzuwirken. Das kann

5 DAS FÜHLENDE GEHIRN

dazu beitragen, die Serotoninsignale bei Menschen, die weniger Empfängersysteme haben, zu normalisieren. Vielen Menschen, die mit Depressionen kämpfen, bringen diese Medikamente eine Verbesserung der Lebensqualität, weshalb sie in Norwegen den Spitznamen »Glückspillen« erhalten haben. Die Medikamente machen allerdings bei Weitem nicht jeden glücklich. Sie wirken schlicht und einfach nicht bei jedem.

Das liegt daran, dass eine Depression nicht aus einer, sondern aus mehreren Störungen besteht, die ähnliche Symptome zeigen. Wir wissen nicht genug über die Chemie von Depressionen, um sagen zu können, wie viele Störungen sie eigentlich repräsentieren, oder um sie zielgerichtet behandeln zu können. Zukünftig werden wir vielleicht in der Lage sein, Aufnahmen vom Gehirn zu machen, die beispielsweise die Anzahl von Serotonin-Empfängersystemen in verschiedenen Regionen zeigen, und damit wissen, ob Medikamente, die die Serotonin-Signale im Gehirn beeinflussen, bei der betreffenden Person wirken oder nicht.

Bei deprimierten Menschen mit anscheinend normalen Serotoninsignalen im Gehirn kann es der Botenstoff Dopamin sein, der die entscheidende Rolle spielt. Wenn dein Gehirn Dopamin nicht normal aufnehmen kann, empfindest du weniger Freude und bist vielleicht sogar nach einem eigentlich angenehmen Erlebnis traurig.

In den letzten Jahren hat man festgestellt, dass Menschen mit Parkinson-Syndrom oft unter Depressionen leiden, in vielen Fällen sogar, bevor die Krankheit bei ihnen diagnostiziert wurde. Bei der Parkinson-Krankheit sterben die Nervenzellen ab, die Dopaminsignale vom Hirnstamm zu den Basalganglien senden. Sie ist ein Beispiel für eine Krankheit, bei der Ärzte sich auf die klassischen physischen Merkmale konzentriert haben, in diesem Fall das Zittern der Hände in Ruhestellung und die Schwierigkeiten, sich zu bewegen. Obwohl wir seit mehreren Jahren wissen, dass Symptome wie Depression und Verlust des Geruchssinns vorausgehen, sind es die auffälligen Symptome des Bewegungsapparats, die für eine Parkinson-Diagnose vorliegen müssen.

Wir wissen bereits, dass Dopamin ein Botenstoff im Gehirn ist, der wichtig ist für Motivation und Belohnung, und bei Parkinson-Patienten sehen wir, wie der Verlust dieses Botenstoffs nicht nur die Aktivierung von Bewegungen behindert, sondern auch eine generelle Antriebslosigkeit und Depressionen auslöst. Allerdings leiden nicht alle an Parkinson Erkrankten an Depressionen, sondern nur 45 Prozent. Vergleicht man Parkinson-Patienten, die nicht deprimiert sind, mit denen, die unter Depressionen leiden, stellt man fest, dass die depressiven Betroffenen weniger Empfängersysteme für Dopamin im limbischen System haben. Medikamente, die die Aufnahme von Dopamin begünstigen, wirken sich nicht nur positiv auf die Bewegungsstörungen aus, sondern auch auf die Depression. Bei Mäusen hat man gesehen, dass eine Hemmung von Dopamin im Mittelhirn zu Depressionssymptomen führt, während eine Erhöhung der Dopaminsignale Depressionen vermindert. Wir haben gelernt, dass die physischen Änderungen im Gehirn von Parkinson-Patienten, bei denen die Dopamin produzierenden Nervenzellen absterben, nicht nur Probleme bei der Aktivierung von Bewegungen, sondern auch Depressionen auslösen.

Dass eine Depression aus physischen Veränderungen im Gehirn besteht, heißt allerdings nicht, dass man sie nicht wieder loswerden kann. Sowohl eine Gesprächstherapie als auch die Aneignung von Strategien zum Umgang mit problematischen Gedanken werden, zusätzlich zur Behandlung mit Medikamenten, für physische Änderungen im Gehirn sorgen. So kannst du auch den chronischen Stress ablegen, den eine Depression mit sich bringt und der auf lange Sicht schädlich für dich sein kann.

DAS GRÜNE MONSTER

Wirst du »grün vor Eifersucht«, dann liegt das an einem Gebiet in der Hirnrinde zwischen rechter und linker Gehirnhälfte, das aufleuchtet. Eifersucht ist ein bekanntes Gefühl, das auf der Angst basiert, jemanden zu verlieren, der uns lieb ist. Wenn Versuchspersonen Informationen über Leute lasen, die scheinbar für eine ihnen nahestehende Person wichtiger als sie selbst waren, verursachte das Eifersucht und gleichzeitig eine Aktivierung des »Eifersuchtsflecks« im Gehirn. Schadenfreude aktiviert dagegen einen Bereich in den Basalganglien; sie regte sich bei den Versuchspersonen, wenn dem Menschen, den sie beneideten, ein Unglück widerfuhr.

SEX IM GEHIRN

Um sexuelles Erleben zu ermöglichen, arbeiten fast alle Teile des Gehirns zusammen, aber jeder Teil zu seiner Zeit. Dein Hinterhauptlappen wird aktiv, wenn dein Blick auf ein tiefes Dekolleté oder stramme Muskeln unter einem T-Shirt fällt. Legst du die Hand darauf, gehen die Signale deines Tastsinns zum Scheitellappen in der entgegengesetzten Hirnhälfte. Das Wiedererkennen von etwas, das dir attraktiv erscheint, findet dagegen im Frontallappen statt, mit Unterstützung aus dem limbischen System. Mit Hilfe des Frontallappens richtet sich dein Fokus damit auf das, was dich anzieht, und du schenkst anderen Dingen um dich herum weniger Beachtung. Zusätzlich zur Aktivierung von verschiedenen Regionen der Hirnrinde sind die hormonellen Änderungen ganz entscheidend. Auch sie werden vom Gehirn gesteuert. Obwohl die Zusammenarbeit zwischen den vielen verschiedenen Bereichen im Gehirn wichtig für das komplette sexuelle Erleben ist, genügt tatsächlich schon die Stimulierung der Hirnrinde im Spalt zwischen den Gehirnhälften, um bei männlichen Affen eine Erektion auszulösen.

Ein Orgasmus entsteht dagegen durch die Aktivierung fast des gesamten Gehirns, mit Ausnahme von Frontallappen und Amygdala. Es ist nachvollziehbar, dass der Frontallappen sich abschaltet, da es so möglich wird, loszulassen, ohne an die Konsequenzen zu denken. Die Deaktivierung der Amygdala, die ansonsten bei primitiven Gefühlen in der Regel immer involviert ist, hat man allerdings noch nicht ganz verstanden. Man nimmt an, dass es gerade die Deaktivierung der Amygdala ist, die bei manchen Hirndefekten zu Hypersexualität und unkritischem Sexualverhalten führt.

Hirnschäden können den sexuellen Appetit steigern, aber auch Lust auf Sex mit ungewöhnlichen Objekten oder »Mitgliedern« anderer Arten auslösen. Bei einem Schaden an der Innenseite des Schläfenlappens, wo der Hippocampus (das Seepferdchen, wichtig für das Gedächtnis) und die Amygdala (der Mandelkern, wichtig für primitive Gefühle) sitzen, kann man etwas bekommen, das Klüver-Bucy-Syndrom heißt. Wie die meisten Syndrome ist es nach seinen Entdeckern benannt, in diesem Fall Heinrich Klüver und Paul Bucy. Menschen mit diesem Syndrom haben große Gedächtnisprobleme und können keine neuen Erinnerungen bilden. Sie leiden noch unter anderen Fehlfunktionen, beispielsweise sind sie nicht in der Lage, Angst und Zorn zu empfinden. Die Sexualität ist dagegen intakt. Und mehr als das. In der amerikanischen Radiosendung »Blame« wurde einmal die Geschichte von Kevin erzählt, einem Mann, der überall sehr beliebt war. Kevin hatte in seiner Jugend an Epilepsie gelitten, aber Neurochirurgen hatten ihn davon befreit, indem sie den Teil des Gehirns entfernten, der die epileptischen Anfälle auslöste. Kevin schaffte es noch, eine glückliche Ehe einzugehen und einen Beruf auszuüben, in dem er sich wohlfühlte, bevor die Anfälle zurückkamen. Da beschloss er, sich noch einmal operieren zu lassen.

Wieder verschwanden die Anfälle, aber mit ihnen auch alle Hemmungen. Er konnte ein- und dasselbe Lied neun Stunden lang ohne Pause auf dem Klavier spielen. Er entwickelte einen enormen Appetit auf Essen, aber auch auf Sex. Nicht nur, dass er Unmengen von gewöhnlichen Pornos herunterlud, sondern auch Filme und Fotos mit Kindern. Kleinen Kindern. In seinem Gerichtsprozess sagte er, nicht er habe das getan, sondern sein Gehirn. Er hatte sich das Klüver-Bucy-Syndrom zugezogen. Der Richter erkannte seine Rechtfertigung teilweise an.

Wir haben nicht nur Signalstoffe im Gehirn, die den sexuellen Appetit anfeuern, sondern auch Signale, die ihn zügeln. Zu den Regionen, die dafür sorgen, dass du dich auch beim Anblick schwellender Bizepse und wogender Brüste im Zaum hältst, gehören nicht nur die Schläfenlappen. Dazu gehören auch die Hirnrinde zwischen den Gehirnhälften (Cingulum) und der Frontallappen mit der präfrontalen Hirnrinde (siehe Abbildung 17, Seite 122). Bei der lieben alten Oma, die sich früher nur für den Küchengarten interessierte, jetzt aber den Krankenpflegern in den Po kneift, ist eine dieser Regionen wahrscheinlich geschädigt, meistens durch Frontallappendemenz.

DER INNERE SCHWEINEHUND

Ein nützliches Fremdwort, das ich im letzten Jahr gelernt habe, ist »Prokrastination«. Es ist, als ob schlechte Angewohnheiten weniger schlecht werden, wenn sie einen coolen Namen erhalten. Wenn du prokrastinierst, schiebst du immer wieder auf, was du dir vorgenommen hast, obwohl das ein schlechtes Gewissen und Stress zur Folge hat und du weniger schaffst, als du solltest. Prokrastination hat damit zu tun, wie wir Aufgaben gewichten. Es geht nicht darum, dass du etwas nicht schaffst, sondern dass dir die Motivation dazu fehlt. Du hast natürlich vor, die Aufgabe zu erledigen, nur eben nicht heute. Du ziehst kurzfristige Befriedigung der langfristigen vor.

Es liegt ein Muster darin, welche Erledigungen man aufschiebt. Theoretische Aufgaben erfordern mehr Selbstdisziplin als körperliche, und eintönige Arbeiten erfordern mehr Selbstdisziplin als abwechslungsreiche. Deshalb ist es verlockender, den Garten für die neue Pflanzsaison vorzubereiten, als sich an die Steuererklärung zu setzen. Das gilt besonders, wenn der Abgabetermin für die Steuererklärung noch weit in der Zukunft liegt. Je weiter der Termin entfernt ist, desto weniger attraktiv ist es, sich an die Arbeit zu machen. Je schwerer die Aufgabe zu sein scheint, desto mehr Leute schieben sie auf. Du weißt sicher selbst, welche Aufgaben du am häufigsten prokrastinierst.

Schiebst du Arbeiten auf, die zu groß erscheinen, um sie bewältigen zu können, solltest du sie auf kleinere Teilziele herunterbrechen. Falls eine körperliche Arbeit verlockender ist als ein Schreibtischjob, kannst du hin und wieder eine Pause einlegen und dich mit körperlicher Betätigung belohnen. Das ist eine Win-win-Situation: Ehe du dich versiehst, hast du beide Arbeiten erledigt. Der wichtigste Tipp dürfte allerdings sein, dass du dir erlauben solltest, zu träumen. Arbeiten werden gerne aufgeschoben, weil eine Belohnung, die erst in ferner Zukunft winkt, geringer geschätzt wird als eine, die man sofort erhält. Wenn du dir ausmalst, wie viel Geld dir das Finanzamt vielleicht erstattet, falls du dich jetzt gleich an deine Steuererklärung setzt, oder wie sehr dein Ansehen steigt, wenn du einen glänzenden Vortrag hältst, kann eine Aufgabe, vor der du dich lange gedrückt hast, sich in etwas verwandeln, das du mit Freuden erledigst. Lass dich nicht unter Druck setzen, träume einfach.

Du kannst deinem Gehirn die Schuld geben, wenn du Dinge aufschiebst, und dich bei deinem Gehirn bedanken, wenn du effektiv bist und der Aufschieberei aus dem Weg gehst. Es ist die Art und Weise, wie die Signale zwischen den Nervenzellen im Gehirn übertragen werden, die darüber entscheidet, ob du deine guten Vorsätze aus der Silvesternacht einhältst oder morgens, wenn der Wecker klingelt, den Schlummerknopf drückst. Das bedeutet nicht, dass du als Schlafmütze geboren wirst. Nervenzellnetzwerke können schwächer werden, und neue können sich bilden. Das nennt sich Lernen, und auf diese Weise ändern wir Verhaltensmuster. Man darf sich das tatsächlich als physische Veränderung im Gehirn vorstellen. So funktioniert das Gehirn.

Was also ist es, das die Strebsamen antreibt und wir anderen uns wünschen? Wer hart arbeitet, schüttet mehr vom Belohnungsstoff Dopamin in den Basalganglien und in der präfrontalen Hirnrinde aus als diejenigen unter uns, die eher gemächlich veranlagt sind. Die präfrontale Hirnrinde und die Basalganglien sind Hirnregionen, die wichtig für die Motivation sind. Gesunde Ratten arbeiten eher für gutes Futter, als schlechtes Futter zu fressen, das sie bekommen könnten, ohne etwas dafür zu tun. Werden dagegen die Dopaminsignale in ihrem Gehirn blockiert, begnügen sie sich lieber mit dem schlechteren Futter, als sich anzustrengen.

Dopamin ist im Gehirn ein wichtiger Signalstoff für Motivation, Erinnerung, Schlaf, Stimmung, Lernen und Belohnung. Dopamin wirkt, *bevor* wir eine Belohnung erhalten, das heißt, dass die wirkliche Aufgabe des Dopamins darin besteht, uns zu motivieren, etwas Gutes zu erreichen oder etwas Schlechtes zu vermeiden. Es reicht nicht, dass die Dopaminmenge steigt, sie muss auch am richtigen Ort im Gehirn steigen. Eine erhöhte Dopaminmenge im Accumbenskern, einem Teil der Basalganglien (siehe Abbildung 20, Seite 192), bewirkt, dass du voraussehen kannst, was dir später eine Belohnung verschaffen wird. Dein Gehirn erkennt, dass etwas Wichtiges im Gange ist, und löst eine Handlungsmotivation bei dir aus.

Faulpelze dagegen haben einen niedrigeren Dopaminspiegel im Frontallappen und in den Basalganglien, aber einen höheren in der Insula, der Rinde hinter dem Schläfenlappen (siehe Abbildung 5, Seite 40). Falls du zu denen gehörst, die sich leicht dazu verführen lassen, gemütlich im Internet zu surfen anstatt ihren Papierkram zu erledigen, muss das Ziel sein, den Dopaminspiegel in den Hirnregionen zu erhöhen, die wichtig für die Motivation sind. Das Gehirn kann darauf trainiert werden, als Belohnung für erreichte

Teilziele eine Menge Dopamin auszuschütten. Du musst die Dopaminreaktion an die Aufgabe koppeln, für die du belohnt werden möchtest. Du darfst dir ruhig selbst auf die Schulter klopfen, wenn du ein selbstgestecktes Ziel erreichst. Jedes Mal, wenn du geschafft hast, was du dir vorgenommen hattest, oder wenn du eine Herausforderung gemeistert hast, wird das Belohnungssystem des Gehirns anspringen und das Dopamin fließen lassen.

Ganz ohne Einsatz kommst du allerdings nicht an diesen Punkt. Der Wille zum Sieg ist nichts wert ohne die tägliche Anstrengung, das zu tun, was an Vorbereitung dazu nötig ist. Unsere ruhmreichen Skilangläufer müssen auch bei jedem Wetter raus und sich lange Strecken bergauf kämpfen, um zu den Besten zu gehören, selbst wenn die Olympischen Spiele noch vier Jahre entfernt sind. Manchmal liegt die Lösung bei geringer Motivation in so guten alten Werten wie Entschlossenheit und Zähigkeit, dass wir Dinge ertragen, die wir langweilig finden oder nicht tun möchten, damit wir etwas erreichen, das in ferner Zukunft wichtig für uns ist.

ZORNIGE GEWINNER

Ärger schlägt auf die Stimmung, und es mangelt nicht an Ratschlägen, wie man vermeidet, wütend zu werden. Die Evolution sorgt dafür, dass diejenigen mit günstigen Eigenschaften überleben und ihre Gene weitergeben können. Warum haben wir immer noch ein Gehirn, das uns erlaubt, wütend zu werden, wenn das doch so viel Ärger und schlechte Laune mit sich bringt?

Wut ist notwendig, um die sozialen Kosten für schlechtes Benehmen zu erhöhen. Wer sich wie ein Drecksack benimmt, soll den

Zorn seiner Mitmenschen spüren. Die Nervenzellen in der Hirnwindung direkt über dem Balken in der Mitte des Gehirns, dem Cingulum (siehe Abbildung 17, Seite 122), und im linken Frontallappen arbeiten auf Hochtouren, wenn du jemandem, der sich in der Warteschlange vordrängelt oder sich vor der Gemeinschaftsarbeit im Nachbarschaftsverein drückt, deine Meinung sagst. Während Traurigkeit und Angst uns vor allem, was unangenehm ist, zurückscheuen lassen, bringt uns Wut dazu, die Konfrontation zu suchen.

Starke Männer und hübsche Frauen sind oft wütender als der Rest von uns. Sie sind auch am besten darin, Konflikte zu ihren eigenen Gunsten zu lösen. In einer Verhandlungssituation kann es sich tatsächlich lohnen, Zorn und Verärgerung zum Ausdruck zu bringen. Eine niederländische Gruppe hat nachgewiesen, dass es zu besseren Verhandlungsergebnissen führen kann. Die Person, mit der der Wütende verhandelt, ist bereit, in mehr Punkten nachzugeben, als wenn der Wütende sich verträglich gezeigt hätte. Ein wütender Mensch bringt deutlich zum Ausdruck, wo die Grenze dessen verläuft, was er akzeptieren kann, und sein Gegenüber wird sich darauf einstellen und bereitwilliger sein, sich dieser Grenze anzunähern. Wut wird von den Mitmenschen als so unangenehm empfunden, dass diese ihr Möglichstes tun werden, den Wütenden zu besänftigen. Unangemessene Forderungen kann man jedoch nicht durchsetzen, ganz gleich, wie sehr man tobt.

STRESS TÖTET NERVENZELLEN

Wenn du in Lebensgefahr bist, ist es nicht mehr so wichtig, Energie auf das Immunsystem zu verwenden oder das Frühstück zu ver-

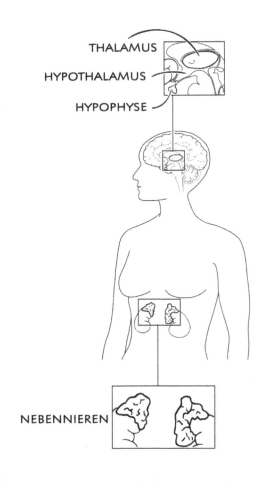

Abbildung 18. Die rechte Gehirnhälfte von der Mitte aus gesehen. Die Ausschnitte zeigen Strukturen, die wichtig für die Kontrolle des körpereigenen Hormonsystems sind. Stresshormone wirken unter anderem auf die Nebennieren ein, die wiederum eigene Stresshormone freisetzen.

dauen. Dann setzt du diese Funktionen aus und sorgst dafür, dass das Gehirn und die Muskeln alle Energie erhalten, die sie brauchen.

Sofort wenn dein Gehirn begriffen hat, dass du in Gefahr bist, sendet es Nervensignale durch dein Rückenmark hinunter in die Nebennieren und weist sie an, das Hormon Adrenalin auszuschütten. Wenn das Adrenalin freigesetzt ist, steigen die Herzfrequenz und der Blutdruck. Außerdem atmest du schneller und pumpst sauerstoff- und energiereiches Blut in Muskeln und Gehirn. Deine Leber erhöht den Blutzucker, um dich handlungsbereit zu machen. Ohne eine solche Stressreaktion hätte die menschliche Art nicht überlebt.

Unter der Plaudertasche Thalamus liegt der Hypothalamus. Der wiederum kontrolliert die Hypophyse, die aussieht wie zwei kleine Hoden, die unter dem Gehirn hängen. Auf Befehl des Hypothalamus setzt die Hypophyse einen Wirkstoff frei, der die Nebennieren veranlasst, ein weiteres Stresshormon auszuschütten, nämlich Cortisol. Cortisol ist wichtig für deine Stressreaktion, indem es Blutzucker und Blutdruck hoch hält, damit du vor Gefahren flüchten kannst.

Stress kann so vieles sein – von alltäglichen Dingen wie langen Warteschlangen bis zu großen Lebensereignissen wie Familienzuwachs oder Naturkatastrophen. Stress vor einer wichtigen Prüfung ist gut, weil er dich zwingt zu fokussieren, verlockende Ablenkungen zu ignorieren und dich ein bisschen mehr als sonst anzustrengen. Die Stressreaktionen deines Körpers sind auf kurze Sicht grundsätzlich nützlich.

Erhöhter Stress über Wochen oder gar Jahre ist allerdings schädlich. Hoher Blutdruck in Kombination mit einem hohen Fettgehalt im Blut und hohem Blutzuckerspiegel erhöht das Risiko für Herzinfarkt oder Schlaganfall. Eine Studie zeigt, dass Medizinstudenten vor einem Examen um 20 Prozent höhere Blutfettwerte hatten als nach der Prüfung. Buchhalter hatten in den stressigen Tagen vor dem Abgabetermin der Jahresbilanz erhöhte Blutfettwerte und ein erhöhtes Thromboserisiko.

Es sind nicht nur Blutfette, Blutdruck und Blutzucker, die von Stress beeinflusst werden. Cortisol schadet und tötet Nervenzellen im Hippocampus, der Hirnregion, die wichtig für das Gedächtnis ist. Das Stresshormon Cortisol trägt dazu bei, dass das Gehirn schneller altert. Das Hormon gelangt mit dem Blut ins Gehirn und wirkt dort auf ein Empfängersystem in der Nervenzelle. Dadurch wird mehr Kalzium in die Nervenzellen ausgeschüttet, was wiederum dazu führt, dass die Nervenzellen leichter Signale senden und am Ende so überaktiv sind, dass sie sterben.

Stress komplett zu vermeiden ist nicht möglich. Es besteht immer ein Risiko, plötzlich in eine unerwünschte oder unvorhergesehene Situation zu geraten. Wie wir mit diesen neuen Situationen umgehen und wie lange wir darunter leiden, ist allerdings unterschiedlich. Menschen mit einer positiven Lebenseinstellung scheinen ein längeres und erfüllteres Leben zu führen als ihre mürrischen Nachbarn. Zorn und die Art, wie wir damit umgehen, hat viel mit Stress zu tun. Stress ist so machtvoll, dass er dich auf verschiedenen Wegen tatsächlich umbringen kann. Außer dass er zu erhöhtem Blutdruck, erhöhtem Blutzucker und einem Anstieg der Blutfette führt, schwächt er auch das Immunsystem. Wer sich von neuen oder unerwünschten Situationen nicht allzu lange stressen lässt, sondern die Nerven behält und das Beste daraus macht, lebt länger als die pessimistischen Zeitgenossen unter uns. Sei positiv, bleib gelassen und genieße das Leben.

DIE ANGST VOR DER ANGST

Eines frühen Morgens, als ich im Labor mit meinen Rattengehirnen beschäftigt war, kam einer meiner Kollegen herein und sagte »Hallo«. Erstens hatte ich zu so früher Stunde mit niemandem gerechnet, und zweitens war ich so tief konzentriert, dass ich ihn nicht kommen gehört hatte. Das Ergebnis war jedenfalls, dass ich vor lauter Schreck den Messzylinder fallen ließ. Mein Kollege meinte nur trocken, wenn ich auf sein Erscheinen immer so reagierte, werde er mich nicht mehr grüßen.

In solchen Situationen bin ich kurz davor, meine überaktive Amygdala zu verfluchen. Sie ist schuld, dass ich jedes Mal meinen Kaffee verschütte, wenn jemand unerwartet um die Ecke kommt, und meine Notizen mitten im Wort in einem langen Strich enden, der über den Rand des Blattes verschwindet. Zusammenzucken ist eine absolut spontane Reaktion. Ich habe gar nicht die Chance, mir zu überlegen, dass das plötzliche Geräusch nur ein »Hallo« ist. Die Amygdala ist schließlich ein Teil unseres primitiveren Gehirns. Cecilie, mit der ich am häufigsten bei Forschungsprojekten zusammenarbeite, macht immer ein bisschen Lärm, wenn sie näherkommt, damit unsere Versuche nicht meiner Schreckreaktion zum Opfer fallen.

Ein bisschen schreckhaft zu sein ist nichts im Vergleich zur Angst. Wer eigene Erfahrungen mit Angst gemacht hat, der weiß, dass sie zum Schlimmsten gehört, was man empfinden kann. Angst schnürt dir den Brustkorb zusammen, du hast das Gefühl, dass dir das Herz aus der Brust springt, dir wird schwindelig, und du glaubst, gleich in Ohnmacht zu fallen. Ein Angstanfall kann kommen, wenn du am wenigsten damit rechnest, und Millionen von Menschen ziehen sich in die Isolation zurück und meiden Orte und Situationen, die Angst auslösen können. Hat man einen Angstanfall in einem Supermarkt gehabt, hält man sich künftig von Supermärkten und Menschenmengen fern. Die Amygdala liegt an der Spitze des Hippocampus (siehe Abbildung 17, Seite 122), und die beiden arbeiten gut zusammen. Mit Hilfe des Hippocampus erinnerst du dich an das letzte Mal, als du angefangen hast zu hyperventilieren und in der Kassenschlange beinahe umgekippt wärst, und schon der Gedanke, dass dir das wieder passieren kann, reicht aus, um die Amygdala zu aktivieren. Dann hast du Angst vor der Angst bekommen.

Angst ist natürliche Furcht, die Amok läuft. Furcht erhält uns am Leben. Sie sorgt dafür, dass wir uns von offenem Feuer fernhalten oder von dunklen Seitenstraßen in verrufenen Gegenden der Stadt. Es liegt hauptsächlich an der Amygdala, dem mandelförmigen Kern im Schläfenlappen, dass Touristen schweißnasse Hände bekommen, wenn sie sich zu nah an den Rand des Preikestolen, einer Felsnase in 600 Metern Höhe über dem Lysefjord, wagen. Hätten die Menschen keine Amygdala, müsste der Preikestolen durch einen Zaun und Warnschilder entlang des Abgrunds gesichert sein. Die Amygdala beschützt uns.

Im Gegensatz zu den Medikamenten gegen Depressionen können die meisten Medikamente, die zur Behandlung von Angst eingesetzt werden, abhängig machen und euphorisierend oder abstumpfend wirken. Medikamente sind allerdings nicht das Einzige, das dir helfen kann, wenn du für einen Zeitraum in deinem Leben von Angst geplagt wirst. Das Gehirn ist dynamisch, und indem du lernst, veränderst du es. Wenn du die Angstsymptome verstehst, werden sie weniger bedrohlich, deshalb geht es bei vielen Therapieformen darum, der Angst den Schrecken zu nehmen, um die Angst vor der Angst loszuwerden und die Vermeidungshaltung, die sie nach sich zieht, abzulegen.

Vorsicht ist besser als Nachsicht, sagt man, und ein skeptisches, vorsichtiges Gehirn hilft uns, keine unnötigen Risiken einzugehen. Es kann allerdings passieren, dass unser Gehirn *zu* vorsichtig ist. Manche Menschen machen die Erfahrung, dass ihr Gehirn sie viele Male am Tag flucht- oder kampfbereit macht, selbst wenn gar keine Gefahr droht. Wenn das Gehirn alltägliche Situationen überbewertet, geht es nicht mehr um normale Furcht, sondern um Angst. Da das Blut zu den großen Muskeln strömt, müssen andere Teile des Körpers zurückstehen, so wie Hände, Füße und das Verdauungssystem. Wenig Blut in Händen und Füßen bewirkt, dass sie kalt, blass und taub werden. Der Mund wird trocken. Nicht genug damit, dass das Herz weit über hundert Mal in der Minute schlägt, wir beginnen auch oft zu hyperventilieren, also hektisch und flach zu atmen. Dadurch atmen wir viel Kohlendioxid aus, sodass die Blutgefäße im Gehirn sich zusammenziehen und uns schwindlig und übel wird. Die Symptome zu erkennen und zu wissen, warum sie sich zeigen, kann dabei helfen, dass du nicht wieder in Panik gerätst, wenn du das nächste Mal im Supermarkt stehst und dein Herz zu rasen beginnt und du das Gefühl hast, gleich in Ohnmacht zu fallen. Denk daran, dass dein Frontallappen im Gehirn das primitivere limbische System zur Vernunft bringen kann. Mit ein bisschen Übung schaffen viele Menschen es, die Angst unter Kontrolle zu bringen und einen Panikanfall abzuwürgen, bevor er seine volle Wucht erreicht.

Falls du es nicht hinbekommst, dich gesund zu denken, dann versuche, dich gesund zu trainieren. Körperliches Training fördert nicht nur die Neubildung von Nervenzellen im Gehirn, sondern auch die erhöhte Freisetzung einer Reihe von Botenstoffen, die dazu beitragen können, Stress zu reduzieren. Dies scheint speziell für Ausdauertraining zu gelten. Regelmäßiges Training kann dir helfen, Angst und Depressionen auf Abstand zu halten, und auch, Angst oder Depressionen loszuwerden, falls du bereits darunter leidest.

JEMANDEN MIT DEM GEHIRN LIEBEN

Wenn du verliebt bist, schlägt dein Herz schneller, deine Stimme zittert vor Nervosität, und vor dem ersten Date rennst du sicher 1000-mal aufs Klo. Weil das so ist, bringen wir Verliebtheit oft mit dem Körper in Verbindung. Wir sagen, dass »Liebe auf den Magen schlägt« und dass wir jemanden »von ganzem Herzen« lieben.

Wir können natürlich nicht ohne Gehirn lieben, aber was genau im Gehirn uns dazu in die Lage versetzt, darauf hat die Wissenschaft tatsächlich noch keine gesicherte Antwort. Wir wissen nur, dass Liebe kompliziert ist und sich aus vielem zusammensetzt. Es ist nicht wie bei Furcht und Zorn, die weitgehend auf die Amygdala im Schläfenlappen begrenzt sind. Mit Hilfe von bildgebenden Untersuchungen können wir nachsehen, welche Teile des Gehirns aktiv sind, wenn man verliebt ist, und dabei sehen wir, dass das ganze Gehirn »leuchtet«. Teile der Hirnrinde, insbesondere die Insula (Abbildung 5, Seite 40), sowie tiefer liegende und primitivere Hirnregionen, wie die Basalganglien (Abbildungen 8 und 9, Seite 64 f.) und das limbische System (Abbildung 17, Seite 122), sind alle zugleich aktiviert, wenn wir jemanden lieben. Gemeinsam ist diesen Hirnregionen, dass sie reich an Dopamin sind, dem Belohnungsstoff.

Wenn Liebe einen derart hohen Stellenwert besitzt, dass so große Teile des Gehirns daran beteiligt sind, dann liegt das daran, dass Liebe wichtige genetische und reproduktive Konsequenzen für unsere Art hat. Und zwar, weil wir – nachdem wir uns einen Wunschpartner gesucht und ihn oder sie erfolgreich umgarnt haben – es mit diesem Menschen ein Leben lang aushalten sollen. Allerdings bleiben nicht alle Säugetiere ein Leben lang mit einem einzigen Partner zusammen. Tatsächlich nur fünf Prozent. Der Präriewolf gehört dazu, und bei ihm hat man festgestellt, dass diejenigen Präriewölfe, die eine gut funktionierende Maschinerie haben, um das Liebeshormon Oxytocin aufzufangen, das von den Nervenzellen im Gehirn freigesetzt wird, in höherem Maße ihrem Partner treu sind. Präriewölfe, die diese gut funktionierende Maschinerie nicht haben, wechseln ihre Partner dagegen öfter. Sowohl beim Menschen als auch beim Präriewolf wird Oxytocin durch Geburt, Fürsorge und Fütterung freigesetzt. Das Oxytocin im Gehirn trägt dazu bei, dass wir uns in höherem Maße aneinander gebunden fühlen. Mit dem Präriewolf vergleichbar ist an dieser Stelle, dass bei Männern mit einem von Natur aus niedrigen Oxytocinspiegel eine geringere Wahrscheinlichkeit besteht, dass sie heiraten. Trotzdem ist es nicht so, dass ein bisschen Oxytocin im Nasenspray aus einem untreuen Partner einen treuen macht. Es sind auch nicht Amors Pfeile, die einen Uninteressierten in einen

5 DAS FÜHLENDE GEHIRN

Verliebten verwandeln. Das Gehirn und die Liebe sind viel komplizierter, und Oxytocin ist nur eines von vielen Puzzlesteinchen. Der Belohnungsstoff Dopamin ist ein weiteres Puzzlesteinchen, welches dazu beiträgt, dass wir finden wollen, was wir uns wünschen.

Liebe ist allerdings viel mehr als nur die romantische Liebe. Elterliche Liebe sorgt dafür, dass wir unseren Nachwuchs Tag und Nacht umsorgen, damit das Ergebnis unserer genetischen Kombination gut gedeiht. Elternliebe aktiviert tatsächlich eine ganze Region des Gehirns, nämlich die graue Substanz, die Teile des Drainagesystems für die Hirnflüssigkeit im Hirnstamm umschließt.

Als ich mit den Arbeiten an diesem Buch zum Endspurt ansetzte, beschloss unsere kleine Tochter, fast zweieinhalb Monate zu früh auf die Welt zu kommen. Sie kam in den Brutkasten und erhielt alle Hilfe und Unterstützung, die man sich nur vorstellen kann. Die Temperatur wurde genau reguliert, die Nahrung von Ernährungsphysiologen zusammengestellt und per Sonde verabreicht, und durch die Nase wurde ihr zusätzlich Luft zugeführt. Während ich in der Krankenhausbibliothek an meinem Buch schrieb, wurde mir bewusst, dass die Klinik ihr trotzdem nicht alles geben konnte, was sie brauchte. Aus den Artikeln, die ich als Hintergrundinformation zu diesem Kapitel über Gehirn und Liebe las, erfuhr ich, wie unterentwickelt das kindliche Gehirn ohne Liebe und Fürsorge bleibt. Nahrung, Wärme und Sauerstoff allein waren nicht genug. Es reichte nicht, dass ich Omega-3 zu mir nahm, während ich alle drei Stunden Muttermilch abpumpte, die sie über die Ernährungssonde erhielt. Meine kleine Tochter spürte die indirekte Liebe nicht, sie brauchte unmittelbaren Hautkontakt.

Das Gehirn ist bei der Geburt nicht fertig entwickelt, auch dann nicht, wenn das Kind voll ausgetragen wird. Das Gehirn entwickelt sich durch die Interaktion mit anderen Menschen. Fehlt die Interaktion, bleibt es unterentwickelt. Mitte des letzten Jahrhunderts entdeckten mehrere Wissenschaftler unabhängig voneinander, dass Kinder im Krankenhaus und im Kinderheim passiv wurden, bereits gelernte Fähigkeiten wieder verlernten und nicht mehr an Gewicht zunahmen. Einige starben sogar. Gemeinsam war diesen Kindern, dass sie alle ausreichend Nahrung, Kleidung und Wärme erhielten, jedoch keine Liebe. Die Kinder welkten dahin und saßen teilnahmslos in ihren Betten. Sie hörten auf, zu laufen und zu sprechen. Der Arzt René Spitz, der diese Zustände filmte, kam zu dem Ergebnis, dass Kinder Nähe und Zuwendung brauchen, um sich normal zu entwickeln. Später entdeckte man, dass das Gehirn von Kindern, die emotional vernachlässigt werden, so sehr in seiner Entwicklung gehemmt wird, dass es kleiner bleibt als das Gehirn von Kindern, die bei liebevollen Eltern aufwachsen. Kinder lernen dadurch, dass sie bei ihren ersten Gehversuchen ein Lächeln erhalten und getröstet werden, wenn sie hinfallen. Durch Lernen werden Hunderttausende neuer Nervenzellverbindungen im Gehirn gebildet, tatsächlich in so großem Umfang, dass sie in der grauen und der weißen Substanz sichtbar werden, und wie bereits erwähnt, hat es sogar Auswirkungen auf die Größe des Gehirns. In den ersten beiden Lebensjahren eines Kindes heißt es für all die neuen Nervenzellverbindungen: Arbeite oder verschwinde. Die, die nicht genutzt werden, gehen verloren.

Spätere Studien haben gezeigt, dass es auch Unterschiede bei der Entwicklung des Gehirns gibt, wenn die Kinder nicht gänzlich emotional vernachlässigt werden. Es ist eben etwas anderes, ob man sich als Kind auf Dutzende von Betreuern im Schichtbetrieb

5 DAS FÜHLENDE GEHIRN

einer Institution einstellen muss oder ob man eine feste Bezugsperson hat, die immer für einen da ist. Eine Forschergruppe hatte ausgelost, welche Kinder in eine Pflegefamilie kommen sollten und welche im Kinderheim bleiben mussten. Später zeigte sich, dass die Kinder, die bei einer Pflegefamilie aufgewachsen waren, einen höheren Intelligenzquotienten hatten als die Vergleichsgruppe im Kinderheim.

Unser Gehirn bestimmt darüber, wer wir sind und wie wir unser Leben leben. Deshalb wirkt sich ein unterentwickeltes Gehirn auf alle Aspekte des Lebens aus. Die Kinder, die mit Liebe aufgewachsen sind und deshalb auch ein besser entwickeltes Gehirn haben, werden nicht nur intelligenter, sondern auch sozialer und empathischer als die Kinder, die nicht genügend Liebe erhalten haben.

6 INTELLIGENZ

Der Mann muß mäßig weise sein,
Doch nicht allzu weise.
Das schönste Leben ist dem beschieden,
Der recht weiß was er weiß.*

Der obige Vers ist ein Auszug aus »Hávamál«, niedergeschrieben im 13. Jahrhundert. Er zeigt, dass die Anpassung an soziale Regeln eine lange Tradition in unserem Land hat. Aber eigentlich akzeptieren wir ja, dass die Leute verschieden sind. Wir akzeptieren, dass sie unterschiedliche Stärken haben. Wir akzeptieren, dass manche Menschen mehr Humor, andere ein besseres Gedächtnis haben, musikalischer sind, ein besseres Sprachgefühl besitzen oder besser im Sport sind. Allerdings akzeptieren wir solche Unterschiede nicht so bereitwillig, wenn es um Intelligenz geht. Da sollen alle gleich sein, und alle gleich gut. Die Frage ist, ob es wirklich eine messbare Größe gibt, die wir »Intelligenz« nennen können, und inwieweit sie etwas über uns aussagt. Intelligenz wird unterschiedlich definiert, deshalb gibt es auch unterschiedliche Antworten auf diese Frage. Manche meinen, dass »Intelligenz« nicht eine einzige Eigenschaft ist, die man messen kann, sondern dass es verschiedene For-

---

* Karl Simrock, *Die Edda*, Kapitel 8: Hávamál (Des Hohen Lied), Vers 53

men von Intelligenz gibt, die mehrere der oben erwähnten Eigenschaften beinhalten, wie soziale Intelligenz, sprachliche Intelligenz und so weiter. Andere sind der Auffassung, dass eine solche Definition den Begriff »Intelligenz« aushöhlt. In ihrer klassischen Bedeutung ist Intelligenz nämlich die Fähigkeit zum abstrakten Denken und beinhaltet daher keine praktischen oder sozialen Fertigkeiten.

Das Ergebnis der klassischen Bedeutung ist folglich, dass manche hochintelligenten Menschen schlecht im Ballsport sind, andere dagegen gut. Manche werden ein hervorragendes Gedächtnis haben, andere ein ungemein schlechtes. Der gemeinsame Faktor scheint zu sein, dass diese Menschen gut darin sind, sich Wissen anzueignen, Probleme zu lösen und logisch zu denken. Nicht mehr und nicht weniger.

IQ

Wenn es um das Messen von Intelligenz geht, wäre es ideal, einen Test zu haben, der die Fähigkeit eines Menschen zum logischen und abstrakten Denken misst, unabhängig von ethnischer und sozialer Herkunft, von Ausbildung und Geschlechtszugehörigkeit. Das Ideal ist ein Test, der bei der getesteten Person jedes Mal dasselbe Ergebnis zeigt, ohne große Abweichungen im zeitlichen Verlauf. IQ steht für Intelligenzquotient (vom englischen *Intelligence Quotient*). Der IQ ist also nicht die Intelligenz an sich, sondern das Maß, das wir verwenden, um die Intelligenz einer Person festzustellen. Quotient bedeutet das Verhältnis von zwei Größen zueinander, und ursprünglich war der IQ das Intelligenzalter geteilt durch das Lebensalter, multipliziert mit 100.

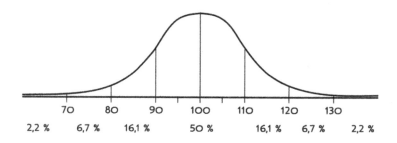

Abbildung 19. Die Abbildung zeigt die Normalverteilungskurve des IQ, bei der 50 Prozent in den IQ-Bereich zwischen 90 und 110 fallen.

Inzwischen wird der IQ nicht mehr auf diese Weise berechnet, aber der Name ist geblieben. Heute werden alle an einer Referenzgruppe gemessen, deren Durchschnitt bei 100 liegt (90–110). Man wird danach eingestuft, wo man im Verhältnis zu dieser Referenzgruppe steht. Die Testergebnisse in einer Normalbevölkerung zeigen eine Normalverteilung, das heißt, eine glockenförmige Kurve, bei der die Mehrzahl der Personen der Referenzgruppe im Mittelbereich angesiedelt ist und eine zu den Rändern hin abnehmende Anzahl einen sehr niedrigen oder sehr hohen Wert hat.

Ein guter Test soll bei derselben Person immer ungefähr denselben Wert ergeben. Bei diesen Tests liegen rund 68 Prozent der Normalbevölkerung im IQ-Bereich zwischen 85 und 115 sowie 96 Prozent im Bereich zwischen 70 und 130. Zwei Prozent haben einen IQ von unter 70 und sind per Definition mental retardiert, und zwei Prozent haben einen IQ von über 130 und gelten als extrem intelligent. Gehört man zur letztgenannten Gruppe, ist man qualifiziert für die Mitgliedschaft in Mensa, dem bekannten Club der Hochbegabten.

6 INTELLIGENZ

Unzählige Wissenschaftler haben in den letzten rund hundert Jahren daran gearbeitet, die bestmöglichen IQ-Tests zu entwickeln. Die heute gebräuchlichen Tests sind gut, aber nicht optimal. Es wird immer noch weiter an ihrer Verbesserung und Auswertung geforscht. Die Experten haben es auch nicht geschafft, sich auf einen IQ-Test zu einigen, deshalb gibt es eine Reihe verschiedener Tests, die alle die Intelligenz messen sollen.

Viele der Tests basieren auf dem Erkennen von Gesetzmäßigkeiten bei abstrakten Mustern, ohne dass Zahlen oder Buchstaben verwendet werden. Lesen und Rechnen setzt ein gewisses Bildungs- und Sprachniveau voraus und wird deshalb bei dem meistverwendeten Test ausgeklammert. Trotzdem werden Menschen aus Kulturen, in denen Papier und Stift keine Rolle spielen, ein Handikap bei der Bewältigung des Tests haben. Außerdem variiert das Ergebnis, wie bei allen anderen Tests auch, je nach Tagesform der getesteten Person. Ereignisse in deinem Leben, wie Liebeskummer und finanzielle Sorgen, dazu vielleicht noch zu wenig Schlaf und ein knurrender Magen, können das Testergebnis beeinflussen. Du würdest dann ein Ergebnis erhalten, das vielleicht dein intellektuelles Niveau direkt nach einer arbeitsreichen Nachtschicht wiedergibt, aber wahrscheinlich würdest du einen höheren Wert erzielen, wenn du ausgeruht wärst. Die heutigen IQ-Tests sind darauf zugeschnitten, dass die Testperson sie unter optimalen Verhältnissen absolviert, und der meistverwendete gilt trotz der erwähnten Einschränkungen als ein gutes Messinstrument für die Intelligenz der erwachsenen westlichen Bevölkerung.

Der heute am weitesten verbreitete und eingesetzte Test besteht nur aus Abbildungen. Diese wurden sorgfältig ausgewählt, um die

Unterschiede in der Intelligenz verschiedener Personen herauszuarbeiten, und folgen einem steigenden Schwierigkeitsgrad. Der Test muss innerhalb einer bestimmten Zeit abgeschlossen werden. Ein ähnlicher Test wird in vielen Ländern, auch in Norwegen, bei der militärischen Musterung eingesetzt. Er wird dann nicht IQ-Test, sondern Theorietest genannt, und die Skala reicht von 1 bis 9. Der Musterungstest ist allerdings vergleichbar mit einem einfachen IQ-Test, und die Skala kann angeblich in einen IQ-Wert umgerechnet werden, ohne dass diese Information öffentlich zugänglich ist.

Obwohl der IQ als Maß für Intelligenz umstritten ist, wird er in der medizinischen Diagnostik verwendet, auch in Norwegen. Mit einem IQ von unter 70 gilt man, wie bereits erwähnt, als mental retardiert, mit Unterklassifizierungen bis hinunter zu einem IQ von unter 20. Hat man einen IQ von unter 55, gilt man strafrechtlich als schuldunfähig. Der IQ-Begriff scheint also, was den unteren Teil der Skala betrifft, allgemein akzeptiert zu sein; es ist vor allem der obere Teil der Skala, über den diskutiert wird. Warum ertragen wir eher, dass manche Menschen herausragende sportliche Leistungen erbringen, als dass andere extrem gut in logischem Denken sind? Ist die Kontroverse um das Thema Intelligenz vielleicht das Ergebnis einer Begriffsverwirrung? Hohe Intelligenz, gemessen als hoher IQ, ist nicht gleichbedeutend mit Klugheit. Klugheit ist ein weiter gefasster Begriff, er beinhaltet Lebensweisheit und Erfahrung. Der IQ sagt in erster Linie etwas über das Lernpotenzial aus, nicht über das, was man rein faktisch gelernt hat. Bei vielen Menschen ist das Potenzial nicht ausgeschöpft.

HOHER IQ, JA UND?

Was nützt es zu wissen, welche Figur als nächste in eine Reihe gehört, wenn das nichts darüber aussagt, wie gut das Gedächtnis funktioniert oder wie gut man als Freund, Elternteil oder Ehepartner ist? Was den Menschen als Individuum angeht, ist der IQ nicht entscheidend. Man kann durchaus einem Obdachlosen mit hohem IQ oder einer erfolgreichen Geschäftsfrau mit durchschnittlichem IQ begegnen. Auf Gruppenebene sieht man dagegen schon einige Unterschiede. Auch wenn ein hoher IQ nicht gleichbedeutend mit fachlicher Kompetenz und hohem Bildungsstand sein muss, ist er doch ein guter Anhaltspunkt. Intelligente Menschen sehen bei Problemen oftmals Lösungen, die ihre Zeitgenossen mit eher durchschnittlicher Intelligenz nicht sehen. Das erleichtert ihnen den Weg zu einem guten Beruf mit gutem Einkommen, einem schönen Haus und auch einem harmonischeren Familienleben.

Teilt man die Bevölkerung in IQ-Gruppen ein, bei denen 50 Prozent zum Durchschnitt gehören, fünf Prozent einen IQ von über 125 haben, fünf Prozent einen IQ unter 75 und jeweils 20 Prozent sich zwischen dem Durchschnitt und den äußeren Rändern befinden, dann erkennt man ein interessantes Muster (siehe Abbildung 19, Seite 151). Bei einer Stichprobe schmissen 55 Prozent der Schüler mit niedrigem IQ die Schule, während alle Schüler mit hohem IQ ihren Abschluss machten. Das wiederum kann die Erklärung dafür sein, dass 30 Prozent der Leute mit niedrigem IQ in schlechten finanziellen Verhältnissen lebten, aber nur zwei Prozent von denen mit hohem IQ. Etwas überraschender ist vielleicht, dass der IQ auch mit dem Gesundheitszustand und den Familienverhältnissen zu korrelieren scheint. Bei Frauen mit niedrigem IQ ist die Wahrscheinlichkeit, ein uneheliches Kind zu bekommen, vier Mal größer als bei Frauen mit höherem IQ, und als Mütter werden sie mit achtmal höherer Wahrscheinlichkeit Sozialhilfe beziehen. Bei Menschen mit unterdurchschnittlichem IQ ist die Wahrscheinlichkeit, dass ihre Ehe geschieden wird, doppelt so hoch wie bei denen, die über dem Durchschnitt liegen.

Jeder hat wohl schon mal einen überaus gutaussehenden Mann oder eine umwerfend schöne Frau getroffen und gehofft, dass sie oder er ein bisschen doof ist, denn es ärgert unseren Gerechtigkeitssinn, wenn manche Leute »alles haben«. Die Natur ist nur leider nicht gerecht. Es gibt einen Zusammenhang zwischen Aussehen und Intelligenz. Vereinfacht gesagt haben neue Studien gezeigt, dass schöne Menschen als Gruppe schlauer sind als die weniger Schönen. Im Jahr 2011 erschien eine Analyse über mehr als 17 000 britische Kinder, die man sechzehn Jahre hindurch beobachtet und in dieser Zeit elf Intelligenztests unterzogen hatte. Das Aussehen dieser Kinder hatten mehrere Lehrer unabhängig voneinander bei verschiedenen Gelegenheiten beurteilt. In die Studie wurde eine amerikanische Untersuchung einbezogen, bei der über 20 000 Jugendliche acht Jahre lang begleitet und verschiedenen Intelligenztests unterzogen worden waren, und auch hier hatten Personen unabhängig voneinander beurteilt, wie körperlich anziehend diese Jugendlichen auf sie wirkten. In der britischen und der amerikanischen Stichprobe gab es einen klaren Zusammenhang zwischen physischer Attraktivität und Intelligenz.

Viele Forscher haben seitdem versucht, dieses Phänomen zu erklären. Manche meinen, dass Intelligenz und Aussehen ein Ausdruck von genereller Gesundheit sein könnten, oder anders gesagt:

In einem gesunden Körper wohnt ein gesunder Geist. Andere vermuten, dieser Zusammenhang könne ein Ergebnis von langfristiger Auswahl sein. Intelligente Männer mit guten Jobs und gutem Einkommen heiraten attraktive Frauen – und umgekehrt. Weil sowohl Intelligenz als auch Aussehen in hohem Maße vererbt werden, sind die gemeinsamen Kinder schön und schlau.

Obwohl IQ-Tests uns scheinbar sinnlose Aufgaben stellen, etwa eine Reihe, in der die passende Figur zu ergänzen ist, haben mehrere Studien ergeben, dass das Resultat dennoch etwas darüber aussagt, wie man in anderen Bereichen abschneidet, die ein gut funktionierendes Gehirn erfordern, aber nicht Bestandteil des Tests sind. Also beispielsweise Sprache, Gedächtnis und Mathematik. Dass man hier klare Zusammenhänge erkennen kann, hat die Forscher auf die Idee gebracht, dass die IQ-Tests einen übergeordneten allgemeinen Faktor messen, nämlich den Generalfaktor der Intelligenz, kurz g-Faktor. Wird der g-Faktor getestet, erzielt die Versuchsperson gleichbleibende Ergebnisse, unabhängig davon, ob Wörter, Zahlenreihen oder Figuren zur Anwendung kommen und ob der Test mündlich oder schriftlich, individuell oder in der Gruppe gemacht wird. Der g-Faktor hat sich als der weitaus effektivste Faktor herausgestellt, wenn man eine Aussage darüber haben möchte, wie die Testperson sich in der Schule oder im Beruf entwickeln wird.

Als Resümee können wir festhalten, dass der IQ nicht die Intelligenz ist, sondern ein Maß für Intelligenz. Die Intelligenz hilft uns, im Leben voranzukommen. Das heißt selbstverständlich nicht, dass Intelligenz das Einzige ist, das dazu beiträgt, denn das Leben insgesamt wird von vielen Faktoren beeinflusst. Noch einmal: Es handelt sich hier um Statistik auf Gruppenebene. Wo du dich auf der Skala befindest, sagt noch nichts darüber aus, wie dein Leben verläuft.

LANGSCHÄDEL UND KURZSCHÄDEL

Heutzutage belächeln wir die Versuche in früherer Zeit, aufgrund der Kopfform Rückschlüsse über die Intelligenz eines Menschen zu ziehen. Es gibt allerdings mehrere seriöse Studien, die einen gewissen Zusammenhang zwischen dem Kopfumfang als indirektem Maß für die Größe des Gehirns und dem IQ sehen. Das Problem ist nur, dass die Dicke des Schädelknochens stark variiert. Mit der Erfindung der Magnetresonanztomographie (MRT) haben wir die Möglichkeit erhalten, die Gehirngröße beim lebenden erwachsenen Menschen genauer zu ermitteln. Extrem intelligente Menschen haben anscheinend tatsächlich ein größeres Gehirn als diejenigen mit eher durchschnittlicher Intelligenz (gemessen als IQ). Wir alle kennen Ausnahmen, wie beispielsweise Albert Einstein, deshalb erinnere ich noch einmal daran, dass dies auf Gruppenebene gilt.

In einer Gruppe intelligenter Menschen ist die Gehirngröße insgesamt also höher als bei einer weniger intelligenten Gruppe. Es sind allerdings nicht alle Teile des Gehirns, die zu diesem Größenunterschied beitragen. Der Frontallappen, der ja gerade wichtig für das logische und abstrakte Denken ist, ist bei intelligenteren Menschen etwas größer. Dasselbe gilt auch für den Schläfenlappen, der unter anderem für das Gedächtnis wichtig ist, und für das Kleinhirn, das vor allem bekannt ist für die motorische Koordination, wobei sich Forscher in den letzten Jahren gefragt haben, ob es nicht auch direkt an Denkprozessen beteiligt ist. Die Menge an weißer Substanz, also der Signalwege im Gehirn, scheint nicht mit dem IQ zu variieren, im Gegensatz zur Menge an Hirnrinde, der grauen Substanz, in der die Nervenzellkörper sitzen.

Ein ähnliches Bild sehen wir auch bei Kindern. Es gibt einen Zusammenhang zwischen IQ und insgesamter Gehirngröße, und der Zusammenhang wird besonders deutlich, wenn man die Hirnrinde vorn im Frontallappen betrachtet. Es ist allerdings nicht so, dass man nur einen Gehirnscan zu machen braucht, um Intelligenz voraussagen zu können und auf diese Weise der ganzen Kontroverse um die IQ-Tests aus dem Weg zu gehen. Die Größe des Gehirns scheint nämlich nur 20 Prozent der Intelligenzunterschiede zu erklären.

Forscher in der ganzen Welt sind nun dabei, tiefer auszuloten, wie das Gehirn intelligenter Menschen funktioniert. In den letzten 20 Jahren sind immer neue Studien erschienen, die zeigen, dass intelligente Menschen bei der Lösung von Aufgaben weniger Teile der Hirnrinde benutzen als Menschen mit geringerer Intelligenz. Ihre Nervenzellaktivität ist einfach fokussierter.

Es erfordert immer große Anstrengungen, um auf einem bestimmten Gebiet zu den Besten zu gehören. Damit du eine sechsfache Olympiasiegerin wie Marit Bjørgen werden kannst, ist es von Vorteil, wenn du mit einer guten Lunge und einem Gehirn mit Gewinnerinstinkt geboren worden bist. Denn nicht jeder könnte wie Marit sein, selbst wenn man genauso viel und genauso hart trainieren würde wie sie. So ist das auch mit dem Gehirn. Wir werden mit unterschiedlichen Voraussetzungen geboren, und unser weiterer Lebensweg hängt davon ab, wie wir unser Potenzial bestmöglich nutzen.

VERERBUNG ODER MILIEU?

Die Intelligenzvariation innerhalb einer Bevölkerung mit demselben Milieuhintergrund ist zum überwiegenden Teil durch Vererbung bedingt. Es sind auch keine geschlechtsspezifischen Unterschiede festgestellt worden. Das Milieu, in dem Geschwister gemeinsam aufwachsen, hat wenig damit zu tun, welchen IQ sie haben werden. Tatsächlich beträgt die IQ-Differenz bei Geschwistern, die im selben Elternhaus aufgewachsen sind, im Durchschnitt ganze 12 Punkte, das ist nicht weit von den 17 Punkten entfernt, die man unter völlig fremden Menschen findet. Auch der IQ von adoptierten Kindern wird anscheinend nicht nennenswert durch die Familie oder das Milieu beeinflusst, in dem sie aufwachsen, sofern sie gut umsorgt werden. Mit zunehmendem Alter gleicht sich ihr IQ eher dem IQ ihrer biologischen Eltern an – selbst wenn die Kinder sie nie gekannt haben. Ökonomische oder soziale Unterschiede sind es also nicht, die bei Menschen in der westlichen Welt für Unterschiede in der Intelligenz, gemessen als IQ, sorgen. Es scheint so zu sein, dass das Milieu den IQ von Kindern etwas beeinflussen kann, aber dieser Einfluss ist nicht mehr messbar, wenn die Kinder groß geworden sind. Heutige IQ-Tests sind allerdings nicht völlig kulturneutral, und Variationen zwischen ethnischen Gruppen werden dem Milieu zugeschrieben.

In der Diskussion, ob Vererbung oder Milieu entscheidend für unsere Intelligenz sind, hat der Anstieg des durchschnittlichen IQ-Wertes im zeitlichen Verlauf viel Beachtung gefunden. Verstehen Sie mich nicht falsch, es ist natürlich so, dass der Durchschnitt per Definition immer auf 100 festgesetzt wird und der durchschnittliche IQ deshalb nie höher als 100 war. Aber die Tests, die wir zum Messen der Intelligenz benutzen, also die IQ-Tests, sind immer schwieriger geworden. Die heutige Durchschnittsbevölkerung würde über einem IQ von 100 liegen, wenn sie einen älteren IQ-Test mit älteren Referenzwerten absolvieren würde. Faszinierend und frustrierend. Frustrierend, weil wir nicht mit Sicherheit wissen, warum das so ist. Manche meinen allerdings, dass die Tendenz einer von Generation zu Generation steigenden Intelligenz sich umkehren wird. In früheren Zeiten war die Chance, dass Kinder das Erwachsenenalter erreichten, in den wohlhabenden Teilen der Bevölkerung am größten. Entsprechend hatten die Angehörigen der Oberschicht mit der besten Ausbildung die meisten Kinder. Heute gibt es dagegen eine Tendenz, dass Menschen mit hohem Bildungsabschluss erst spät Nachwuchs bekommen und damit auch weniger Kinder haben als diejenigen mit kürzerer Ausbildung.

Über die Jahre angestiegene IQ-Werte können dennoch nicht allein auf die Genetik zurückgeführt werden, Milieufaktoren müssen dabei ebenfalls eine Rolle spielen. In den letzten hundert Jahren haben wir einen klaren Anstieg bei der durchschnittlichen Körpergröße des Menschen gesehen, was ein Ausdruck verbesserter Lebensbedingungen und besserer Ernährung ist, und dies könnte, wie manche meinen, auch zu den vielen Faktoren gehören, die dazu beigetragen haben, die Hirnfunktionen der heutigen Bevölkerung zu verbessern. Ein anderer Faktor, der möglicherweise die Hirnfunktionen beeinflusst, ist unsere Lebensweise. Die Aufgaben, denen wir uns heute gegenübersehen, erfordern wesentlich mehr Denkvermögen und weniger praktische Fertigkeiten als früher. Sogar die alltägliche Hausarbeit verlangt heute von uns, dass wir unser Symbolverständnis bemühen, um das passende Waschprogramm für unsere Kleidung auszuwählen. Moderne Fernseher haben viel mehr als einen Ein- und Ausschaltknopf. All das sind Milieufaktoren. Vieles deutet deshalb darauf hin, dass wir innerhalb einer Generation in geringem Maß das Milieu als Erklärung für Unterschiede in der Intelligenz heranziehen können, der IQ über Generationen hinweg aber von Kultur und Lebensweise beeinflusst wird.

Was also kannst du tun, um ein enttäuschendes Ergebnis beim IQ-Test auszubessern? Die ehrliche Antwort ist: nicht viel. Der individuelle IQ verändert sich im Erwachsenenalter in der Regel nicht mehr, ganz gleich, welche Ausbildung du wählst und ob du reich oder arm wirst. Falls es einen Weg geben sollte, den g-Faktor zu erhöhen, hat ihn noch niemand gefunden. Denk eher an den Begriff »IQ-gap«. Das ist der große Unterschied, den du mit eigenem Einsatz erreichen kannst. Auf Gruppenebene hat man gesehen, dass es leichter ist, mit hoher Intelligenz, gemessen als hoher IQ, erfolgreich zu sein. Mehrere Forscher haben sich allerdings den Kopf gekratzt angesichts der kulturellen Unterschiede innerhalb eines Landes. Chinesen, Japaner und Juden in den USA scheinen Überflieger zu sein, verglichen mit anderen Amerikanern. Ein durchschnittlicher amerikanischer Chinese mit einem IQ von 100 erreicht im Leben dasselbe wie ein weißer Amerikaner mit einem IQ von 120. Das ist jedoch kein Ausdruck von unterschiedlicher Intelligenz, sondern davon, wie unterschiedlich das eigene Potenzial genutzt wird.

Manche Psychologen unterteilen die Intelligenz in zwei Formen. Die eine nennen sie fluide Intelligenz, und auf die habe ich mich in diesem Kapitel konzentriert. Sie zeigt an, wie gut das Gehirn zusammengesetzt ist, das heißt, wie gut es biologisch gesehen funktioniert. Fluide Intelligenz ist im Erwachsenenalter stabil, bis sie im Alter wieder abnimmt. Die andere Form, die sie kristalline Intelligenz nennen, sagt etwas darüber aus, wie gut du das Milieu genutzt hast, dessen Teil du bist. Sie umfasst erworbenes Wissen, Lebenserfahrung et cetera. Diese Form der Intelligenz ist absolut beeinflussbar. Mein wichtigster Rat an dich wäre deshalb, dass du dein Potenzial voll ausschöpfen solltest.

ERFOLGSFAKTOR

Das Schulsystem ist für den Durchschnitt gemacht. Hat man also eine sehr hohe oder sehr niedrige Intelligenz, fällt man leicht heraus. Fragt sich nur, ob hohe Intelligenz immer ein Erfolgsfaktor ist. Kinder mit einer höheren Intelligenz als normal brauchen unter Umständen angepassten Unterricht. Wenn ein hochbegabtes Kind eine Aufgabe schnell verstanden hat, während die Klasse insgesamt mehrere Tage dafür braucht, kann es passieren, dass es sich langweilt und unruhig wird. Auf längere Sicht werden ein zu langsames Unterrichtstempo und zu wenig Herausforderungen im Verhältnis zum vorhandenen Potenzial dazu führen, dass diese Kinder in ihren schulischen Leistungen zurückfallen, was wiederum zur Folge hat, dass sie spätere Ziele im Leben, die sie sonst als Erwachsene erreicht hätten, nicht erreichen. Außerdem werden die meisten hochintelligenten Kinder Schwierigkeiten haben, sich ins soziale Gefüge einzugliedern. Denken wir an die ursprüngliche Definition des IQ zurück, bei der man das Intelligenzalter durch das Lebensalter geteilt hat, ist es nicht verwunderlich, wenn ein acht Jahre altes Kind mit einem Intelligenzalter von 13 nicht besonders gut mit seinen gleichaltrigen Spielkameraden zurechtkommt. Möglicherweise hat dieses Kind gar kein Interesse mehr am Spiel. Ob die »Hávamál« in diesem Punkt recht hat? Dass es denjenigen am besten ergeht, die nur mäßig viel wissen?

Für hochintelligente Erwachsene ist es leichter, Kollegen und Freunde mit denselben Interessen und Argumentationsweisen unter Leuten zu finden, die die gleiche Ausbildung gewählt haben. Eine Grundschulklasse ist bunt gemischt, was Vor- und Nachteile hat. Die Frage ist, ob wir schon in der Grundschule eine Elite heranbilden wollen, indem die intelligentesten Kinder Spezialunterricht erhalten und die Unterschiede, die von Anfang an da waren, nur noch größer werden. Oder ob wir die Furcht vor Elitarismus ablegen und den Kindern, die extrem schnell lernen, einen ebenso auf sie zugeschnittenen Unterricht anbieten, wie ihn Kinder mit Lernschwierigkeiten erhalten.

KÜNSTLICHE INTELLIGENZ

Auf Gruppenebene gibt es also einen klaren Zusammenhang zwischen dem Abschneiden bei IQ-Tests und wie man ansonsten im Leben funktioniert. Hast du einen hohen IQ, ist die Wahrscheinlichkeit größer, dass dein Gehirn insgesamt gut arbeitet, als wenn der IQ niedrig ist. Das ist bei Maschinen nicht so.

Wenn wir Intelligenz im engeren Sinn betrachten, als Fähigkeit zur Problemlösung und zum logischen und abstrakten Denken, dann sind IQ-Tests ein gutes Werkzeug, um die Intelligenz von Menschen zu messen. Ich halte es allerdings nicht für unmöglich, eine Maschine zu programmieren, die typische IQ-Testaufgaben lösen kann. Vielleicht gibt es sie schon? Würde Intelligenz bei Computern und Robotern auf dieselbe Weise wie bei Menschen gemessen, könnte man wohl durchaus welche bauen, die über einen IQ verfügen, also über künstliche Intelligenz. Ein hoher IQ bei einem Computer bedeutet allerdings nicht, dass alles andere, was das menschliche Gehirn beiträgt, ebenfalls vorhanden ist. In der Debatte über künstliche Intelligenz wird der Intelligenzbegriff dahingehend ausgeweitet, dass er nahezu alle Funktionen umfasst, die unsere gesamte Hirnrinde bietet.

Klar begrenzte Aufgaben, wie Schach spielen, im Krankenhaus Essenscontainer zu den Stationen bringen und Transportaufgaben übernehmen, können Maschinen bereits gut meistern. Vielleicht könnte man auch Roboter bauen, die tröstende Worte spenden, wenn sie registrieren, dass jemand weint, aber solange sie kein Mitgefühl empfinden, kann man das nicht Empathie nennen. Es ist wichtig zu betonen, dass Computeringenieure es nicht schaffen werden, künstliche Gehirne zu bauen, die wie unsere funktionieren. Dazu wissen wir viel zu wenig über das menschliche Gehirn. Funktionen, die wir durch Jahrmillionen der Evolution erworben haben, lassen sich nicht durch Softwareprogramme nachahmen.

7 MULTITASKING

Wir leben in einer Gesellschaft, in der Effektivität einen hohen Stellenwert hat, und es wird von uns erwartet, dass wir in allen Lebenslagen stets präsent und aktiv sind. Wir arbeiten in Großraumbüros, schreiben E-Mails und besprechen am Telefon den nächsten Geschäftsplan. Gleichzeitig. Multitasking ist modern. Multitasking ist die Zukunft. Oder etwa nicht?

Die Wahrheit ist: Niemand schafft es, zwei Dinge gleichzeitig zu tun, denn das Gehirn kann sich nur auf eine Sache zur selben Zeit konzentrieren. Um uns ein zusammenhängendes Bild von der Welt zu machen, müssen wir also manchen Eindrücken Vorrang vor anderen einräumen. Dafür sorgt unsere Aufmerksamkeit. Du glaubst, du könntest einen Bericht lesen und dir gleichzeitig eine Pizza ins Büro bestellen, aber was passiert wirklich? Dein Gehirn versucht, blitzschnell zwischen Lesen und dem Formulieren der Bestellung hin- und herzuwechseln. Mit dem Ergebnis, dass du mehr Zeit brauchst, als wenn du *zuerst* das Essen bestellt und *danach* den Bericht gelesen hättest.

Dein Gehirn kann blockieren, falls du versuchst, etwas zu erledigen, während du noch mit einer anderen Sache beschäftigt bist, denn die präfrontale Hirnrinde schafft es nicht, übergangslos den Fokus zu wechseln. Das wiederum kann dazu führen, dass für einen Moment gar nichts mehr geht. Das Gehirn ist nicht in der Lage, zwei ähnliche Dinge gleichzeitig zu tun, denn die Aufgaben konkurrieren um dieselben Nervenzellnetzwerke. Einem Gesprächspartner zuzuhören und gleichzeitig einen Text zu lesen, erfordert beispielsweise Aktivität in sich überlappenden Hirnregionen und ist deshalb viel schwieriger, als jemandem zuzuhören und dabei die Landschaft zu betrachten.

Alles dreht sich um Aufmerksamkeit. Auch wenn es verschiedene Tätigkeiten sind, kann ein Autofahrer, der ein wichtiges Telefonat führt, sich schlechter auf das Fahren konzentrieren als einer, der nicht am Steuer telefoniert. Es hat sich gezeigt, dass telefonierende Autofahrer genauso unaufmerksam fahren, als hätten sie 0,8 Promille Alkohol im Blut. Selbst wenn das Gespräch über eine Freisprecheinrichtung geführt wird.

Werde effektiver in deinem Alltag, indem du eine Sache nach der anderen erledigst. Musst du sowohl dringend eine E-Mail lesen als auch dringend telefonieren, dann mach lieber erst das eine und dann das andere anstatt beides gleichzeitig.

8 KULTUR © GEHIRN

Warum haben die Steinzeitmenschen Zeichnungen in Felsen geritzt? Immer, wenn ich in Oslo durch den Ekebergpark gehe und mir die rund 4000 bis 5000 Jahre alten Felszeichnungen ansehe, staune ich über unser fantastisches Gehirn. Die Steinzeitmenschen lebten in Höhlen und in Zelten aus Tierhäuten, wurden im Durchschnitt kaum älter als 30 und mussten sich ihr Essen selbst beschaffen. In ihrer Welt hätte ich jetzt nur noch wenige Jahre zu leben. Wieso war ihnen die mühsame Arbeit, Zeichnungen in den Fels zu schlagen, so wichtig? Was ist das für ein Gehirn, das Kreativität, Interpretation und Vorstellungsvermögen so hoch ansetzt?

Manche meinen, dass Kultur gleichzeitig mit Sprache und der Fähigkeit zu planen entstanden sein muss. In dem Fall wäre das vor ungefähr 200 000 Jahren gewesen, also zur selben Zeit, als sich die menschliche Art entwickelt hat. Die verlässlichsten Nachweise menschlicher Kultur sind allerdings nicht älter als 40 000 Jahre. Die Werkzeuge, die aus dieser Zeit gefunden wurden, waren nicht mehr nur Faustkeile oder Steinbeile, sondern Angelhaken. Die Entwicklung eines Angelhakens erfordert eine gewisse Fähigkeit zur logischen Schlussfolgerung. Um ihr Mittagessen, das in Fjorden und Flüssen herumschwamm, an Land zu bekommen, mussten die Steinzeitmenschen gemeinsam ihren Grips anstrengen. Zusätzlich zur Erfindung von ausgeklügeltem Werkzeug wie dem bis heute noch beliebten Angelhaken hatten die Menschen begonnen, die Wände ihrer Höhlen zu bemalen.

Wir betrachten die Strichzeichnungen von Menschen, Tieren und Booten als ganz entscheidenden Teil unseres Kulturerbes. Es ist offenbar nicht nötig, dass eine Zeichnung oder Malerei Michelangelo-Qualität besitzt, um das Etikett »Kultur« zu erhalten. Sex, Betrug und Untreue sind anerkannte Unterhaltung, sofern der Text italienisch und die Musik von Mozart ist. Es müssen allerdings keine Opern wie *Don Giovanni* sein, damit Musik als Kultur gilt. Trinklieder sind auch Kultur, ebenso wie Spareinlagen, Währungen und Aktien. Kultur ist ein weiter Begriff, der einschließt, woran wir glauben und welche Regeln wir uns geben, aber auch einfache Dinge wie Sprache, Lebensart, Sitten und Gebräuche. Deshalb zählen auch Politik, Religion und Sport zur Kultur.

Kultur ist beinahe alles um uns herum, und wir lernen sie meist von den Älteren in der Gruppe, zu der wir gehören. Auf diese Weise wird Kultur von einer Generation zur nächsten weitergegeben. Dass wir in unterschiedlichen Gruppen zusammenleben, ist auch ein Grund dafür, dass wir unterschiedliche Kulturen entwickeln. Norweger werden nicht mit Skiern an den Füßen geboren. Kultur wird gelernt.

GEMEINSAM SIND WIR STARK

Wir denken oft, dass das menschliche Leistungsvermögen darauf beschränkt ist, was das individuelle Gehirn zustande bringt, aber mehrere Köpfe denken besser als einer. Unser Gehirn versetzt uns nicht nur in die Lage, Geräte zu bauen, mit denen wir den

Boden effektiver bewirtschaften können, es verleiht uns auch die Fähigkeit, zu kommunizieren und unser Können weiterzugeben. Ist das Rad erst erfunden, braucht die nächste Generation es nicht noch einmal zu erfinden. Sie kann das Rad aber verbessern, und die darauffolgende Generation baut vielleicht einen Wagen. Bis wir irgendwann bei Fahrrädern und Autos angekommen sind.

Andere Spezies benutzen auch Werkzeug, entwickeln es aber kaum weiter. Die Menschen arbeiten miteinander. Das Verständnis füreinander und die Zusammenarbeit mit anderen erfordert Empathie. Wir haben besondere Nervenzellen, mit deren Hilfe wir uns in anderen Menschen sehen. Die Nervenzelle, die aktiv ist, wenn ich mich am Kinn kratze, ist auch aktiv, wenn ich sehe, dass du dich am Kinn kratzt. Wir brauchen es gar nicht gleichzeitig zu tun. Eine Reihe von Hirnforschern glauben, dass diese Nervenzellen auch eine Rolle für das soziale Verständnis spielen, vielleicht sogar für Empathie. Diese kleinen Spiegel in deiner Hirnrinde heißen schlicht und einfach »Spiegelneuronen«.

Dass wir sprechen und schreiben können, bereitet den Weg für Austausch und Zusammenarbeit. Durch die Entwicklung von Denken und Sprache sind wir nicht länger Sklaven unserer Instinkte. Wir können Fragen stellen und unser eigenes Verhalten sowie das anderer Leute beurteilen. Wir können Regeln formulieren, die eine zivilisierte Gesellschaft ermöglichen. Unsere Art und Weise, zu interpretieren, zu denken und zu sprechen, ist das Ergebnis von sozialen Regeln, Normen und Werten einer langen Reihe unterschiedlicher Kulturen.

SOZIALE NETZWERKE

Ohne komplexes Gehirn hätten wir keine Kultur, aber auf der anderen Seite gibt die Kultur unserem komplexen Gehirn auch gute Wachstumsbedingungen. Die sozialen Muster garantieren Geborgenheit und Sicherheit, was dem Gehirn erlaubt, sich während einer fast zwei Jahrzehnte langen Kindheit zu entwickeln. Gene bilden die Grundlage für Struktur und Funktion des Gehirns bei der Geburt, aber danach beginnt die Umgebung sofort, das junge Gehirn mit Eindrücken zu bombardieren. Jeden Tag wird das Säuglingsgehirn durch die Sinne mit neuen Informationen überflutet. Die Nervenzellen sind dafür verantwortlich, die Informationen zu den Bereichen des Gehirns weiterzuleiten, die am besten geeignet sind, die Eindrücke auszuwerten. Wenn das Kind auf die Welt kommt, haben die Gene bereits dafür gesorgt, dass das mentale Straßennetz zwischen den wichtigsten Hirnregionen fertig ist. Umwelteinflüsse spielen jedoch eine wichtige Rolle dabei, engere, zahlreichere und komplexere Verbindungen zwischen den Nervenzellen herzustellen. Bei der Geburt hat jede Nervenzelle rund 2500 Kontaktpunkte – die Synapsen. Wenn wir zwei, drei Jahre alt sind, hat jede Nervenzelle bereits ungefähr 15 000 Synapsen. Unaufhörlich werden neue Kontaktpunkte gebildet. Da die meisten Nervenzellkontakte sich nach der Geburt bilden, werden wir von unserer Umgebung geprägt. Einige der Kontaktpunkte verfestigen sich und bleiben dauerhaft, andere verschwinden wieder.

Es ist für jeden leicht zu erkennen, dass das Gehirn eines neugeborenen Kindes, das nicht einmal den Blick fokussieren kann, noch nicht fertig entwickelt ist. Erst im Laufe des ersten Lebensjahres beginnt das Kind, auf Mimik und Stimmlage zu reagieren, indem es freundliche Gesichter anlächelt und bei strengem Tonfall weint. Nach einer Weile lernt das Kind zu sprechen und eigenständig zu denken. All unsere Gedanken werden von Normen und Regeln beeinflusst, die in unserem Lebensumfeld über Richtig und Falsch entscheiden. Die Außenwelt übt Einfluss auf die Innenwelt aus und umgekehrt.

Gerade, weil große Teile des Gehirns sich erst nach der Geburt entwickeln, hält die Natur den Menschen nicht so fest im genetischen Netz gefangen wie andere Tiere. Genetik und Instinkt werden teilweise von dem überlagert, was wir durch Sozialisierung erworben haben. Ironischerweise ist es gerade unsere gemeinsame menschliche Biologie, die kulturelle Unterschiede ermöglicht. Trotzdem kann es eine Herausforderung sein, zu verstehen, dass andere Menschen vielleicht ganz andere Gedanken und Ansichten haben als wir. Dieses Verständnis wird als wichtiger Schritt im Reifungsprozess des menschlichen Verstandes angesehen, und er sollte bei Kindern mit drei bis vier Jahren abgeschlossen sein.

Ich bin allerdings überzeugt, dass ich erwachsene Menschen getroffen habe, die diesen Schritt nicht ganz vollzogen haben. Wäre das Verständnis für die Eigenarten anderer bei allen Menschen voll entwickelt, hätten die USA heute vielleicht einen Häuptling statt eines Präsidenten, und die Australier würden möglicherweise Boomerangs werfen, anstatt Cricket zu spielen. Wir sind nicht immer so gut darin, andere Lebenseinstellungen und Traditionen zu respektieren, wie wir sollten. Unsere sozialen Normen bewirken, dass wir uns »als Volk« verhalten. Unser Volk. An manchen Orten ist es unpassend, sein Haar zu zeigen, an anderen Orten ist es unpassend, sein Haar zu verbergen. In dem Maße, wie die frühere

Trennung zwischen den Kulturen sich auflöst, lernen wir zu akzeptieren, dass andere Kulturen anders sind als unsere eigene. Wir leben in einer komplexen und dicht bevölkerten Gesellschaft, die ohne Zusammenarbeit, Verhandlungen und Toleranz kollabieren wird.

DER SOZIALE CODE

Kulturelle Normen zügeln und kontrollieren uns. Normen schmieren die soziale Maschinerie. Wir alle haben in unserer Erziehung Regeln eingebläut bekommen, was sich schickt und was nicht. Die Regeln, die wir gelernt haben, benutzen wir als Richtschnur in unserem weiteren sozialen Verhalten. Wir verinnerlichen diese Regeln mit Hilfe des äußersten Teils unseres Frontallappens, der präfrontalen Hirnrinde. Die Reifung der präfrontalen Hirnrinde hängt von der optimalen Menge an Dopamin aus dem Hirnstamm ab. Dopamin ist unser Belohnungsstoff. Die Leute können impulsiv und zerstreut werden, wenn die Dopaminmenge vom Optimum abweicht.

Menschen, deren präfrontale Hirnrinde beschädigt ist, verlieren die Fähigkeit, sich an die Regeln zu halten, die ihre Kultur ihnen auferlegt. Sie werden oft von Reizen gesteuert. Wenn sie Lust bekommen, jemandem in den Po zu kneifen, dann tun sie es. Finden sie, dass der Apfel am Obststand lecker aussieht, dann beißen sie einfach hinein. Sie tun, was ihnen gerade in den Sinn kommt, ganz egal, wie unpassend ihre Handlung in der gegebenen Situation ist. Mehrere Studien haben gezeigt, dass diejenigen, die keine voll entwickelte präfrontale Hirnrinde haben, eine antisoziale Persönlichkeitsstörung entwickeln und/oder kriminell werden. Das hat der Justiz einiges Kopfzerbrechen bereitet. Wenn du aufgrund eines Hirnschadens kriminell wirst, kannst du dann bestraft werden? Was, wenn du kriminell bist, weil du mit einer unterentwickelten präfrontalen Hirnrinde geboren wurdest, kannst du dann bestraft werden? Oder kannst du nichts dafür, weil du die sozialen Spielregeln für das, was richtig oder falsch ist, gar nicht begreifst?

Wir Menschen arbeiten unter anderem zusammen, um unseren Lebensunterhalt zu sichern, unsere Kinder aufzuziehen und unser Leben zu schützen. Damit das funktioniert, brauchen wir die Sprache. Was uns auszeichnet, ist, dass wir die Kommunikation erleichtern können, indem wir Symbole verwenden. Eine Art Spirale wird zum »G«. Mach sie ein bisschen kleiner und stelle sie auf den Kopf, und du hast ein »e«. Ein Viertelkreis mit einem senkrechten Strich im Rücken kann ein kleines »h« sein. Nimm nur den Strich, setz ihm einen Punkt obendrauf, und du erhältst ein »i«. Entfernst du zwei der Striche des »h«, hast du ein »r«, entfernst du nur einen, hast du ein »n«. Und ehe du dich versiehst, hast du das Wort »Gehirn« geschrieben. Mit Strichen, Kreisen und Punkten können wir in vielen Sprachen kommunizieren. Aus Strichen und Punkten können Musik, Poesie und Literatur entstehen.

DAS KREATIVE GEHIRN

Wir bereichern unseren Alltag unter anderem mit dem Erzählen von Geschichten. Das Gehirn versetzt uns in die Lage, Märchen und Geschichten zu erfinden, weiterzuerzählen und zu verstehen, was wiederum positiv für die Entwicklung unseres Gehirns ist. Der

Psychologe Donald Hebb hat herausgefunden, dass Ratten, die als freilaufende Haustiere gehalten wurden, Aufgaben besser lösen konnten als Ratten, die im Käfig aufgewachsen waren. Diesen Faden haben Hebbs Nachfolger weitergesponnen und festgestellt, dass eine stimulierende Außenwelt zu ganz konkreten Verbesserungen im Rattengehirn führt. Da bringt es einen schon ins Grübeln, dass immer mehr Kommunen dazu übergehen, Grundschulen in Baracken auf einem kleinen Asphaltplatz unterzubringen, ohne jede Form von guter Architektur, die für die Entwicklung der kindlichen Gehirne optimal wäre. Vielleicht sind schöne Opernhäuser doch nicht nur Angeberei? Mäuse und Ratten, an denen die meisten Versuche durchgeführt wurden, brauchen weder Opernhaus noch Opernarie, es reicht schon, ein paar Stöckchen unter die Streu in ihrem Käfig zu mischen, um ihre Umgebung reizvoller für sie zu gestalten. Durch eine stimulierendere Umgebung werden mehr Kontaktpunkte zwischen den Nervenzellen im Gehirn gebildet, und die Hirnrinde wird dicker – es scheint sogar so zu sein, dass mehr neue Nervenzellen entstehen. Vieles deutet auch darauf hin, dass äußere Stimuli, wie unsere Kultur sie in Form von Büchern, Theateraufführungen, Architektur und Interaktion mit anderen Menschen bietet, die Entwicklung von Demenz verzögert, einfach, weil man eine größere intellektuelle Reserve hat.

»Knorzel? Was für ein schöner Name! Genauso heißt du. Du sollst mein Kamerad sein, denn einen anderen habe ich nicht. Du und ich, wir sind jetzt Freunde«[*], sagte Lillebror, als er eine Wurzel fand, die genauso aussah wie ein kleiner Mensch. In Anne-Catharina

---

[*] Aus: Anne-Catharina Vestly, *Lillebror und der Knorzel*, Rascher 1966

Vestlys Kinderbüchern kommen mehrere Millionen Jahre Evolution des menschlichen Gehirns zum Ausdruck. Es sind nämlich gerade Kreativität und Vorstellungskraft, die uns von allen anderen Arten unterscheiden. Schimpansen finden keinen Stock, der aussieht wie ein Schimpanse, und spielen mit ihm, und Delfine suchen sich keine Steine auf dem Meeresgrund und freunden sich mit ihnen an. Wir sind Menschen, weil wir Fantasie haben.

Wenn du aus eigener Kraft auf neue Ideen kommst, bist du kreativ. Um kreativ zu sein, musst du kritisch, wählerisch und insgesamt intelligent sein. Den höchsten IQ deiner Schule brauchst du dagegen nicht zu haben, mit einem durchschnittlichen Gehirn kommst du auch ganz schön weit. Dafür ist der Vater der Popart, Andy Warhol, mit einem IQ von 86 das beste Beispiel. Unser Gehirn hilft uns, wie ich bereits ausgeführt habe, eine Menge Eindrücke, mit denen wir bombardiert werden, herauszufiltern, bevor sie unser Bewusstsein erreichen. In unserem Alltagsleben ist es wichtig, sich auf die gerade aktuelle Aufgabe zu konzentrieren, aber um kreativ zu sein, musst du dich für Eindrücke und Erinnerungen öffnen, die auf den ersten Blick nicht nützlich erscheinen. Dieser Prozess hilft dir, einen Bezug zwischen Dingen herzustellen, die normalerweise nichts miteinander zu tun haben.

Die heute üblichsten Bildgebungsverfahren, mit denen Kreativität erforscht wird, sind die Magnetresonanztomographie (MRT) und die Positronenemissionstomographie (PET). Mit einer speziellen Form der MRT kann man sehen, welche Regionen im Gehirn am stärksten durchblutet werden, wenn eine Versuchsperson eine bestimmte Art von Aufgaben löst, während man mit der PET feststellen kann, welche Teile des Gehirns am meisten Zucker verbrauchen. Bei manchen Aufgaben, die Motorik, Hautempfindungen und Sprache einbeziehen, sehen wir eine deutliche Funktionsverteilung im Gehirn. Bei Versuchen, mit denen Kreativität getestet wird, sehen wir, dass viele Bereiche der Hirnrinde beteiligt sind. Das leuchtet ein, weil Kreativität die Zusammenarbeit vieler verschiedener Fähigkeiten erfordert, die nicht alle an derselben Stelle lokalisiert sind, nicht einmal in derselben Gehirnhälfte. Es ist schwierig, wissenschaftliche Belege dafür zu finden, auch wenn es einzelne Nachweise gibt, dass Teile der präfrontalen Hirnrinde auf der rechten Seite eine zentralere Rolle für Kreativität spielen als die auf der linken Seite. Das kann einfach daran liegen, dass die rechte Gehirnhälfte, im Gegensatz zur linken, nicht von der Sprachregion dominiert wird. Auch wenn der rechte Teil der präfrontalen Hirnrinde am meisten beteiligt ist, tragen die restlichen Frontallappen auf beiden Seiten das Ihre bei, außerdem die linken und rechten Scheitellappen. Kreativität sitzt also in beiden Gehirnhälften.

MACHT MOZART KLUG?

Viele Studien haben untersucht, wie unser Gehirn von Musik beeinflusst wird. Macht es uns klüger, wenn wir Mozart hören? Eine Gruppe Studenten, die Aufgaben lösen sollte, für die räumliche Vorstellungskraft nötig war, erzielten in den ersten 15 Minuten, nachdem sie Mozart gehört hatten, bessere Ergebnisse. Als das bekannt wurde, lief alle Welt los und kaufte Mozart-Platten. Schwangere beschallten ihren Bauch mit Mozart, um schlaue Kinder zu bekommen, und der Gouverneur von Georgia ging sogar so weit, allen Neugeborenen im US-Bundesstaat eine CD mit klassischer Musik zu schenken. Manche meinten, Ratten würden ihren

Weg durch Labyrinthe schneller finden, wenn sie als Föten im Mutterleib Mozart gehört hätten. Mülldeponien spielten Mozart, um die Abfallberge schneller abzubauen. Nach einer Weile stellte sich heraus, dass andere Hirnforscher Probleme hatten, den Mozart-Effekt zu reproduzieren, den ihre Kollegen entdeckt haben wollten.

Heute ist der Mozart-Effekt vor allem dafür bekannt, dass eine ganze Industrie davon lebt, CD-Sammlungen mit angeblich besonders intelligenzfördernden Mozart-Werken sowie Unterrichtsmaterialien und Bücher zum Thema zu verkaufen. Besonders ein Stück wird immer gern hervorgehoben: die Sonate für zwei Klaviere, D-Dur, KV 448. Die Verfechter des Mozart-Effekts meinen, die Sonate harmoniere besonders gut mit den körpereigenen Rhythmen wie Gehirnwellen oder Puls. Einige kleinere Studien kommen zu dem Ergebnis, dass dieses Stück einen positiven Effekt auf eine Form von Epilepsie hat, die sich mit üblichen Epilepsiemedikamenten nur schwierig behandeln lässt. Auch wenn dies noch nicht ausreichend untersucht wurde, um als gesichert gelten zu können, hat Mozart wenigstens keine bekannten Nebenwirkungen. Alles in allem können wir also nicht behaupten, dass uns Mozart klüger macht, aber Musikunterricht im Allgemeinen scheint kleine Kinder schlauer zu machen. Was vielleicht nicht verwunderlich ist, da wir ja wissen, dass Kinder durch Lernen klüger werden. Da macht es vielleicht keinen so großen Unterschied, ob sie Rihanna oder Mozart auf der Blockflöte spielen.

Musik ist Identität. Welche Menschen hören am liebsten klassische Musik? Eigentlich müsste man eher fragen, welche Menschen *sagen*, dass sie klassische Musik hören, denn das ist es, was getestet wird. Britischen Forschern zufolge haben diejenigen, die sich als Liebhaber klassischer Musik bezeichnen, eine höhere Bildung und trinken mehr Wein als zum Beispiel Fans von Hip-Hop. Ist es nun so, dass klassische Musik zu höherer Bildung führt, oder legen Menschen mit hoher Bildung sich dieselben Gewohnheiten zu wie die Gruppe, mit der sie sich identifizieren?

Wir wissen ja, dass das Gehirn beeinflussbar ist, und natürlich wird es von Musik beeinflusst. Wie kann das, was für manche Lärm ist, für andere Musik sein? Dazu gibt es viele unbeantwortete Fragen, aber spannende Gemeinschaftsprojekte von Musikern und Hirnforschern zu diesem Thema sind in Arbeit.

Was wir allerdings wissen, ist, dass das Gehirn Gesang und Sprache nicht auf dieselbe Weise verarbeitet und dass beide Gehirnhälften zusammenarbeiten müssen, damit wir Musik als Musik wahrnehmen. Es ist tatsächlich möglich, dass man nach einer Hirnschädigung, beispielsweise einem Schlaganfall, die Fähigkeit zu sprechen verliert, aber weiterhin singen kann. Früher glaubte man, der Bereich für Musik befinde sich in der rechten Hirnhälfte. Inzwischen wissen wir, dass die linke Hirnhälfte beim Singen Text und Rhythmus kontrolliert, während die rechte Hirnhälfte sich um die Melodie kümmert. Die Schallwellen, die auf die Ohren treffen, werden zuerst von der Hörrinde in den Schläfenlappen ausgewertet. Die weitere Verarbeitung erfolgt in anderen Rindenbereichen beider Gehirnhälften. Eine ganze Reihe von Rindenregionen helfen uns dabei, Gehörtes zu erkennen und mit Sinn zu verbinden. Wir verstehen, dass wir Musik hören, und parallel dazu erzeugt das limbische System Gefühle, die darüber entscheiden, ob wir die Musik mögen oder nicht.

Musik hat Einfluss darauf, wie wir uns fühlen. Welche Art von Musik wir bevorzugen, hängt davon ab, was wir gerade tun und in welcher Stimmung wir sind. Ganz gleich, ob du AC/DC oder Mozart hörst – es übt eine Wirkung auf dein Gehirn aus, die wir bei anderen Tieren nicht finden. Wenn du Musik hörst, wird ein Teil der Basalganglien im Gehirn aktiviert, der Accumbenskern (siehe Abbildung 20, Seite 192). Der Accumbenskern ist auch das Zentrum von Liebe und sexuellem Verlangen. Wird er aktiviert, setzt eine Gruppe von Nervenzellen in deinem Hirnstamm den Belohnungsstoff Dopamin frei. Dieser Signalweg wird Belohnungsweg genannt. Dopamin wird ausgeschüttet, wenn ein Schokoholiker Schokolade und ein Fixer Heroin bekommt und wenn jemand dein neues Foto auf Instagram geliked hat. Du willst mehr davon. Die Menge an Dopamin, das freigesetzt wird, und das Glücksgefühl, das du empfindest, sind auch abhängig davon, wie überrascht du bist. Wenn du zum Beispiel über einen neuen Song stolperst, der dich sofort begeistert, wird mehr Dopamin ausgeschüttet, als wenn du einen deiner Lieblingssongs hörst, den du schon unzählige Male gehört hast.

Mehrere wissenschaftliche Artikel haben belegt, dass man monotone, langweilige Arbeiten besser erträgt und außerdem schneller erledigt, wenn man dabei Musik hört, wobei es nicht darauf ankommt, welche Art von Musik man bevorzugt. Wenn du etwas Neues lernen willst, solltest du allerdings den Pausenknopf drücken. Aufgaben, für die du deinen Verstand brauchst, erfordern Konzentration, wenn du also eine neue Sprache lernst oder versuchst, ein schweres Sudoku-Rätsel zu lösen, schaltest du die Musik am besten aus. In den letzten Jahren wurden mehrere Studien veröffentlicht, die zeigen, dass wir neue und schwierige Aufgaben schlechter bewältigen, wenn wir dabei Musik hören. Deshalb solltest du es dir zur Grundregel machen, beim Lernen die Kopfhörer abzusetzen, dich zu konzentrieren und nicht ablenken zu lassen.

Operationsschwestern in meinem Krankenhaus haben erzählt,

dass ein früherer Kollege von mir im OP-Saal gerne Musik hörte, während er Gehirnoperationen durchführte. Wenn du gut bist in dem, was du tust, funktioniert Musik durchaus auch bei anspruchsvollen Aufgaben. Eine Studie im *Journal of the American Medical Association* wies nach, dass Chirurgen, die selbst ausgewählte Musik hören durften, schneller und genauer arbeiteten, als wenn völlige Stille herrschte. Mehrere andere Studien sind zu ähnlichen Ergebnissen gekommen. Der Zauber der Musik entfaltet seine Wirkung, wenn du ein Experte auf deinem Gebiet bist.

Wenn du deine Lieblingsmusik hörst, unabhängig davon, welche Art von Musik du magst, bist du weniger angespannt. Meine jüngere Schwester hört Heavy Metal beim Lernen. Sie schwört drauf. Wenn du ernsthaft arbeiten willst, solltest du zumindest Musik aussuchen, die du schon öfter gehört hast. Neue Musik trägt dazu bei, dass sehr viel Dopamin im Gehirn ausgeschüttet wird, was dazu führen kann, dass du mehr auf die Musik achtest als auf die Arbeit, die du zu erledigen versuchst. Halte dich an deine Lieblings-Playlist, wenn du lernst oder arbeitest. Willst du etwas Neues hören, dann suche dir Musik mit wenig oder gar keinem Text aus. Instrumentalmusik fördert die geistige Leistungsfähigkeit mehr als Musik mit Text. Wenn du kreativ arbeiten willst, kann sich ein bisschen Hintergrundlärm offenbar günstig auswirken. Vielleicht bietet sie so viel Ablenkung, dass du dich schneller entscheidest und erfindungsreicher bist?

DERSELBE ALLMÄCHTIGE GOTT

Kultur ist nicht immer Religion, aber Religion ist immer Kultur, sagt man. Religion gibt es nur beim Menschen, und fast alle Kulturen haben eine oder mehrere Religionen.

Manche behaupten, Religion diene der Kulturgemeinschaft, indem sie Ahnen, Geister und Götter als ewige Kontrollinstanzen in das soziale Netzwerk einflechtet, um den menschlichen Egoismus im Zaum zu halten. In einem solchen Erklärungsrahmen werden die Götter fast als überbeschützende und mächtige Eltern dargestellt, die alles sehen und hören, was man denkt und tut. Um der Strafe zu entgehen, muss man gewisse Hausregeln beachten.

Während die Griechen in der Antike olympische Spiele veranstalteten, hielten die Wikinger große Feste ab, bei denen sie Tiere opferten und Häuserwände und sich selbst mit Blut besprtitzten. Wie können Gehirne, die so gleich sind, überall in der Welt so verschiedene Kulturen erschaffen? Wir haben eine Tendenz, uns auf die Unterschiede zu konzentrieren, auch wenn die Kulturen sich eigentlich ähneln. Auch die Griechen opferten Tiere. Beide Kulturen konsumierten während der Opferrituale reichlich Alkohol: Die Wikinger tranken Bier und die Griechen Wein. Und was war mit den Göttern, die sie verehrten? Die Götter der ältesten Religionen, die wir kennen, waren oft mit wichtigen Ereignissen oder Phänomenen verbunden, die die Menschen nicht verstanden. Gewitter zum Beispiel hat uns schon immer sehr beeindruckt. Die Wikinger schrieben es dem Donnergott Thor zu, der seinen Hammer schwingend in einem von zwei Ziegenböcken gezogenen Wagen über das Himmelsgewölbe fuhr. Die Römer glaubten, es seien Kämpfe, bei denen Göttervater Jupiter Blitze schleuderte. Für die Griechen war es Zeus, der über Blitz und Donner gebot, nachdem die Zyklopen ihm den Donnerkeil geschenkt hatten. Die Inder glaubten, dass der Sturmgott Indra mit einem Knüppel Blitze hervorrief, während er in einem goldenen Wagen über den Himmel gezogen wurde. Indra wird auch oft auf einem weißen Elefanten dargestellt. Auch, wenn die nordischen Gegebenheiten es nicht zulassen, dass Thor auf Elefanten reitet, hat das Gehirn doch Geschichten erschaffen, die hier bei uns und im exotischen Indien einander verblüffend ähnlich sind. Die vielen Göttersagen der altnordischen und der griechischen Mythologie sind im Laufe der Zeit verblasst, und neue Götter sind an ihre Stelle getreten. Manche Religionshistoriker behaupten sogar, dass der Gott des Judentums ursprünglich ein Vulkangott gewesen sei, der über Blitz und Donner regierte. Das war *der* Gott – Jahwe auf Hebräisch und Allah auf Arabisch. Derselbe allmächtige Gott. Anscheinend funktioniert das menschliche Gehirn überall auf der Welt ziemlich ähnlich. Trotz allem.

VERSCHIEDENE KULTUREN, GLEICHE GESCHICHTEN

Das menschliche Gehirn denkt sich weltweit auch dieselben Handlungen in Mythen und Märchen aus. Allerdings sind die Geschichten gefärbt durch das Umfeld, in dem sie erzählt werden. Das Märchen von Aschenputtel ist hier ein klassisches Beispiel. Die Variante, die von den Brüdern Grimm aufgeschrieben wurde, war der deutschen Feudalgesellschaft angepasst, mit Bürgern und einem Ball im Königsschloss, während die Kari Trestakk der bäuerlichen norwegischen Gesellschaft den Königssohn vor der Kirche trifft. Von ihrer bösen Stiefmutter in ein Dasein als Magd gezwungen, nimmt sie die Hilfe eines guten Geistes an – in der Grimm'schen Fassung ein Vogel, in der Variante der norwegischen Märchensammler Asbjørnsen und Moe ein Ochse und in der französischen Version von Charles Perrault eine gute Fee. Die französische Version war übrigens auch die Vorlage für Walt Disneys »Cinderella«. Gemeinsam ist allen Geschichten, dass Aschenputtel nach dem Treffen mit dem Prinzen einen Schuh verliert und der Prinz erklärt, er wolle diejenige heiraten, die einen so kleinen Fuß habe, dass er in den Schuh passe. In allen Versionen hat Aschenputtel geradezu winzige Füße, weshalb sie auch die Einzige ist, der der Schuh passt. Und falls es noch Zweifel geben sollte: Aschenputtel und der Prinz heiraten und leben glücklich bis ans Ende ihrer Tage, in allen Geschichten.

DAS ABSTRAKTE VERSTEHEN

Können abstrakte Strichzeichnungen und geometrische Figuren Kunst sein? Dreiecke, Halbkreise und gestrichelte Linien werden bei Pablo Picasso zum Motiv aus dem spanischen Bürgerkrieg. In seinem Werk *Guernica* kann ein asymmetrisches Dreieck als ein Gesicht interpretiert werden, ein Kringel als Ohr und zwei runde Formen mit Punkt als Augen – die sich beide in der linken Gesichtshälfte befinden. Würde ich Geschöpfe wie diese im wirklichen Leben sehen, bekäme ich schreckliche Angst! Wenn ich *Guernica* betrachte, sehe ich Mitmenschen in Not.

Wir begreifen, wie komplex unser Gehirn ist, wenn wir bildende Kunst, Musikstücke und Plastiken interpretieren und verstehen können.

VERRÜCKT ODER GENIAL

Unser Gehirn ist tatsächlich so komplex, dass Fehlschaltungen vorkommen können. Wir kennen das Problem von allerlei technischen Gerätschaften: je komplexer, desto fehleranfälliger. Auf dieselbe Komplexität wird oftmals bei der Frage hingewiesen, ob die kreativsten Künstler nun verrückt oder genial seien. Und die Antwort ist: sowohl als auch. In der Regel sorgt unser Gehirn dafür, dass wir die Informationen über die Geschehnisse um uns herum in angemessenen Portionen erhalten. Die Hirnrinde siebt die Informationen, und der Thalamus, der an der Spitze unseres Hirnstamms sitzt, hilft fleißig mit (siehe Abbildung 1, Seite 19). Das ermöglicht uns, die Botschaft in dem, was gesagt wird, zu verstehen, ohne jedes einzelne Wort analysieren zu müssen. Ohne dieses Filtersieb wäre es ein Albtraum, beispielsweise durch ein Einkaufscenter zu gehen, aber da das Gehirn uns diese Hilfe gibt, können wir mitten im Stimmengewirr einer Menschenmenge ein Gespräch führen, während auch noch aus jedem Laden andere Musik wummert.

Der Thalamus ist allerdings ein primitiver Geselle; er löst seine Aufgabe, wie er es immer schon getan hat, und trägt so dazu bei, dass viele von uns ein ganz ähnliches Weltbild haben. Nun haben schwedische Wissenschaftler jedoch gezeigt, dass der Thalamus uns helfen kann, kreativer zu sein, indem man ganz einfach das Sieb weniger feinmaschig einstellt. Wenn mehr Informationen durchrutschen, können wir Details und Gefühle wahrnehmen, die wir bisher nicht wahrgenommen haben, und vielleicht die Welt mit neuen Augen sehen. Die schwedischen Forscher fanden heraus, dass kreative und schizophrene Menschen weniger Rezeptoren für den Belohnungsstoff Dopamin in ihrem Thalamus haben als gesunde Versuchspersonen. Die Studie war nicht groß genug, um sichere Schlussfolgerungen ziehen zu können, aber es könnte ein erster Schritt sein, besser zu verstehen, warum manche Menschen kreativer sind als andere.

Manchmal jedoch wird unser Gehirn ein bisschen zu kreativ. Dann kann es uns dazu bringen, mit Leuten zu reden, die nicht da sind, und Dinge zu sehen, die es nicht gibt. Der niederländische Maler Vincent van Gogh malte einige seiner bahnbrechendsten Bilder, während er sich in einer Nervenheilanstalt befand, und unser Edvard Munch sagte von sich selbst, dass seine schwache Gesundheit und sein nervöses Temperament Voraussetzung für seine Kunst seien. *Der Schrei* wäre nie entstanden ohne Munchs Angst, und wäre van Gogh nicht psychisch krank gewesen, hätte es die *Sternennacht* nie gegeben.

9 ESSEN MIT KÖPFCHEN

Vergiss die Geschmacksknospen. Wir sind mit dem Wissen aufgewachsen, dass wir Geschmacksknospen für Süß, Salzig, Sauer, Bitter und Umami, was für Fleischgeschmack steht, auf der Zunge haben. Vielleicht sitzen Geschmacksrezeptoren für Süßes auch im Darm, und vielleicht ist der Geruch wichtiger für den Geschmack als die Geschmacksknospen? Wenn wir das Gehirn dabei außer Acht lassen, ist das alles jedoch uninteressant. Ohne Gehirn können wir nämlich weder riechen noch schmecken. Geschmacksknospen allein, ob sie nun auf der Zunge, im Gaumen oder im Darm sitzen, verschaffen uns kein Geschmackserlebnis. Geschmack und Geruch entfalten erst dadurch ihre Wirkung, dass sie als Sinnesreize vom Gehirn verarbeitet werden. Erst dann schmecken wir etwas. Dein Gehirn entscheidet, was du in den Mund stecken möchtest und was lieber nicht. Du isst mit dem Gehirn.

ESSGEWOHNHEITEN UNSERER VORFAHREN

Warum essen wir alle dann nicht vernünftiger, wenn es doch so ist, dass unser Gehirn die Auswahl trifft? Warum ist jeder Einkauf im Supermarkt ein Kampf gegen die Versuchung, sich mit Kartoffelchips und Schokolade einzudecken? Der ältere und primitivere Teil des Gehirns weckt in dir das Verlangen nach Süßem und Salzigem, und er denkt sich Entschuldigungen aus, warum du dir gerade heute ein bisschen was Gutes gönnen solltest. Wenn du das nächste Mal solche Gelüste verspürst, kannst du dich bei deinen Vorfahren dafür bedanken. Evolutionär gesehen war es günstig, dass wir nach salziger Nahrung gierten, da uns dies die nötigen Mineralien verschaffte, während unser Verlangen nach Fleischgeschmack uns mit genügend Proteinen versorgte. Und es war sinnvoll, dass wir nach fettreicher und süßer Nahrung verlangten, damit wir unsere Energievorräte für karge Zeiten auffüllen konnten. Zucker gibt uns nicht nur mehr Energie, er hilft uns auch, Fett zu speichern. Für unsere Ahnen war das Ansetzen von Fettreserven ein Vorteil, kein Gesundheitsrisiko. Schließlich war die Ausbeute einer Jagd wesentlich weniger vorhersagbar als ein Einkauf im Supermarkt um die Ecke.

Dank deiner Hirnrinde, vor allem der hinter der Stirn, hast du dennoch die Willenskraft, der Versuchung zu widerstehen. Mit Hilfe des Gedächtnisses erinnert sie dich daran, was wir alle gelernt haben: Schokolade und Kartoffelchips sind nicht gesund. Wissen ist der Schlüssel zum Sieg über den Hunger nach Süßem und anderem ungesundem Zeug.

ESSEN UND SEX

Der bekannte norwegische Neurologe Are Brean beginnt viele seiner Vorträge mit der Bemerkung, dass Menschen abhängig von zwei liminalen Aktivitäten seien, das heißt Aktivitäten, bei denen wir etwas in Körperöffnungen stecken. Beide Aktivitäten sind essentiell fürs Überleben: Essen sorgt dafür, dass das Individuum überlebt, während Sex das Überleben der Art sichert. Etwas in den Körper einzuführen ist allerdings riskant. Unser Gehirn hat mehrere Millionen Jahre Erfahrung darin, auszuwählen, was wir in uns hineinstecken. Das Gehirn will sicherstellen, dass es einerseits nichts Giftiges und andererseits so nahrhaft wie möglich ist.

Bei der Entscheidung darüber, was dem Körper gefahrlos zugeführt werden kann, spielt der Geruch eine wichtige Rolle. Unser Geruchssinn wird oft zu Unrecht diskreditiert. Er ist nicht so schlecht, wie wir glauben, und er hilft dem Gehirn ganz entscheidend dabei, Nahrungsmittel auszusortieren, die uns schaden können. Der Geruchssinn ist tatsächlich über 400 000 000 Jahre alt und stellt die größte Genfamilie in unserem Erbgut dar. Trotzdem haben Hunde zweimal mehr Geruchsgene in ihrem Erbgut als wir. Doch auch wenn Hunde doppelt so gut riechen können, riechen wir in vieler Hinsicht mehr, da wir ein höher entwickeltes Gehirn haben, das die Geruchseindrücke besser auswertet. Wir riechen mehr als »Nahrung«, »potenzieller Partner« und »Konkurrent im Revier«. Wir riechen »Weihnachten«, »Frühling« und »Mittsommerfest«.

Geruch und Aussehen helfen dem Gehirn bei der Auswahl von Essbarem, das uns nicht vergiftet. Schimmelgeruch und der Anblick von blaugrünem Käse lassen bei den meisten von uns die Alarmglocken schrillen. Das Gehirn gibt uns jedoch die Möglichkeit zu lernen. Jeder, der schon einmal Blauschimmelkäse gegessen hat, weiß das. Oder Rakfisk, vergorene Forelle. Leute, die Rakfisk mögen, stürzen sich nicht generell auf jedes verdorbene Essen, sondern sie haben gelernt, dass dieses eine Gericht, hergestellt unter kontrollierten Bedingungen, ihnen nicht schadet – trotz des fauligen Gestanks.

WORÜBER DAS GEHIRN JUBELT

Ernährungsgewohnheiten, die uns heute Wohlstandskrankheiten bescheren, waren in evolutionärer Hinsicht die Ursache für unser hochentwickeltes Gehirn und damit auch der Grund, warum der Mensch es in der Welt so weit gebracht hat. Das Gehirn ist teuer im Unterhalt. Unsere Urahnen aßen relativ energiearme Nahrung wie Gemüse, Pflanzen und Früchte. Hätten sie ein ebenso großes Gehirn gehabt wie der moderne Mensch, hätten sie fast den ganzen Tag essen müssen. *Homo habilis*, den wir im Evolutionskapitel kennengelernt haben, beherrschte das Feuer und konnte deshalb Fleisch verzehren, ohne fürchten zu müssen, an Infektionen zu sterben. Außerdem führt die Wärmebehandlung von Nahrung zu einem dramatischen Anstieg an Energie, die sich daraus gewinnen lässt. Das war die Grundlage dafür, dass der Energiebedarf mit weniger Mahlzeiten gedeckt werden konnte, was wiederum mehr freie Zeit bedeutete. Das Gehirn wächst nicht allein durch hohe Energiezufuhr; Zeit ist auch eine wichtige Voraussetzung, um dem Gehirn mehr Stimuli zu bieten, als es das Abgrasen von Grünzeug darstellt. Von den ersten Frühmenschen bis hin zum *Homo sapiens*, unserer heutigen Art, ist das Gehirn ständig gewachsen, zum Großteil dank einer ständig steigenden Energiezufuhr in Form von energiereicher Nahrung. Deshalb wird auch das Belohnungszentrum in unserem Gehirn aktiviert, wenn wir fettreiches Essen zu uns nehmen.

Das Gehirn ist also ein hungriger Geselle. Die klügste Art der Welt zu sein kostet ganz schön was. Das Gehirn ist, im Verhältnis zu seinem Gewicht, das Organ mit dem höchsten Energiebedarf.

Es liebt deshalb alles, was wir in uns hineinschaufeln, sofern es Energie daraus ziehen kann. Dass das Gehirn jedes Mal im Glückshormon Dopamin schwimmt, wenn wir zucker- und fettreiche Nahrung zu uns nehmen, liegt daran, dass der alte Teil unseres Hirns immer noch glaubt, dies sei Mangelware. Fett und Zucker bedeuten für ein hungriges Gehirn schnelle Energie. Es glaubt, ihm sei damit gedient, dass es uns danach verlangen lässt. In dem Punkt ist es nicht auf der Höhe der Zeit. Das Gehirn ist ein Produkt der Evolution, und die ist ein langsamer Prozess.

In der westlichen Welt haben wir Fett und Zucker im Überfluss. Indem das ältere Gehirn einen ungesunden Lebensstil belohnt, schadet es dem modernen Menschen mehr, als dass es ihm dient. Zum Glück haben wir jüngere, anpassungsfähige Teile des Gehirns, die lernen können. Wir haben gelernt, was gesund und was ungesund für uns ist. Selbst, wenn das Belohnungszentrum im Gehirn ein so heftiges Verlangen nach Süßem in uns auslösen kann, dass es einer Sucht gleichkommt, können wir dem Drang widerstehen. Der evolutionsgeschichtlich jüngere Teil unseres Gehirns kann den älteren, primitiveren Teil übertrumpfen. Darüber sollten wir froh sein. Wäre es nicht so, wären wir alle übergewichtige Sklaven der Lebensmittelindustrie.

Das Essen, das die primitiveren Teile unseres Gehirns glücklich macht, verdirbt nicht nur die Zähne und die Bikinifigur, sondern schadet auch dem Gehirn selbst. Fett setzt sich als Plaques in den Blutgefäßen des Körpers ab und natürlich auch in den Adern, die das Gehirn mit Blut versorgen. Löst sich eine dieser Ablagerungen, bekommt man einen Schlaganfall. Viele winzig kleine Hirnschläge sind, wie bereits erwähnt, außerdem die Ursache für eine bestimmte Art von Demenzkrankheit: die vaskuläre Demenz.

IM RAUSCH DER NASCHEREIEN

Kurzfristig ist das Gehirn glücklich, langfristig braucht es immer mehr Salz, Zucker und Fett, um diesen Zustand zu erreichen. Wir vermissen das Glücksgefühl und stopfen in uns hinein, wonach das Gehirn verlangt. Dann hat der Weg in die Abhängigkeit bereits begonnen.

Hoher Zuckerkonsum führt auf dieselbe Weise wie Drogenmissbrauch zu einer konstanten Ausschüttung von Dopamin durch eines der Hauptzentren des Belohnungssystems: den Accumbenskern (siehe Abbildung 20, Seite 192). Ernährst du dich ungesund, sinkt der Dopaminspiegel unter das Normalniveau ab, und du brauchst ständig neuen Nachschub an fett- und zuckerreichem Essen, um allein schon das Normalniveau zu halten. Das muss aber nicht immer so bleiben. Isst du weniger davon, lässt dein Verlangen mit der Zeit nach. Für viele dürfte es einfacher sein, auf Kuchen ganz zu verzichten, als sich mit einem kleinen Stück zu begnügen. Denn wenn du dieses eine Stück nimmst, merkst du wieder, wie schön es ist, wenn das Gehirn Dopamin ausschüttet, und du bekommst Lust auf mehr. Isst du dagegen ständig Kuchen, hat ein kleines Kuchenstück nicht denselben Effekt. Ein Gehirn, das mit Glückshormonen überstimuliert wird, versucht ein Gleichgewicht zu schaffen, indem es auf freigesetztes Dopamin weniger stark reagiert. Mit dem Ergebnis, dass ständig mehr ungesunde Nahrung zugeführt werden muss, um dasselbe Belohnungsgefühl zu erreichen. Vielleicht bist du sogar unglücklich und gereizt, wenn du nicht das Essen bekommst, das für eine Dopaminorgie in deinem Kopf sorgt.

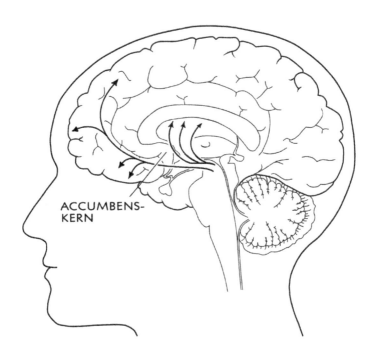

Abbildung 20. Das Belohnungssystem im Gehirn besteht aus Nervenzellnetzwerken, in denen der Belohnungsstoff Dopamin als Botenstoff wirkt. Die Dopaminsignale breiten sich von der Hirnmitte zu den Basalganglien, zum limbischen System und zur Hirnrinde aus. Die Dopaminsignale, die zum limbischen System gehen, passieren den Accumbenskern, der wichtig für Liebe, Belohnung und Verlangen ist.

LEBENSMITTELKONZERNE UND DIE NEUROWISSEN-SCHAFT

Von allen Ingredienzen sind es Zucker, Salz und Fett, nach denen unser Verlangen am größten ist. Das ist der Lebensmittelindustrie bestens bekannt. Sie reichert ihre Produkte in zunehmendem Maße mit genau diesen drei Zutaten an, damit unser Belohnungssystem im Kopf in Ekstase gerät und immer mehr Nachschub fordert. Unser Hunger auf Süßes, Salziges und Fettiges ist sowohl angeboren als auch angelernt. Oft haben unsere Eltern uns beigebracht, dass Süßigkeiten eine Belohnung sind. »Wenn du ohne Murren deine Hausaufgaben machst, gibt es zum Nachtisch Schokoladenpudding«, so oder ähnlich kennen das wohl alle Kinder. Das kann allerdings unbewusst zu schlechten Ernährungsgewohnheiten führen, da wir dann auch als Erwachsene Essen als Belohnung empfinden.

Selbst, wenn die Lebensmittelindustrie es gelegentlich schafft, dass unser Gehirn sich gegen uns wendet, ist es doch fantastisch eingerichtet. Es hat nicht nur die Fortentwicklung der menschlichen Art gesichert, indem es uns dazu gebracht hat, möglichst nahrhaftes Essen auswählen, es hilft uns auch dabei, einen abwechslungsreichen Speiseplan einzuhalten. Das Gehirn sagt uns nämlich, dass wir satt sind, wenn wir zu viel von einer Sorte essen. Diese Reaktion wurde allerdings von der Lebensmittelindustrie teilweise ausgetrickst: Wie man herausfand, löst ein Lebensmittel, das keinen prägnanten Geschmack hat, im Gehirn kaum Sättigungsgefühl aus. Mamas Elchbraten mit selbstgemachter brauner Soße schmeckt unendlich viel besser als ein Hamburger, aber während ich problemlos einen 150 Gramm schweren Hamburger verputzen könnte, würde ich nie so viel Elchfleisch essen, auch wenn es gesünder ist. Das Stopp-Signal vom Gehirn kommt nicht so schnell, wenn man einen Hamburger isst, weil der keinen deutlichen Eigengeschmack und vor allem überhaupt keinen Nachgeschmack hat. Unser Gehirn will, dass wir uns abwechslungsreich ernähren, aber die Lebensmittelindustrie kommt zu dem Schluss, dass langweiliges Essen verführerisch ist. Mit diesem Wissen im Hinterkopf kann man allerdings eine vernünftigere Auswahl an Speisen treffen.

Ein Fleischklops im Brötchen fühlt sich wenigstens noch an wie Essen, während man bei verschiedenen anderen Produkten, beispielsweise Kartoffelchips oder Eis, das Gefühl hat, man könne unendlich viel davon verdrücken, obwohl man damit leicht ebenso viele Kalorien zu sich nimmt wie mit einem Hamburger. Das Gehirn reagiert nämlich nicht nur auf die Gesamtmenge an zugeführter Energie, sondern auch auf eine Reihe anderer Faktoren. Wenn das, was du isst, rasch auf der Zunge schmilzt, glaubt das Gehirn, dass du weniger zu dir nimmst, als du es tatsächlich tust. Was Limonade so gefährlich für uns macht, ist nicht in erster Linie die Kalorienmenge, sondern in welcher Form wir diese Kalorien verzehren. Das Gehirn ist weniger wachsam, wenn die Kalorien als Getränk daherkommen.

Und das Ergebnis? Du nimmst mehr Energie zu dir, als du brauchst. Daran sind nicht nur deine Essgewohnheiten schuld. Wenn du Alkohol trinkst, ist die Wahrscheinlichkeit größer, dass du dir fettreiches Essen aussuchst, und fettreiches Essen wiederum erhöht die Chance, dass du Alkohol dazu trinkst.

WERBUNG

Damit wir nicht nur passive Verbraucher sind, die einfach in sich hineinstopfen, was pfiffige Marktstrategen ihnen vor die Nase halten, sollten wir ein bisschen was über das Gehirn wissen. Die besten Marktstrategen wissen viel über das Gehirn. Robert Woodruff, einer der Chefs von Coca-Cola, erzählte einmal, seine glücklichste Kindheitserinnerung sei, wie er das erste Mal mit seinem Vater ein Baseballspiel besucht habe. Und was hat er bei diesem Spiel getrunken? Eine eiskalte Cola. Die eiskalte Cola wurde zu einem Bestandteil seiner glücklichen Erinnerung. Coca-Cola dachte sich die Strategie aus, immer und überall dabei zu sein. Die Idee war, an all den Orten zugegen zu sein, wo sich besondere Momente in deinem Leben ereignen. Cola sollte ein Teil dieser Momente werden. Die Strategie ging auf. Das Gehirn hat die Tendenz, mehrere Aspekte einer Erinnerung miteinander zu verknüpfen. Cola wurde mit guten Erinnerungen assoziiert.

Unablässig wird versucht, unsere Entscheidung für Lebensmittel durch Werbung zu manipulieren. Im Grunde handelt alle Werbung von Neurowissenschaft und Psychologie. Werbung funktioniert nicht, wenn sie unser Gehirn und unsere Art zu denken nicht beeinflusst.

Kleine Kinder sind naiv. Sie glauben an den Weihnachtsmann, weil ihre Eltern sagen, dass es ihn gibt, und sie glauben, sie müssten Kellogg's »Frosties« essen, um stark zu werden, weil Tony, der Tiger, das sagt. Als ich Kind war, gab es bei uns nur *NRK* als einzigen Fernsehsender, deshalb habe ich mir meine Naivität ohne den Werbeeinfluss der privaten Sender lange bewahrt. Ich schäme mich immer noch, wenn ich daran denke, wie viel ich gekauft habe, als ich das erste Mal eine Teleshopping-Sendung sah. Zum Glück lernt man dazu, und erwachsene Verbraucher fallen inzwischen nicht mehr so leicht auf offensichtliche Reklame oder Verkaufstricks herein.

Allerdings ändern sich die Zeiten. Die Marketingkampagnen, denen wir uns heute gegenübersehen, richten sich nicht mehr an alle Kunden einer Handelskette, sondern wenn du Mitglied eines Kundenklubs bist, erhältst du speziell auf dich zugeschnittene Werbung. Da immer mehr Informationen aus verschiedenen Quellen über dich gesammelt werden, kann es passieren, dass dir gerade dann Werbung für Kartoffelchips und Limonade präsentiert wird, wenn dein Lieblingsfußballverein spielt, oder für Fertigkuchen, Schokolade und Luftballons, wenn dein Sohn Geburtstag hat. Gegen diese Art von Werbung haben wir nur wenige Verteidigungsmechanismen, und eben das ist auch der Grund, warum die Werbeagenturen viel Zeit und Geld investieren, um so viele Informationen wie möglich über ihre Zielgruppe zu erhalten: je weniger Abwehrmechanismen, desto mehr Umsatz. Wie viel und was wir zu Hause auf den Tisch bringen, wird zum Wettlauf zwischen der Einflusskraft der Werbekampagnen und der Widerstandskraft des Gehirns. Indem wir uns bewusst machen, wie und wodurch wir beeinflusst werden, geben wir unserem Gehirn einen Vorsprung.

Die Lebensmittelindustrie weiß, dass der Geschmack nur ein Bruchteil des Gesamterlebnisses ist, nach dem wir suchen. Millionensummen werden dafür aufgewendet, dass die Lebensmittel, die uns verführen sollen, die perfekte Konsistenz haben. Würstchen beispielsweise sollen knackig sein, wenn man hineinbeißt, und französische Makronen außen knusprig und innen weich. Viele

Limonadensorten wären kaum wiederzuerkennen, würde man den Kohlensäuregehalt ändern. Das »Mundgefühl« der Lebensmittel ist wichtiger, als wir glauben. Außerdem kann schon ihr Duft genügen, um Verlangen danach zu wecken. Gerüche sind, wie wir gesehen haben, eng mit unserem Gedächtnis verknüpft. Es gibt keine bessere Werbung für frische Brötchen als der Duft, wenn sie aus dem Ofen kommen. Da läuft einem schon bei dem Geruch das Wasser im Mund zusammen.

Wasser im Mund ist auch kein unwesentlicher Punkt. Die Fähigkeit mancher Produkte, unseren Speichelfluss anzuregen, ist wichtig. Speichel bewirkt nämlich, dass sich das Essen im Mund verteilt und die Geschmacksknospen besser bedeckt. Dadurch werden stärkere Signale zum Gehirn gesendet. Da die Lebensmittelproduzenten wissen, wie wichtig Feuchtigkeit im Essen für das Geschmackserlebnis ist, verwundert es nicht, dass Soßen und Dressings gängige Zutaten sind. Und dass wir das gut finden, ist auch kein Wunder. Schokolade hat einen Schmelzpunkt, der in etwa bei Körpertemperatur liegt, weshalb sie auf der Zunge zergeht und so unsere Speichelproduktion ankurbelt. Außerdem enthält sie eine genau ausbalancierte Mischung aus Fett, Zucker und Stärke, damit sie uns schmeckt.

GESCHMINKTE LEBENSMITTEL

Eigentlich ist es ein Wunder, dass wir das Aussehen von Schokolade gut finden. Hätte man Schokolade in unserer heutigen Zeit auf den Markt gebracht, wäre die Lebensmittelindustrie wohl nicht davon ausgegangen, dass wir lernen, braune Klumpen mit etwas

Leckerem zu verbinden. Gut möglich, dass man der Schokolade künstliche Farbstoffe zugesetzt hätte, um das Gehirn des Kunden nicht zu unglücklichen Assoziationen anzuregen. Kräftige Farben erregen Interesse und lassen kräftigen Geschmack erwarten. Aber auch diejenigen unter uns, die Süßigkeiten meiden und möglichst gesund essen, entgehen dem Aufhübschen von Lebensmitteln nicht. Feinbrote werden »geschminkt«, indem man dem Teig Malz zusetzt, damit die Krume dunkler und gröber wirkt. Die Lachszuchtbetriebe haben eigene Farbkarten, wie rosa oder rot der Lachs sein soll. Während das Fleisch von Wildlachsen rosa ist, weil die Tiere Krabben und kleine Krebse fressen, ist das Fleisch von Zuchtlachsen weiß. Durch Zugabe des synthetisch hergestellten Stoffes Astaxanthin in veränderlichen Mengen kann die Zuchtwirtschaft für manche Länder roten Lachs und für andere Länder rosafarbenen Lachs produzieren – alles nur, um die Erwartungen der Verbraucher zu befriedigen, die gelernt haben, dass Lachsfleisch rosa oder rot zu sein hat, nicht weiß.

Wenn wir etwas essen, worauf wir Lust haben, sei es gesund oder ungesund, empfinden wir eine Art Glücksgefühl, das von unserem Belohnungsstoff im Gehirn erzeugt wird: Dopamin. Viele Teile des Gehirns arbeiten zusammen, um zu beeinflussen, worauf wir Lust haben. Amygdala und Hippocampus sorgen gemeinsam dafür, dass wir uns an das gute Gefühl erinnern, als wir uns letztes Mal einen saftigen Hamburger oder knusprige Kartoffelchips gegönnt haben, und die Insula hilft mit, den Belohnungseffekt zu verstärken. Der Frontallappen setzt das Ganze in einen Zusammenhang und erzählt dir, dass du – weil du so viel gearbeitet hast und so erschöpft bist – die Belohnung verdient hast, die dir diese Art von Essen gibt. Oder er sagt dir, dass du in der letzten Zeit viel zu viel von dem Junkfood in dich hineingestopft hast und jetzt etwas von dem gesunden roten Lachs kaufen musst.

KÜNSTLICHES SÜSSEN TÄUSCHT DAS GEHIRN NICHT

Wenn du Zucker isst, wird nicht nur der Belohnungsstoff Dopamin ausgeschüttet, sondern auch das Hormon Leptin, das den Appetit reguliert. Leptin sagt dir, wann du satt bist oder eine bestimmte Menge Kalorien zu dir genommen hast. Was aber passiert, wenn du etwas Süßes isst, das fast keine Kalorien enthält? Das Belohnungssystem des Gehirns wird auch durch künstlichen Süßstoff aktiviert, aber es gibt nichts, was es wieder deaktiviert, da die Kalorienzufuhr so gering ist. Künstlicher Süßstoff gaukelt dir vor, dass du Zucker zu dir nimmst, aber da der Zucker ausbleibt, verlangt dein Gehirn immer noch mehr, was dazu führt, dass du eine unbändige Lust auf Kohlenhydrate verspürst. Pepsi Max ist also nicht unbedingt ein guter Ersatz, wenn der Heißhunger nach Süßem an die Tür klopft; es kann ganz im Gegenteil das Verlangen noch verstärken.

SCHOKOHOLIKER IM MUTTERLEIB?

Falls deine Mutter viel Knoblauch gegessen hat, als sie mit dir schwanger war, hast du selbst wahrscheinlich auch früh angefangen, Knoblauch zu mögen. Der Fötus kann bereits ziemlich früh schmecken und riechen. Das Fruchtwasser, das ihn umgibt, enthält die Geruchs- und Geschmacksstoffe dessen, was die Mutter gegessen hat. Erwachsene Versuchspersonen, die an Fruchtwasserproben von Schwangeren rochen, die eine Stunde zuvor eine Knoblauchpille geschluckt hatten, konnten tatsächlich den Knoblauchgeruch wahrnehmen. Geschmack und Geruch, der dir vertraut ist, gefällt dir. Kinder von Müttern, die in der Schwangerschaft und während der Stillzeit viel Karottensaft getrunken hatten, mochten gerne Karotten. Die Vorliebe für einen Geschmack kann man lernen, und das Gehirn lernt schon im Mutterleib.

Bestimmte Geschmacksrichtungen zu mögen ist uns also nicht nur angeboren, sondern wir scheinen sie sogar schon vor unserer Geburt zu bevorzugen. Nachdem eine Schwangere etwas Süßes gegessen hat, sieht man, dass der Fötus mehr Fruchtwasser schluckt, als wenn sie etwas Bitteres gegessen hat. Auch Säuglinge, die nie etwas anderes gekostet haben als Muttermilch, mögen Zucker oder Zuckerwasser sofort beim ersten Schmecken. Säuglinge, die im Krankenhaus aus einer Narkose aufwachen und schreien, können beruhigt werden, indem man ihren Schnuller in ein wenig Zuckerwasser taucht. Das heißt nicht, dass es empfehlenswert ist, weinende Kleinkinder mit Zuckerwasser ruhigzustellen, aber es verdeutlicht einen wichtigen Punkt.

Salz wirkt nicht auf dieselbe Weise. Säuglinge sollen möglichst überhaupt kein Salz bekommen, und sie mögen es auch nicht. Man kann Kinder allerdings dazu erziehen, Salz in immer größeren Mengen zu akzeptieren. Mit der Verbreitung von Fertiggerichten ist der Salzkonsum der Durchschnittsbevölkerung in die Höhe geschossen, und heute gilt Salz als Sündenbock für hohen Blutdruck mit anschließendem Herzinfarkt oder Schlaganfall. Leute, die nie zuvor Fertiggerichte probiert haben, werden sie zuerst schrecklich salzig finden, aber das Gehirn gewöhnt sich daran. Nach einer Weile erwartet es diesen Salzgehalt sogar und empfindet normal gesalzene Speisen als fade. Kinder, denen »Erwachsenennahrung« mit hohem Salzgehalt vorgesetzt wird, wählen immer salzigere Speisen, während Kinder, die mit schwach gesalzenem Essen ernährt werden, höhere Salzkonzentrationen ablehnen, wenn sie die Wahl haben. Zum Glück können Erwachsene und Kinder umlernen. Verzichtet man eine Weile auf Salz, wird das Verlangen danach mit der Zeit abnehmen.

Genau wie Zucker scheinen wir Fett gleich von Anfang an zu mögen, aber die Menge, die das Gehirn gerne hätte, kann beeinflusst werden. Mütter, die während der Schwangerschaft viel fettes Essen verzehren, bekommen Kinder, die mehr Fett und Junkfood brauchen, bevor das Belohnungszentrum in ihrem Gehirn auf Touren kommt. So ist es jedenfalls bei Ratten.

Mit anderen Worten sind wir alle bis zu einem gewissen Grad Schokoholiker im Mutterleib. Schon bevor wir geboren werden, bevorzugen wir süße und energiereiche Nahrung. Was die Mutter während der Schwangerschaft und der Stillzeit isst, prägt uns jedoch über diese Zeit hinaus. Die Ernährung währen der Schwangerschaft ist einer der wichtigsten nicht genetischen Faktoren, die die Entwicklung des kindlichen Gehirns beeinflussen.

GEHIRNFUTTER

Du kannst dem Baby in deinem Bauch so viele Schlaflieder vorsingen oder Mozart-Sonaten vorspielen, wie du willst, aber Fisch zu essen scheint trotzdem das Beste zu sein, was du tun kannst. Fetter Fisch ist besonders wichtig für das sich entwickelnde Gehirn, aber auch für ein erwachsenes Gehirn, das du fit halten willst. Nach dem eigentlichen Fettgewebe ist das Gehirn tatsächlich das fettreichste Organ in unserem Körper. Anders als beim Fettgewebe dient das Fett in unserem Gehirn nicht als Energiequelle, sondern zum Aufbau von Nervenzellen und Stützzellen, vor allem den Zellen, die die Nervenzellfortsätze mit fettreichen Schutzhüllen umgeben, damit die Signale schnell und effektiv vorankommen.

Fettsäuren können in zwei Kategorien eingeteilt werden: nicht essentielle, die der Körper selbst herstellen kann, und essentielle, die wir mit der Nahrung aufnehmen müssen. Einzelne essentielle Fettsäuren sind besonders wichtig für den Aufbau unseres Gehirns, und von diesen ist vor allem Omega-3 in den Blickpunkt gerückt. Es gibt unzählige Quellen für Omega-3, aber woher wir diese Fettsäure beziehen, ist nicht egal. Die fetten Fischarten wie Lachs, Forelle, Makrele und Hering und Fischprodukte wie Lebertran liefern die langkettigen Omega-3-Fettsäuren, die unser Gehirn braucht. Nur einige wenige Prozent der Omega-3-Fette von Pflanzen werden zu langkettigen Omega-3-Fettsäuren umgebaut. Deshalb noch einmal: Esst Fisch!

Gehirnentwicklung ist so viel mehr als Gehirngröße, aber da es nicht ganz einfach ist, Babygehirne im Detail zu studieren, wird oft der Kopfumfang als indirektes Maß verwendet. Eine schwedische Studie zeigt, dass der Kopfumfang und das errechnete Hirngewicht des Kindes umso größer waren, je mehr an bestimmten Omega-3- und Omega-6-Fettsäuren die Muttermilch enthielt. Eine andere Studie verglich Omega-3 und Omega-6 und kam zu dem Ergebnis, dass Kinder von Müttern, die während der Schwangerschaft und der Stillzeit Lebertran eingenommen hatten, einen größeren Kopfumfang aufwiesen als Kinder von Müttern, die Maisöl (Omega-6) genommen hatten.

Nun sind es nicht nur Kinder, die Omega-3 brauchen, um ihr Gehirn aufzubauen. Wir alle brauchen Omega-3, um das Gehirn fit zu halten. Das Gehirn befindet sich ein Leben lang in der Entwicklung: Neue Nervenzellen und neue Synapsen entstehen, während andere sich zurückbilden. Mehrere Studien legen die Vermutung nahe, dass ein hoher Verzehr von fettem Fisch das Risiko mindert, Demenz und Gedächtnisschwächen zu entwickeln. Ein geringer Gehalt von Omega-3-Fettsäuren im Blut scheint ein Risikofaktor nicht nur für Alzheimer, sondern auch für andere Demenzformen und für diverse Gedächtnisprobleme zu sein.

DIÄTEN

Selbstverständlich wirken sich Diäten auf das Gehirn aus. Alles, was wir zu uns nehmen, beeinflusst das Gehirn. Bei dem Dschungel von Fertigprodukten mit ihrem versteckten Fett-, Salz- und Zuckergehalt dürfte eine Diät für viele eine Motivation sein, mehr über Nährstoffe zu erfahren und sich zu informieren, woraus die verschiedenen Produkte im Supermarkt eigentlich bestehen, und nicht zuletzt, wie viel Energie bzw. Kalorien sie jeweils enthalten. Was den gewünschten Gewichtsverlust betrifft, ist es fast egal, welche Diät du ausprobierst. Solange die Diät darauf hinausläuft, dass du weniger Kalorien zu dir nimmst, als du verbrauchst, wirst du Gewicht verlieren. Dein Gehirn kommt mit den üblichen Diäten gut zurecht, sofern du darauf achtest, ihm eine gewisse Mindestmenge an Energie zuzuführen. Unter diesem Minimum kann das Gehirn tatsächlich anfangen, sich selbst aufzuzehren. Dazu ist zu sagen, dass dies bei normalen Diäten nicht der Fall ist, aber durchaus bei schweren Essstörungen wie Anorexia nervosa.

Aus welcher Nahrung du die Energie gewinnst, ist dennoch nicht ganz gleichgültig. Eine Diätvariante, die besonders erwähnt werden sollte, ist die, bei der die Energie hauptsächlich aus Fett besteht. Dazu gehören unter anderem die Atkins-Diät und die Low-Carb-Diät. Kurz gesagt geht es bei diesen Diäten darum, Kohlenhydrate so weit wie möglich zu vermeiden, während es erlaubt ist, so viel Fett zu sich zu nehmen, wie man will. Die Idee dahinter ist, den Körper in eine Ketose zu versetzen, das heißt in eine Art Krisenzustand, der ihn veranlasst, aus Mangel an Kohlenhydraten seine Fettreserven anzugreifen. Manche behaupten, diese Diät sei schädlich fürs Gehirn und mache einen dümmer. Vieles deutet jedoch darauf hin, dass das erwachsene Gehirn mit Ketonkörpern als Energiequelle gut zurechtkommt. Weil es von Beginn der Diät einige Zeit dauern kann, bis man den Ketose-Zustand erreicht, dauert es auch, bis das Gehirn Energie zur Verfügung hat. Und mit wenig Energie schneidet man bei Intelligenztests schlechter ab. Dies normalisiert sich allerdings im Laufe der Diät.

Bei Gehirnen, die sich erst noch entwickeln, sieht die Sache anders aus. Besonders im Fötenstadium, wenn die Nervenzellen entstehen. Wie man bei Ratten gesehen hat, bilden sich im Gehirn der Jungtiere verstärkt Nervenzellen in der Region, die das Hungergefühl reguliert, wenn das Muttertier während der Tragzeit fettreiches Futter erhalten hat. Die heranwachsenden Jungtiere fressen mehr, bevorzugen fettreiches Futter, haben höhere Blutfettwerte und sind übergewichtig.

Was das Thema Gehirn und Essen betrifft, sollte man bedenken, dass unser Gehirn jede Form von Energiezufuhr belohnt, ohne

Rücksicht auf die langfristigen Folgen. Zum Glück hast du eine Hirnrinde, die das primitivere Belohnungszentrum zügeln kann, damit du nicht zu jeder Tages- und Nachtzeit Zucker und Fett in dich hineinstopfst. Sonst hättest du bald jede Menge Fettpolster und ein erhöhtes Risiko für einen Schlaganfall. Iss alles, aber in Maßen, und wenn du eine werdende Mutter bist, sei dir in den neun Monaten ganz besonders bewusst, was du zur Gehirnentwicklung deines Babys beiträgst.

10 JUNKIE IM KOPF

Jeden Sommer lege ich einen »weißen Monat« ein. Nach dem dunklen norwegischen Winter, in dem ohne eine heiße Tasse Kaffee am Morgen gar nichts geht, ist es Zeit, das System auf null zu stellen. Wenn es Herbst wird, fange ich langsam von vorn an, dann trinke ich ab und zu eine Tasse Kaffee und fühle mich sofort wacher und konzentrierter. Im Spätherbst wird das Verlangen schon stärker, bis ich wieder jeden Tag mit einer Tasse Kaffee beginne. Das geht so lange, bis ich das Gefühl habe, ich wache auf der Minusseite auf und brauche erst einmal Kaffee, um überhaupt auf null zu kommen. Habe ich besonders wenig geschlafen, reicht eine Tasse nicht, dann brauche ich zwei. So sieht Gewöhnung und Abhängigkeit in der Praxis aus.

Alle Stoffe, die du deinem Körper zuführst und die das Gehirn beeinflussen, gelten als Drogen. Das macht Kaffee zu der am weitesten verbreiteten Droge in Norwegen. Kaffee wirkt anregend auf dein zentrales Nervensystem, deshalb wird er als zentralstimulierend bezeichnet. Andere zentralstimulierende Substanzen sind Kokain, Amphetamin und Nikotin. Stoffe, die die Gehirnaktivität dämpfen, nennt man zentraldämpfend. Von diesen ist Alkohol am weitesten verbreitet, aber auch Heroin und Haschisch gehören in diese Kategorie.

ABHÄNGIGKEIT

Was macht aus dem Kind, das einmal ein kleiner Sonnenschein war, einen Menschen, der seine eigenen Eltern bestiehlt, um sich den nächsten Schuss zu setzen? Drogensucht gehört ganz eindeutig zum Schlimmsten, was ich kenne.

Es gibt mehrere Motivations- und Belohnungssysteme im Gehirn, und die belohnen uns, wenn wir erreichen, was wir uns vorgenommen hatten (siehe Abbildung 20, Seite 192). Darüber hinaus hat der Mensch Substanzen erfunden, die man schnupfen, rauchen, essen, trinken oder injizieren kann, um dieselben Belohnungssysteme zu aktivieren, ohne dass wir unsere Ziele erreicht haben. Das ist Betrug.

Wenn das Gehirn mit der enormen Stimulierung konfrontiert wird, die manche Rauschmittel bewirken, setzt es Abwehrmechanismen in Gang, um wieder ins Gleichgewicht zu kommen. Hat man eine Droge über einen gewissen Zeitraum konsumiert, verringert das Gehirn die Anzahl der Rezeptoren für den Botenstoff, der durch die Wirkung der Droge im Gehirn freigesetzt wird. Das führt dazu, dass das Motivationssystem nur noch eingeschränkt arbeitet und weder Sex, Essen noch Sport dir einen Dopaminkick verschaffen, wie du ihn früher kanntest. Das heißt, du musst mehr rauchen, schnupfen, schnüffeln oder trinken, um denselben Rausch zu erleben. Sowohl der natürliche als auch der künstliche Rausch sind schwerer zu erreichen. Das nennt sich Toleranz, und dein Gehirn wird physisch verändert. Drogen, die zur Abhängigkeit führen, machen etwas mit deinem Gehirn. Entweder imitieren sie die Botenstoffe in deinem Gehirn, oder sie ändern den Pegel eines der natürlichen Botenstoffe, indem sie eine erhöhte Ausschüttung bewirken oder verhindern, dass der Botenstoff von der Nervenzelle, die ihn freigesetzt hat, wieder aufgenommen wird.

Was gemeinhin als psychische Abhängigkeit gilt, ist eigentlich auch eine körperliche Abhängigkeit. Dass ein Raucher nach dem Essen eine Zigarette braucht oder dass er merkt, wie der Stress von ihm abfällt, sobald er die Zigarette zwischen den Fingern hält, ist ein wichtiger Teil der Sucht. Viele Methoden der Entwöhnung richten sich gezielt gegen solche Gewohnheiten – und das funktioniert, wie sich gezeigt hat. Versuche, die erste Zigarette am Morgen mit jedem Tag ein bisschen länger hinauszuzögern, und halte sie auch gerne mal zwischen anderen Fingern oder in der anderen Hand. Das ist ein guter Anfang, um seine Gewohnheiten zu ändern. Aber Gewohnheiten sind auch etwas Physisches. Gewohnheiten sind Nervenzellnetzwerke, die immer wieder gemeinsam Signale gesendet haben und dadurch stark und stabil geworden sind. Du kannst diese Nervenzellnetzwerke schwächen, indem du nicht jedes Mal zur Zigarette greifst, sobald es stressig wird, sondern die Erfahrung machst, dass du mit Stress auch fertig wirst, ohne dich an einem kleinen weißen Räucherstäbchen festzuhalten.

Der sicherste Weg, Abhängigkeit zu vermeiden, ist natürlich, gar nicht erst anzufangen.

KAFFEE

Als ich das erste Mal beschloss, einen weißen Monat einzulegen, hörte ich mit dem Kaffeetrinken direkt nach dem Examen auf und lag daraufhin zwei Tage mit Kopfschmerzen im Bett. Ich hätte es besser wissen müssen.

Koffein blockiert die Wirkung von Adenosin, einem Botenstoff im Gehirn, der dich müde macht. Deshalb hast du nach einer Tasse Kaffee für ein paar Stunden das Gefühl, wacher und konzentrierter zu sein. Außerdem wirken einige aktivierende Botenstoffe, wie beispielsweise das Belohnungshormon Dopamin, noch effektiver, wenn das Adenosin nicht bei seinem Empfängersystem andocken kann. Es fließt dann nämlich frei im Gehirn herum, was dazu führt, dass die Nebennieren Adrenalin ausschütten, wodurch du noch wacher und konzentrierter wirst. Das kann ganz hilfreich sein, wenn dein krankes Kind dich die halbe Nacht auf Trab gehalten hat und du trotzdem am nächsten Tag volle Leistung bringen musst.

Falls du vorhaben solltest, diesen Effekt jeden Tag zu nutzen, musst du allerdings wissen, dass dein Gehirn immer versuchen wird, das zu kompensieren, was du ihm zumutest. Wenn der müde machende Botenstoff durch den Kaffee, den du trinkst, oft genug blockiert worden ist, erzeugt das Gehirn einfach immer mehr Empfängersysteme für ihn. Mit dem Ergebnis, dass du bei einer bestimmten Menge Kaffee ungefähr dort bist, wo du auch gewesen wärst, wenn du gar nicht erst angefangen hättest. Du musst dann immer noch mehr Kaffee trinken, um denselben anregenden Effekt zu erreichen. Falls du aber eines Tages überhaupt keinen Kaffee trinkst, rutschst du auf die Minusseite. Wenn die Empfängersysteme nicht mehr durch Koffein blockiert werden, hat der müde machende Botenstoff plötzlich viel mehr Rezeptoren zur Verfügung, an denen er andocken kann, und du wirst noch müder. Zu diesem Zeitpunkt bist du abhängig. Hast du dich an hohe Dosen Koffein gewöhnt, dann hast du auch entsprechend viele Empfängersysteme für den Botenstoff, der dich müde macht. Deshalb ist es klüger, wenn du deinen Kaffeekonsum langsam zurückfährst, anstatt von einem Tag auf den anderen aufzuhören.

Jedes Mal, wenn ich meinen Kaffee-Entzug mache, tröste ich mich damit, dass meine Empfängersysteme sich schon nach einer oder anderthalb Wochen normalisiert haben werden. Steigt mir allerdings der Duft von frisch gebrühtem Kaffee in die Nase, dann gibt es nichts, worauf ich mehr Lust habe, auch wenn schon mehrere Wochen seit meiner letzten Tasse Kaffee vergangen sind. Das ist ein Ausdruck der anderen Abhängigkeit – der angelernten. Dann sind es meine Nervenbahnen, die aktiv werden und mir weismachen wollen, dass ich unbedingt einen Kaffee brauche, weil der Wecker so früh geklingelt hat. Dieser Teil der Sucht ist hartnäckiger.

Obwohl ich ein richtiger Kaffeejunkie bin, trinke ich nach dem Mittagessen keinen mehr. Nicht, weil ich dann nachts nicht schlafen könnte – ich bin einer der Menschen, die überall und jederzeit schlafen können. Aber ich weiß, dass seine Wirkung im Körper länger anhält, als man denkt. Trinke ich zur Mittagszeit eine Tasse Kaffee, sind um 22 Uhr immer noch gut 25 Prozent davon wirksam. Das hindert mich zwar nicht am Einschlafen, aber die Schlafqualität ist nachweislich geringer. Es ist nicht der gute, tiefe Schlaf, der es sein sollte. Und am nächsten Tag würde ich dann nur noch mehr Kaffee brauchen.

KOKAIN UND AMPHETAMIN

Kokain wird aus der Coca-Pflanze gewonnen, während Amphetamin ein synthetisch hergestellter Stoff ist. Sie sind beide, wie Koffein, zentralstimulierend. Koffein ähnelt dem Botenstoff im Gehirn, der uns müde macht. Kokain und Amphetamin ändern nur die vorhandene Menge der Botenstoffe im Gehirn. Kokain erhöht den Spiegel des stimulierenden Botenstoffs Noradrenalin und des Belohnungsstoffs Dopamin, indem er verhindert, dass diese Stoffe nach ihrer Freisetzung wieder von der Nervenzelle aufgenommen werden. Amphetamin und Methamphetamin steigern außerdem die Ausschüttung von Dopamin. Wobei es jedoch nicht egal ist, in welchem Teil des Gehirns der Dopaminspiegel beeinflusst wird. Maßgeblich für die Abhängigkeit von Kokain und Amphetamin ist ein Teil der Basalganglien, der bereits erwähnte Accumbenskern (siehe Abbildung 20, Seite 192). Hier wird der Belohnungsstoff Dopamin ausgeschüttet, wenn du ein Erfolgserlebnis hattest. Bei allen, die nicht kokain- oder amphetaminabhängig sind, genügen schon drei Schlucke Wasser, wenn sie Durst haben, damit ihnen das Gehirn sozusagen auf die Schulter klopft und Belohnungssignale an den Accumbenskern schickt. Kokain und Amphetamin verleiten dein Gehirn jedoch dazu, den Dopaminspiegel im Accumbenskern so anzuheben, dass du von Belohnungsgefühlen überwältigt wirst, wenn du eine dieser Substanzen einnimmst, obwohl das gar nicht gut für dich ist.

Vereinfacht gesagt, macht Noradrenalin dich wach, und Dopamin macht dich glücklich – wenigstens am Anfang. Mit der Zeit führt der Drogenmissbrauch dazu, dass die Belohnungssysteme im Gehirn sich nur noch schwer aktivieren lassen und du dich nicht mehr über Dinge oder Ereignisse freuen kannst, die dich früher froh gemacht hätten. Am Ende ist es nur noch das Kokain, das dich glücklich machen kann.

NIKOTIN

Dieselben Leute, die morgens eine Zigarette oder einen Snus brauchen, um in Gang zu kommen, sagen, dass sie Nikotin auch brauchen, um sich vor dem Schlafengehen zu entspannen.

Wenn du einen Zug aus der Zigarette nimmst, erreicht das Nikotin dein Gehirn nach nur zehn Sekunden. Nikotin aus einem Snus erreicht dein Gehirn auch schnell, und wenn du den Snus eine halbe Stunde unter der Lippe behältst, setzt er ebenso viel Nikotin frei wie drei Zigaretten. Wenn das Nikotin das Gehirn erreicht hat, imitiert es einen Botenstoff mit dem komplizierten Namen Acetylcholin. Die Nervenzellen im limbischen System, auf die das Nikotin einwirkt, sind wiederum an der Ausschüttung des Belohnungsstoffes Dopamin beteiligt. Dopamin ist schuld daran, dass Nikotinabhängige danach gieren, sich einen Snus unter die Lippe zu schieben oder eine Zigarette anzustecken. Außerhalb des Gehirns trägt Nikotin dazu bei, dass die Nebennieren das Stresshormon Adrenalin ausschütten. Nikotin zählt zu den stimulierenden Drogen. Bist du daran gewöhnt, zu snusen oder zu rauchen, bekommst deine tägliche Dosis aber nicht oder nur verspätet, bist du trotzdem gestresst und nervös. Die angeblich beruhigende Wirkung von Nikotin ist vermutlich nur eine Verringerung der Entzugssymptome.

Tabak bringt viele Menschen um – nicht nur durch Krebs, sondern auch durch Herzinfarkt und Schlaganfall. Schuld daran ist nicht allein das Nikotin. Möglicherweise hat Nikotin sogar eine positive Auswirkung auf bestimmte Hirnkrankheiten, wie etwa Parkinson oder Demenz. Das ist ein weiteres Beispiel dafür, dass ein Gift auch sein Gutes haben kann, wenn man es richtig dosiert.

ALKOHOL

Alkohol wirkt so gut wie überall im Gehirn. Er besetzt Unmengen von Rezeptoren für diverse Botenstoffe, einschließlich die für Serotonin, was unter anderem den dämpfenden Effekt erklärt. Die Kommunikation zwischen deinen Nervenzellen ist verlangsamt, wenn du unter Alkoholeinfluss stehst. Hat dein Gehirn sich nach lang andauerndem Trinken an Alkohol gewöhnt, versucht es, die Übertragungsgeschwindigkeit zwischen den Nervenzellen zu erhöhen, indem es aktivierende Botenstoffe freisetzt. Wenn also ein Alkoholiker plötzlich mit dem Trinken aufhört, sitzt das Gehirn mit einer Unmenge aktivierender Botenstoffe da, die es immer weiter stimulieren, bis es völlig außer Kontrolle gerät. Daher kann es für jemanden, der an große Mengen Alkohol gewöhnt ist, geradezu gefährlich sein, von einem Tag auf den anderen aufzuhören. Das kann zu Halluzinationen und am Ende zu Krampfanfällen führen.

Hätte man Alkohol als Genussmittel erst in der heutigen Zeit entdeckt, wäre er kaum legalisiert worden. Für ein ungeborenes Kind ist es schlimmer, wenn die Mutter Alkohol trinkt, als wenn sie Heroin nimmt. Alkohol schädigt das Gehirn des Fötus, und es gibt keine Untergrenze, bei der man auf der sicheren Seite wäre. Alkohol kann auch Hirnschäden bei Erwachsenen bewirken. Wenn bei Alkoholikern der Körper zu zucken beginnt, der Blick starr ist und seitlich wegrutscht, Gedächtnislücken und Verwirrung auftreten, liegt der Verdacht auf ein Wernicke-Korsakow-Syndrom nahe. Dabei schrumpft das Gehirn aufgrund eines Mangels an Vitamin B_1. Die am härtesten betroffenen Bereiche des Gehirns sind der Teil des limbischen Systems, der aussieht wie zwei Brüste (corpora mammilaria), der Thalamus und die weiße Substanz. Dass die Hirnrinde schrumpft, kommt auch vor, aber das wird vermutlich durch die Giftwirkung des Alkohols verursacht, nicht durch einen Mangel an Vitamin B_1. Dass gerade Alkoholikern dieses Vitamin fehlt, liegt daran, dass Alkohol die Aufnahme von Vitamin B_1 aus dem Darm blockiert und außerdem die Speicherung und Umbildung dieses Vitamins zu seiner aktiven Form in der Leber verhindert. Vitamin B_1 ist wichtig für die Verwertung von Blutzucker im Gehirn sowie für die Produktion der Botenstoffe und des Isoliermaterials Myelin.

Gut zehn Prozent von uns erfüllen irgendwann in ihrem Leben die Kriterien für Alkoholismus. Die meisten in dieser Gruppe sind unter 25 Jahre alt. Im Durchschnitt trinkt jeder erwachsene Norweger fast acht Liter reinen Alkohol pro Jahr. Dass man nach übermäßigem Alkoholgenuss schwankt, liegt daran, dass der Alkohol auf das Kleinhirn einwirkt. Wenn ein Betrunkener Dinge tut, die er oder sie normalerweise nicht täte, dann deshalb, weil der Alkohol den Frontallappen der Hirnrinde in seiner Arbeit beeinträchtigt. Man denkt nicht an die möglichen Konsequenzen und traut sich deshalb, den oder die Angebetete zu sich ins Bett einzuladen, ohne die übliche Furcht vor Zurückweisung. Bekommt die betrunkene Person ihren Willen, ist vermutlich der sexuelle Appetit gesteigert, weil der Frontallappen ihn nicht länger im Zaum hält. Leider wird wohl die Ausführung hinter den Erwartungen zurückbleiben. Alkohol hemmt nämlich die Zentren des Hypothalamus und der Hypophyse im Gehirn, die die Sexualfunktionen steuern (siehe Abbildung 18, Seite 138). Falls du wegdämmerst, bevor der Akt vollzogen ist, kannst du dem Alkohol die Schuld geben. Der beeinflusst den Hirnstamm, sodass du müde wirst und einschläfst.

Dass sich bei einem Rockkonzert oder in einem Biergarten immer lange Schlangen vor den Toiletten bilden, liegt daran, dass du öfter pinkeln musst, wenn du Alkohol trinkst. Die Hypophyse im Gehirn setzt normalerweise ein Hormon frei, das das Wasser im Körper hält, damit du nicht austrocknest. Alkohol hemmt jedoch die Ausschüttung dieses Hormons, und das Wasser wird nicht länger zurückgehalten. Mit dem Ergebnis, dass ständig die Blase drückt. Dehydrierung trägt auch Mitschuld daran, dass du am nächsten Tag einen Brummschädel hast. Aber es ist nicht dein Gehirn, das schmerzt. Du bist so dehydriert, dass das Gehirn schrumpft und an den Hirnhäuten zerrt. Die Spannung der Hirnhäute verursacht die Kopfschmerzen, nicht das Gehirn selbst.

Ein Alkoholkater besteht jedoch nicht nur aus Kopfschmerzen. Da du so oft pinkeln musstest, hast du auch eine Menge Salze ausgeschieden, die wichtig für Nervensignale und Muskelkontrolle sind. Deshalb ist dir übel, und du bist erschöpft. Du fühlst dich auch deshalb so erledigt, weil deine Schlafqualität schlecht war. Manche Menschen trinken, um schlafen zu können, was eine gewisse Logik hat, da Alkohol sedierend wirkt und die anregenden Botenstoffe im Gehirn hemmt. Und Schlaf findet man ja, wenn man nur genug trinkt. Wenn du jedoch aufhörst zu trinken, kompensiert dein Gehirn den fehlenden Nachschub, indem es weit mehr anregende Botenstoffe produziert, als es braucht. Das führt dazu, dass du die Tiefschlafphasen nicht erreichst, und das sind genau die Phasen, die für die Entspannung am wichtigsten sind. Außerdem trägt die kompensatorische Überproduktion von anregenden Botenstoffen zur Entstehung des Katzenjammers am nächsten Tag bei: Du fühlst dich zittrig, ängstlich, hast hohen Blutdruck und bist innerlich unruhig. Des Weiteren wird Alkohol sofort vom

Magen aufgenommen und regt dort die Produktion von Salzsäure an. Bei zu viel Säure senden die Magennerven Alarmsignale zum Gehirn, dass der Mageninhalt dabei ist, dem Körper zu schaden. Mit dem Resultat, dass du dich übergeben musst.

Damit habe ich schon eine ganze Reihe von Faktoren genannt, die dich für einen durchzechten Abend bestrafen, und doch waren es längst nicht alle. Wie heftig der Kater am nächsten Tag ausfällt, hängt auch davon ab, was du trinkst. Die Zimmerleute im Dachstübchen werden nicht ganz so laut hämmern, wenn du dich an klare Getränke wie Weißwein oder Wodka hältst. In farbigen Getränken wie Rotwein und Tequila Gold sind giftige Nebenprodukte enthalten, unter anderem Gerbsäure. Willst du einen Kater ganz vermeiden, ist es natürlich am klügsten, Alkohol gar nicht erst anzurühren. Falls das für dich keine Option ist, solltest du nach jedem Glas Alkohol ein Glas Wasser trinken, dann fällt der Kater am nächsten Tag nicht ganz so schlimm aus.

ENDORPHIN, MORPHIN UND HEROIN

Endorphine sind ein vom Körper selbst produziertes Narkotikum. Das Gehirn setzt diese Botenstoffe frei, wenn du unter Stress stehst oder Schmerzen hast, und sie wirken speziell im limbischen System. Sie können dich in eine Art Rausch versetzen, beim Sport oder sogar während du ein Kind zur Welt bringst. Trotzdem wirst du davon nicht abhängig. Endorphin wird im Spalt zwischen den Nervenzellen ausgeschüttet und bindet sich an spezielle Empfängersysteme der gegenüberliegenden Zelle. Sofort, nachdem es dort angedockt hat, wird es jedoch wieder abgebaut und recycelt.

Endorphin, Morphin und Heroin

Heroin- und Morphinpräparate sind Eindringlinge, die die gleiche Form wie die gehirneigenen Endorphine haben und deshalb perfekt zu den Empfängersystemen im Synapsenspalt passen (siehe Abbildung 10, Seite 77). Sie werden jedoch nicht wieder abgebaut. Das Morphin bleibt also angedockt und aktiviert die Endorphinrezeptoren immer wieder. Der weitere Verlauf ist der gleiche wie bei den anderen Drogen, nur dass Heroin und Morphin andere Botenstoffe imitieren und damit auf andere Empfängersysteme wirken. Das Gehirn versucht, die Überstimulierung der Endorphinsysteme zu normalisieren, indem es Empfängersysteme zurückbildet und so ihre Anzahl verringert. Mit dem Ergebnis, dass ein Heroinsüchtiger seine Dosis ständig erhöhen muss. Auch ein Schmerzpatient, der Morphin erhält, erlebt diesen Gewöhnungseffekt und braucht immer höhere Dosierungen. Wenn das Morphin oder das Heroin plötzlich abgesetzt wird, sind zu wenige Empfängersysteme übrig, sodass die körpereigenen Endorphine ihre Wirkung nicht mehr entfalten können. Allerdings dauert es nur wenige Wochen, bis die Empfängersysteme ihre Sollzahl wieder erreicht haben. Das bedeutet, dass innere Unruhe, Muskelschmerzen, Schlaflosigkeit und Übelkeit nachlassen, aber nicht, dass die Abhängigkeit überwunden ist. Auch ein Endorphinsystem, das perfekt funktioniert, verschafft nicht denselben Rausch wie Heroin.

Dass Heroin für ein ungeborenes Kind weniger schädlich ist als Alkohol, bedeutet natürlich nicht, dass Heroin und Morphin harmlos sind. Heroin verändert die weiße Substanz im Gehirn, was sich anscheinend auf die Entscheidungsfähigkeit, auf die Regulierung von Stress und auf das Verhalten auswirkt. Die deutlichsten Hirnschädigungen ergeben sich jedoch dadurch, dass Heroin und Morphin beruhigende Stoffe sind, die in hohen Dosen das Atemzentrum im Hirnstamm beeinträchtigen. Die Hirnschädigungen werden dabei durch Sauerstoffmangel hervorgerufen, der auf Atemstillstand oder Minimalatmung zurückzuführen ist.

Heroin ist illegal, während Morphin oder morphinähnliche Präparate von jedem niedergelassenen Arzt verordnet werden können. Sie machen jedoch genauso abhängig. Tatsächlich gibt es mehr Todesfälle durch Überdosierung von Morphinpräparaten, die auf Rezept ausgegeben wurden, als durch Heroin und Kokain zusammen.

HASCHISCH

Unser Gehirn produziert Botenstoffe, die dem Haschisch oder Marihuana aus der Cannabispflanze ähnlich sind, das sind die sogenannten Endocannabinoide. Die klassischen Botenstoffe werden von Nervenzelle Nummer eins an Nervenzelle Nummer zwei weitergereicht, während die Endocannabinoide den umgekehrten Weg gehen, von der Nervenzelle, die normalerweise der Empfänger ist, zur Nervenzelle, die normalerweise sendet. Es gibt sowohl aktivierende als auch hemmende Signale der Nervenzellen im Gehirn, und damit ein Signal gesendet wird, muss bei der Bilanz ein aktivierendes Ergebnis herauskommen. Endocannabinoide hemmen die hemmenden Signale. Sie beeinflussen die Stimmung über die Amygdala und das Gedächtnis über den Hippocampus, außerdem sichern sie das generelle Funktionieren über die Hirnrinde. Cannabis überstimuliert die Empfängersysteme für die Endocannabinoide des Gehirns, sodass sie ihre Aufgabe, die Signale zwischen den Nervenzellen zu regulieren, nicht mehr erfüllen können. Weil die

Empfängersysteme im Gehirn so weitflächig verteilt sind, ist auch die Wirkung von Cannabis breit gefächert und reicht von veränderter Zeitempfindung, Entspannung und Euphorie bis zu Panik, Paranoia und verminderter Konzentration, Auffassung und Erinnerung. Außerdem kann Haschisch akute Psychosen auslösen, weshalb Patienten in den psychiatrischen Kliniken unseres Landes zu ihrem Haschischkonsum befragt und darauf getestet werden.

Wir wissen, dass Kinder, deren Mutter während der Schwangerschaft Haschisch konsumiert hat, als Heranwachsende unter Lernschwäche, Gedächtnisproblemen und impulsivem Verhalten leiden können. Damit wissen wir auch, dass Haschisch einem Gehirn schadet, das sich in der Entwicklung befindet. Weit verbreitet ist die Meinung, dass das erwachsene Gehirn durch Haschisch keinen Schaden nehme. Darüber wissen wir jedoch zu wenig, und über die Langzeitwirkung wird diskutiert. Im Großen und Ganzen scheint es ganz gut auszusehen. Trotzdem haben Forscher Hinweise darauf gefunden, dass Haschisch das Risiko erhöht, eine Schizophrenie zu entwickeln. Schizophrenie ist eine Krankheit, bei der der Betroffene Schwierigkeiten hat, zwischen Einbildung und Realität zu unterscheiden. Der Erkrankte hat Zwangsvorstellungen und kann Dinge sehen und hören, die nicht existieren. Schizophrenie ist eine chronische Krankheit, wenn du sie erst einmal hast, wirst du sie für den Rest deines Lebens nicht wieder los. Es sind anscheinend viele verschiedene Störungen im Gehirn, die genau die Symptome auslösen, durch die Schizophrenie definiert wird. Vorläufig gilt sie noch als eine einzelne Krankheit, obwohl es sich wahrscheinlich um mehrere Krankheiten handelt, die dasselbe Symptombild zeigen. Einer von zehn Haschischrauchern erkrankt an Schizophrenie, gegenüber drei von hundert im Bevölkerungsdurchschnitt. Da es so viele verschiedene Gründe für Schizophrenie gibt, lässt sich schwer sagen, wer zur Risikogruppe gehört. Rauschgift kann, mit anderen Worten, wie russisches Roulette sein, das du mit deiner psychischen Gesundheit spielst.

Es gibt keine Droge, die jeden, der sie probiert, abhängig macht. Während 20 Prozent derer, die Heroin genommen haben, eine Sucht entwickeln, werden zehn Prozent der regelmäßigen Cannabis-Konsumenten abhängig.

Alle süchtig machenden Rauschmittel wirken noch stärker auf das Belohnungssystem im Gehirn als natürliche Belohnungen wie Essen, Sex oder gute Leistungen. Das Gehirn lernt, dass man mit einem Rausch aus Situationen entkommen oder aber Ereignisse feiern kann. Genau wie Pawlows Hunde Appetit auf Futter bekamen, wenn sie ein Glöckchen hörten, bekommt ein Raucher nach dem Mittagessen Lust auf eine Zigarette. Zwischen den Nervenzellen im Gehirn bilden sich neue Synapsen, und neue Nervenzellnetzwerke tragen dazu bei, dass das Verlangen, sich zu berauschen, verstärkt wird. Diese Nervenzellnetzwerke verschwinden nicht sofort, nachdem man aufgehört hat zu rauchen oder sich zu betäuben. Manche Nervenzellnetze verschwinden nie.

11 WIRKLICHKEIT VS WAHRNEHMUNG

Sieh dich um. Glaubst du, dass du die Welt so wahrnimmst, wie sie ist?

Im Film »Matrix« hat der Protagonist die Wahl, eine blaue Pille zu nehmen und in einer erdachten Traumwelt zu bleiben, oder eine rote Pille zu nehmen und einem weißen Kaninchen zu folgen, um zu erkunden, wie die Welt wirklich ist. Der Protagonist wollte herausfinden, wie tief das Kaninchenloch reichte. Er wählte die rote Pille. Auf unsere Welt übertragen, entschied er sich falsch. Unsere erdachte Traumwelt ist besser als die wirkliche Welt.

Schon seit der Antike grübeln Philosophen darüber nach, woher wir wissen können, dass das, was wir sehen, real ist. Was ist Wirklichkeit? Wenn du das dafür hältst, was du fühlen, riechen, schmecken und sehen kannst, dann besteht »Wirklichkeit« nur aus elektrischen Signalen, die von deinem Gehirn interpretiert werden. Wir haben nur durch unsere Sinne Zugang zur physischen Welt. Man kommt sich ein bisschen vor wie die Hauptpersonen in »Matrix«, wenn man begreift, dass das Gehirn lediglich ein angepasstes Bild der Welt liefert und dass das menschliche Auge uns keine universelle Wahrheit zeigt. Unser Gehirn benutzt die Informationen, die unsere Sinne ihm zuspielen, um daraus eine Darstellung der Welt zu generieren, und diese Darstellung heißt Perzeption oder Wahrnehmung.

11 WIRKLICHKEIT vs WAHRNEHMUNG

RIECH DICH IN STIMMUNG

Der Geruchssinn reagiert oft als erster auf Nervenreize. Unsere Nase warnt uns vor einem Feuer, bevor unsere Augen die Flammen sehen. Der Geruch verhindert, dass wir etwas Verdorbenes essen, indem er Ekel in uns auslöst. Doch Geruch ist so viel mehr als Moleküle, die ihren Weg durch unsere Nase finden. Geruch ist, wie bereits an anderer Stelle erwähnt, an Gehirnregionen gekoppelt, die wichtig für Gefühle und Lernen sind. Ein bestimmter Geruch kann eine Flut von Erinnerungen auslösen, deine Laune beeinflussen und sich sogar darauf auswirken, wie gut du deine Arbeit erledigst. Wusstest du, dass ein angenehmer Raumduft den Durchschnittsmenschen dazu bringt, sich höhere Ziele zu setzen und Aufgaben effektiver zu lösen?

Falls du Hilfe bei einer Sache brauchst, versuch mal, vor einer Bäckerei darum zu bitten. Leute, die dem Geruch von frischen Backwaren oder frisch geröstetem Kaffee ausgesetzt sind, zeigen meist eine größere Bereitschaft, einem Fremden zu helfen. Dass uns Gerüche, die wir gut finden, hilfsbereiter und produktiver machen, hängt nach Meinung vieler Hirnforscher mit unserer Stimmungslage zusammen. Gute Gerüche sind mit guten Erinnerungen verbunden, und gute Erinnerungen versetzen uns in gute Laune.

Der Hauptgrund dafür, dass nicht alle dieselben Gerüche mögen, ist gerade der, dass wir einen Duft mit unterschiedlichen Erinnerungen und Erlebnissen verbinden. Hast du zum Beispiel als junger Mensch deine Lieblingsbrause dazu benutzt, dir steife Drinks zu mischen, und dann ein Glas nach dem anderen in dich hineingeschüttet, bis dir sterbenselend war, dann kannst du heute vielleicht keine Cola mehr riechen. Es wurde auch nachgewiesen, dass Kinder, deren Mütter während der Schwangerschaft geraucht, Alkohol getrunken oder viel Knoblauch gegessen haben, diese Gerüche lieber mögen, als andere Kinder es tun. Die Geruchserlebnisse, die unser Gehirn uns gibt, sind mit anderen Worten keine objektive Abbildung der Wirklichkeit, sondern durch vergangene Erfahrungen geprägte subjektive Wahrnehmungen.

STÖRENDER GESCHMACK

»Wow, war das lecker!«, rief ein Student der Naturwissenschaften aus, der gerade eine Zitrone gegessen hatte. Zuvor hatte er eine Tablette mit dem Extrakt einer Beere gelutscht, die man Mirakelbeere nennt. Das Protein dieser Beere hatte sich an Zellen der Zunge gebunden. Als der Student die Zitrone aß, wurde das Protein aktiviert und meldete dem Gehirn, dass das, was er aß, süß sei – obwohl es sich um eine Zitrone handelte. Unsere Sinne lassen sich täuschen, und dadurch kann das Bild, das wir von der Welt um uns herum haben, verzerrt werden.

Die Lebensmittelindustrie täuscht unsere Sinne bereits, indem sie bitteren Nachgeschmack hemmt und den Süßgeschmack hervorhebt. Wahrscheinlich wird sie in Zukunft noch andere Wege finden, unsere Sinne zu überlisten.

DER GESCHMACK VON KNUSPRIG

Geschmack hängt vom Geruch ab; du hast sicher schon erlebt, wie fade eine Mahlzeit schmeckt, wenn du Schnupfen hast und deine

Nase dicht ist. Aber nicht nur Geruch und Geschmack sind miteinander verbunden, auch das Mundgefühl und die Geräusche, die du hörst, wirken sich auf dein Geschmacksempfinden aus. Ich erinnere mich, dass ich als Kind meine Kartoffelchips nur in einem Plastikbeutel mit ins Kino nehmen durfte, damit das Rascheln der Chipstüte die anderen Leute im Saal nicht stören sollte. Es war nicht dasselbe Erlebnis. Das Rascheln und Knistern der Chipstüte löst eine Vorfreude auf das aus, was gleich kommt, nämlich knusprige, knackige Kartoffelchips. Weiche Chips vom Vortag sind kein Genuss, obwohl sich an Geschmack und Geruch nichts verändert hat. Die Forschung hat gezeigt, dass man Kartoffelchips als noch knackiger und knuspriger empfinden würde, wenn das Geräusch lauter wäre – selbst wenn Konsistenz und Geruch unverändert blieben.

DER GESCHMACK VON ROT

Außer von Geruch und Geräusch ist der Geschmack auch abhängig vom Anblick. Es hat seinen Grund, warum Naschzeug oft künstlich eingefärbt ist. Die Farbe löst eine Erwartung in uns aus. Bei einem Experiment setzte man Schulkindern zwei völlig gleich schmeckende Gelees vor, die sich allein dadurch unterschieden, dass das eine rot und das andere gelb war. Alle Kinder fanden, dass das gelbe Gelee sauer und das rote süß schmecke – nur aufgrund des Aussehens.

Wir sehen also, dass das Geschmackserlebnis im Gehirn keine objektive Aussage über den Geschmack ist, sondern beeinflusst wird durch Geruch, Mundgefühl, Höreindruck und Anblick.

WAS DU NICHT FÜHLST

Deine Haut sitzt voller Sensoren, die Informationen darüber sammeln, wo im Raum deine rechte Hand sich befindet oder wie es sich anfühlt, einen Ring am Finger zu haben. Wenn du nicht gewohnt bist, einen Ring zu tragen, wirst du dir am Anfang bewusst sein, dass da etwas ist, das vorher nicht da war. Wer frisch verheiratet ist, dreht oft unbewusst an seinem Ehering. Wenn du dich mit der Zeit daran gewöhnt hast, filtert dein Gehirn die Informationen über den Ring heraus. So ist das mit allem. Dein Gehirn erhält unablässig Informationen von deiner Haut: über die Kleidung, die du anhast, über den Stuhl, auf dem du sitzt, über die Haare, die dir in die Stirn fallen, oder über das Buch, das du in den Händen hältst. Wäre dein Bewusstsein die ganze Zeit mit all diesen Informationen bombardiert worden, hättest du es nicht geschafft, diesen Text zu lesen. Dein Gehirn filtert unnötige Informationen für dich heraus, eine Art Zensur der Wirklichkeit. Sei froh darüber, denn es sorgt dafür, dass du dich auf wichtigere Dinge konzentrieren kannst.

SELEKTIVES GEHÖR

Geräusche sind nichts als Veränderungen des Drucks, den die Luft auf deine Trommelfelle ausübt. Wir hören diese Druckveränderungen nur innerhalb eines bestimmten Spektrums. Ein Raum, den wir als still empfinden, kann für eine Maus laut sein. Tatsächlich gibt es auf der Welt eine ganze Menge Geräusche, die wir nicht hören können. Unser Gehör ist darauf spezialisiert, andere Menschen zu hören. Und das ist auch gut so. Unser Dasein wäre unerträglich, wenn wir absolut jedes Geräusch wahrnehmen würden.

Erst dein Gehirn sagt dir, was die diversen Luftdruckveränderungen bedeuten. Ohne Gehirn würdest du weder Musik hören noch mit deinen Freunden plaudern können. Du würdest nicht einmal begreifen, dass die Geräusche, die du hörst, Sprache sind. Hören wir ein Wort in einer Sprache, die wir beherrschen, ist das nicht nur ein Geräusch für uns, sondern hat eine Bedeutung. Wir erkennen die Bedeutung unabhängig von der Qualität des Geräusches, davon, welche Wellenform es hat, ob es mit einer tiefen oder einer hellen Stimme gesagt wird. Unabhängig davon, ob es gerufen oder geflüstert wird.

Würde das Gehirn nicht die für uns unwichtigen Geräusche herausfiltern, würden wir uns wohl alle nach einem ruhigen Plätzchen auf dem Land sehnen. Niemand würde es ertragen, in einer großen Stadt zu wohnen, oder mit Straßenbahnschienen oder einer Schnellstraße vor der Tür. Niemand würde mehr in Einkaufscenter gehen, mit ihrer Musik, dem Lärm und dem Stimmengewirr überall.

Wenn das Gehirn die Geräusche für dich ausfiltert, kannst du dich tatsächlich beim Einkaufen mit deinem Begleiter unterhalten. Ganz ungestört. Bis zu dem Moment, wo eine bekannte Stimme deinen Namen sagt. Das braucht noch nicht einmal laut zu sein, aber trotzdem lässt dein Gehirn es durch den Filter rutschen und in dein Bewusstsein vordringen. Bedanke dich bei deinem Gehirn für alles, was du hörst – und alles, was du nicht hörst.

EINE WELT OHNE TIEFE UND KONTRAST

Wie viele Muffins würdest du in dieser Muffinform unterbringen?

Siehst du, dass der mittlere Kreis in der oberen Reihe keine Mulde, sondern eine Kuppel ist? Dein Auge ist darauf spezialisiert, Objekte wiederzuerkennen, und obwohl die Bilder auf deiner Netzhaut flach sind, hilft dein Gehirn dir, die Welt als dreidimensional wahrzunehmen.

Wenn du das Buch um 180 Grad drehst, wirst du feststellen, dass es sich bei der Muffinform jetzt umgekehrt verhält. Die Sehrinde in deinem Gehirn erwartet, dass das Licht aus einer einzelnen Quelle von oben kommt, wie bei der Sonne. Deshalb kann es sich diese Schatten nur so erklären, dass das Licht auf den Boden einer Mulde fällt, oder auf die Seiten einer nach oben gewölbten Kuppel. Wenn dieselben Schatten, die eine solche Lichtquelle werfen würde, auf

11 WIRKLICHKEIT vs WAHRNEHMUNG

das Bild übertragen werden, erzeugt dein Gehirn daraus automatisch dreidimensionale konvexe (nach außen gekrümmte) oder konkave Formen (nach innen gekrümmt, wie eine Schale), obwohl das Bild auf einem flachen Blatt abgedruckt ist. Wieder zeigt dein Gehirn dir eine angepasste und verbesserte Version der Wirklichkeit.

Das Gehirn gibt uns nicht immer ein objektives Bild der Welt, sondern ein angepasstes. Was meinst du, welches der beiden Quadrate ist dunkler?

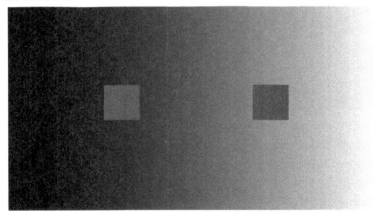

Du müsstest eigentlich das rechte Quadrat für dunkler halten, denn unser Sehsinn funktioniert so. Er verstärkt den Kontrast zum Hintergrund. Das Gehirn verbessert die Darstellung für uns und sorgt dafür, dass wir mehr sehen. Tatsächlich haben beide Quadrate denselben Grauton, das wirst du sehen, wenn du den Hintergrund abdeckst und nur die Quadrate offen lässt. Das ist eines von vielen Beispielen, die uns zu der Erkenntnis zwingen, dass wir die Welt nicht so sehen, wie sie ist. Wir sehen eine verbesserte Version von ihr.

WARUM KANINCHEN JAGEN?

Die seltenen Fälle, in denen unser Gehirn einen Fehler macht, sind der Grund, warum wir überhaupt merken, was es alles für uns regelt, ohne dass wir uns Gedanken darüber machen müssen. Das Gehirn interpretiert die Signale, die unsere Sinne ihm schicken, und serviert sie dem Bewusstsein in der bestmöglichen Art und Weise. Die beste Art und Weise ist meist kein Abbild der Welt, wie sie in dem Moment ist, sondern wie sie sein sollte. Wir verstehen, was wir riechen, hören, schmecken und sehen, durch die Interpretationsleistung unseres Gehirns – Perzeption.

Perzeption baut Dezibel und Hertz zu Musik um. Perzeption ist der Grund, warum Blumen gut riechen. Perzeption ist der Grund, warum Essen schmeckt. Perzeption ist besser als die Wirklichkeit. Aber gleichzeitig *ist* unsere Perzeption auch unsere Wirklichkeit. Auch wenn du nie ganz sicher sein kannst, dass die Interpretation der Informationen, die deine Sinne liefern, richtig ist, kannst du dich darauf verlassen, dass es genau diese Interpretation ist, die dich für die Welt anpasst, in der du lebst.

Gäbe uns das Gehirn keine Perzeption, würden wir nicht verstehen, was Kunst ist. Wir hätten nicht einmal eine Kultur. Wir würden in einer Welt leben, in der Geräusche nur Veränderungen des Luftdrucks wären und keine Musik.

12 PERZEPTION IN DER PRAXIS

INFRAROTES UND ULTRAVIOLETTES LICHT

Die Welt, die dein Gehirn dir zeigt, ist ein bisschen anders als die Welt, die andere Menschen sehen, und vollkommen anders als die Welt, die Tiere sehen. Wenn Nachttiere, wie Schlangen, nachts ebenso schlecht sehen könnten wie wir, würden sie verhungern. Mehrere Schlangenarten haben Infrarotsensoren, die es ihnen ermöglichen, nachts zu jagen. Bienen können ultraviolettes Licht sehen, was es ihnen ermöglicht, Saftmale an Blumen zu erkennen, die wir nicht wahrnehmen.

GESICHTSERKENNUNG

Das ist ein norwegischer Superstar und eine hervorragende Hirnforscherin.

May-Britt Moser gewann 2014 den Nobelpreis für Medizin. Siehst du, was mit dem Bild nicht stimmt? Wenn wir Gesichter sehen, erkennen wir sehr schnell, was sie ausdrücken. Wir sind vor allem auf Augen und Mund fokussiert, so finden wir heraus, ob jemand böse auf uns ist oder uns freundlich entgegenkommt. Das Foto von May-Britt Moser steht auf dem Kopf, aber Augen und Mund anscheinend nicht. Deshalb hattest du wahrscheinlich auch Probleme zu erkennen, was an dem Bild falsch ist.

Dreh das Buch um 180 Grad und betrachte das Foto noch einmal. Jetzt sind die wichtigsten Teile des Gesichts, nämlich die Augen und der Mund, verkehrt herum. Nun begreifst du auch, was daran nicht stimmt. Du siehst, dass dein Gehirn eine Abkürzung genommen und einzelne essentielle Details übersehen hat. Das hat es getan, um Zeit und Energie zu sparen. Es nutzt kognitive Energie so effektiv wie möglich und stellt deshalb Vermutungen über visuelle Informationen an, um ein maßgeschneidertes Bild der Welt zu erschaffen.

#THEDRESS

Unser Gehirn sorgt dafür, dass wir ein weißes Haus als weiß erkennen, sogar in der Nacht, wenn der eigentliche Sinneseindruck uns sagt, dass es dunkelgrau ist. Die Welt wird mitten am Tag von einem starken blauweißen Licht erhellt und badet bei Sonnenuntergang in rötlichen Tönen. Das Licht, das von den Objekten in unserem Umfeld reflektiert wird und auf unsere Netzhaut trifft, wird einen unterschiedlichen Charakter haben, der von der Qualität des Umgebungslichts abhängt. Zum Glück korrigiert unser Gehirn das für uns, sodass wir unser eigenes Haus wiedererkennen, selbst wenn der Sonnenuntergang es rot malt.

Das Gehirn macht so selten Fehler, dass wir nicht über seine Arbeit nachdenken. Als eine junge Frau das Foto von einem Kleid, das sie zu einer Hochzeit anziehen wollte, ins Internet stellte, wurde es von den größten Zeitungen der Welt abgedruckt, vielleicht weil sie wussten, dass das Gehirn es falsch interpretierte (im Internet zu finden unter #TheDress).

Es war nämlich eine heftige Debatte darüber entbrannt, ob es sich um ein blaues Kleid mit schwarzen Spitzenbordüren oder ein weißes mit goldenen Bordüren handelt. Bei manchen Menschen filtert das Gehirn die Blauanteile des Lichts heraus, deshalb empfinden sie das Kleid als weiß-golden. Tatsächlich war das Kleid blau mit schwarzen Spitzenbordüren. Dies ist ein gutes Beispiel dafür, dass das Gehirn die Wirklichkeit korrigiert, um uns ein möglichst richtiges und konsistentes Bild von der Welt zu liefern.

13 WIE ES WEITERGEHT

In diesem Buch haben wir gesehen, welche zentrale Rolle das Gehirn für den Erfolg und den Fortschritt unserer Art spielt und wie sehr wir im Grunde genommen unser Gehirn *sind*. Unser Gehirn macht es möglich, dass wir Liebe empfinden, aber auch Angst oder Eifersucht. Unsere Gedanken sind physische Prozesse im Gehirn und resultieren daraus, dass Nervenzellen Signale durch eigene Netzwerke schicken. Dasselbe gilt für unsere Gefühle. Auch Intelligenz ist ein Ergebnis davon, wie unser Gehirn aufgebaut ist und wie die Nervenzellen miteinander kommunizieren, und dabei spielt es keine Rolle, ob man den IQ als Maß für Intelligenz nimmt oder ob man der Definition des Psychologen Howard Gardner folgt, der sie in verschiedene Arten einteilt, wie sprachliche, musikalische, körperliche und soziale Intelligenz. Auch Lernen ist physisch. Es sind Änderungen im Gehirn, die es uns ermöglichen, flexibel zu sein. Wir können lernen, Trost in Drogen oder ungesundem Essen zu suchen, aber wir können auch neue Sprachen lernen, ebenso wie uns in unbekannten Umgebungen zurechtzufinden. Die norwegischen Wissenschaftler May-Britt und Edvard Moser werden weiter zum Thema Orientierung forschen. Es gibt so unendlich viel, was wir auf diesem Gebiet noch nicht wissen.

Obwohl ich hoffe, dass du in diesem Buch eine Reihe von Antworten gefunden hast, bleiben viele der Fragen, die wir uns eingangs gestellt haben, weiterhin offen: Wo beginnt ein Gedanke?

13 WIE ES WEITERGEHT

Was ist freier Wille, und haben wir ihn? Neben diesen eher philosophischen Fragen bleiben auch einige unbeantwortet, die relevanter für unseren Alltag sind: Was ist die Ursache der Alzheimer-Demenz? Was können wir tun, um ihre Entstehung zu verhindern? Tatsächlich ist einer von drei Norwegern irgendwann in seinem Leben von Krankheiten oder Schädigungen seines Nervensystems betroffen. Das ist auch die häufigste Krankheitsursache in der westlichen Welt. Wir können Hirnkrankheiten jedoch nur verstehen, wenn wir das Gehirn verstehen. Es genügt nicht, Bilder vom Gehirn eines Menschen mit Depressionen zu machen, wenn man nach einer Antwort auf die Frage sucht, wodurch die Krankheit verursacht wird. Bei Krankheiten, die nur anhand ihrer Symptome definiert sind, wie eben Depression, würde sich wahrscheinlich herausstellen, dass sich dahinter viele verschiedene Krankheiten verbergen, wenn wir sie ausgehend von den Ursachen definieren würden. Wenn wir Krankheiten wie Depression vollauf verstehen wollen, müssen wir »am anderen Ende« ansetzen.

Das »andere Ende« ist mein Arbeitsgebiet. Indem wir herausfinden, wie Nervenzellen miteinander kommunizieren, werden wir dem Verständnis des Gehirns einen Schritt näher kommen und damit das Wissen erhalten, das wir brauchen, um Krankheiten wie Epilepsie, Depression und Alzheimer zu verstehen. Oft spüre ich so etwas wie Neid, wenn meine Kollegen die allgemein bekannten Krankheiten, unter denen viele Menschen leiden, zum Gegenstand ihrer Forschungsprojekte machen: »Ich werde das Rätsel Krebs lösen«, höre ich dann. Ich dagegen stehe da und muss erklären, warum es wichtig ist, dass N-Acetylaspartylglutamat von postsynaptischen Vesikeln in exzitatorischen Synapsen freigesetzt wird. Das ist schwierig, aber gleichzeitig herausfordernd und spannend.

Krankheiten des Gehirns und des Nervensystems kosten die Gesellschaft genauso viel wie alle Herz- und Gefäßkrankheiten, Krebs und Diabetes zusammen. Forschungsgelder, die dazu verwendet werden, die Entstehungsursachen solcher Krankheiten zu ergründen, sind deshalb gut angelegt. Ein immer besseres Verständnis des Gehirns gibt uns außerdem weit mehr als verbesserte Behandlungsmethoden an die Hand, es lässt uns auch verstehen, wer wir sind und wie der menschliche Geist funktioniert.

Um mehr über dieses fantastische Organ, das uns ausmacht, herauszufinden, müssen wir künftig an vielen Fronten tätig werden. Die klinische Erforschung verschiedener Hirnkrankheiten ist ebenso notwendig wie die Grundlagenforschung zum generellen Verständnis des Gehirns. Gemeinsam werden Mediziner, Psychologen und Hirnforscher künftig genügend Puzzlesteinchen zusammentragen können, damit das Gesamtbild des Gehirns Form annimmt.

DANKSAGUNG

Dieses Buch wäre nicht entstanden ohne die fantastischen Menschen am Institut für Medizinische Grundlagenfächer der Universität Oslo, in der Neurochirurgischen Abteilung am Universitätskrankenhaus Rikshospitalet in Oslo, der Neurologischen Abteilung am Universitätskrankenhaus Akershus, nicht ohne die Mitarbeiterinnen und Mitarbeiter im Kagge Forlag und natürlich nicht ohne meine Familie, die mich immer unterstützt hat. Einige von ihnen möchte ich allerdings besonders erwähnen und beim Namen nennen.

Ich bin in einem Elternhaus aufgewachsen, das den Forschungsdrang gefördert hat. Ich möchte meinen Eltern Grete und Bjørn danken, weil sie mir von Anfang an das Selbstvertrauen gegeben haben, dass ich erreichen kann, was ich erreichen will. Danken möchte ich auch einigen Wissenschaftlern, die meine Neugier und meinen Forschungsdrang noch verstärkt haben, ganz besonders Professor em. Jon Storm-Mathisen, seinerzeit Leiter des Synaptic Neurochemistry Laboratory am Institut für medizinische Grundlagenfächer und Sektion für Anatomie, sowie dem Neurologen und Seniorforscher Vidar Gundersen, weil sie mich, als ich als 19-Jährige erstmals ins Labor kam, in meinem Wunsch bestärkt haben, mich auf dem Gebiet der Hirnforschung zu versuchen. Als mein Doktorvater war Vidar während der gesamten Forschungsarbeiten auch ein erfahrener Sparringspartner. Am engsten zusammengearbeitet habe ich innerhalb der Forschung jedoch mit Førsteamanuensis Cecilie Morland. Obwohl sie mir an Erfahrung weit voraus war, als wir uns kennenlernten, hatte ich immer das Gefühl, dass ich in all unsere Projekte als gleichwertiger Part eingebunden war. Cecilie hat die grauen Tage heller gemacht und die hellen Tage leuchtender. Ich möchte außerdem Professor Tormod Fladby von der Neuroklinik am Universitätskrankenhaus Akershus dafür danken, dass ich jetzt in seinem Forschungskollegium bin, und ich freue mich darauf, den nächsten Schritt in meiner Forschungsarbeit zu tun und als Postdoc an der Lösung des Parkinson-Rätsels mitzuwirken.

Was das Buchprojekt selbst betrifft, muss ich ganz besonders meine jüngere Schwester Guro hervorheben. Denn während meine Arbeits- und Forschungskollegen wichtige Begleiter auf dem Weg zu mehr Wissen und gesteigertem Interesse für das Gehirn generell waren, hat Guro sich speziell mit dem Buch beschäftigt: Sie hat alle Grafiken gezeichnet. Ich habe immer gewusst, dass sie gut zeichnen kann, aber dass sie neben ihrer Verantwortung als Projektleiterin für umfangreiche IKT-Lösungen im Gesundheitssektor auch noch Zeit für die Illustrationen findet, hätte ich nicht gedacht. Ich bin unendlich froh, dass ich meine Schwester als Illustratorin gewinnen konnte. Das hat mir die Möglichkeit gegeben, meinen Perfektionismus so richtig auszuleben. Wie sich allerdings herausstellte, war Guro bei den Illustrationen noch viel perfektionistischer als ich, weshalb ich nie das Gefühl zu haben brauchte, zu pingelig zu sein. Außer alle Illustrationen zu dem Buch anzufertigen, hat Guro Kapitel für Kapitel sorgfältig gelesen und mir wertvolle Rückmeldungen gegeben. Ohne sie wäre es nicht gegangen. Vielen, vielen Dank, Guro! Auch meine Mutter und meine jüngste Schwester Birte haben mit kritischem Auge gelesen. Birte hat außerdem bei der Bildredaktion im Fototeil des Buches geholfen. Ich habe wirkliches Glück mit meiner Familie!

Für die fachliche Qualitätssicherung konnte ich Leif Gjerstad, emeritierter Professor und Neurologe an der Neurologischen Abteilung des Universitätskrankenhauses Rikshospitalet in Oslo, als Fachlektor gewinnen. Seine Anmerkungen waren ungemein hilfreich. Am Kapitel »Essen mit Köpfchen« haben außerdem Christine Gørbitz, klinische Ernährungsphysiologin, und Are Brean, Chefredakteur der Zeitschrift für den norwegischen Ärzteverband und Oberarzt der Neurologie, mitgewirkt. Herzlichen Dank!

Besonderen Dank schulde ich auch Nobelpreisträgerin May-Britt Moser für ihre Bereitschaft, das Vorwort zu schreiben. In einem Forschungsmilieu, das historisch gesehen immer von Männern dominiert war, ist sie ein Vorbild für die nächste Generation von Hirnforscherinnen. Es war eine große Ehre, sie bei diesem Projekt mit an Bord zu haben.

Außerdem hatte ich das Glück, das Debütantenstipendium und das Stipendium zur Popularisierung von Naturwissenschaft vom Norwegischen Verband der fachliterarischen Autoren und Übersetzer zu erhalten sowie ein Stipendium der Stiftung Freies Wort. Der norwegische Titel des Buches *Hjernen er stjernen* ist Karen Agnes Inglebæk Thue zu verdanken, die ich im Herbst 2015 auf dem Kagge-Verlagsfest getroffen habe. Ich möchte auch dem Kagge Verlag und meiner Lektorin Guro Solberg für die Einladung danken, dieses Buch zu schreiben, und für alle Drachenkämpfe, die es am Ende zu einem Produkt gemacht haben, auf das wir alle stolz sind.

Zum Schluss danke ich meinem Mann Carl Christian, weil er mich in allen meinen Projekten unterstützt, ganz egal, mit wie vie-

DANKSAGUNG

len Bällen gleichzeitig ich jongliere. Bedanken möchte ich mich auch bei meiner kleinen Tochter Aurora; durch sie erhält alles Wissen über Gehirnentwicklung eine sehr persönliche Perspektive für mich.

Kaja Nordengen

Ausgewählte Quellen

Quellen zu Erkenntnissen, die so etabliert sind, dass sie sich in Lehrbüchern finden, wurden nicht in diese Sammlung aufgenommen. Stattdessen sind neue oder weniger bekannte Forschungsergebnisse in der folgenden Zusammenstellung enthalten.

1. GEDANKEN(R)EVOLUTION

Azevedo, F. A. C., et al., »Equal numbers of neuronal and non-neuronal cells make the human brain an isometrically scaled-up primate brain«, *Journal of Comparative Neurology* 531.5 (2009): 532–541.

Herculano-Houzel, S., et al., »Cellular scaling rules for rodent brains«, *Proceedings of the National Academy of Sciences* 103.32 (2006): 12138–12143.

Herculano-Houzel, S., et al., »Cellular scaling rules for primate brains.« *Proceedings of the National Academy of Sciences* 104.9 (2007): 3562–3567.

Li, H., und Durbin, R., »Inference of human population history from individual whole-genome sequences«, *Nature* 475.7357 (2011): 493–496.

2. DIE JAGD NACH DER PERSÖNLICHKEIT

Ferraris, C., und Carveth, R., »NASA and the Columbia disaster: Decision-making by groupthink?«, *Proceedings of the 2003 Association for Business Communication Annual Convention*. (2003).

Haggard, P., »Human volition: Towards a neuroscience of will«, *Nature Reviews Neuroscience* 9.12 (2008): 934–946.

Henningsen, D. D., et al., »Examining the symptoms of groupthink and retrospective sense making«, *Small Group Research* 37.1 (2006): 36–64.

AUSGEWÄHLTE QUELLEN

Janis, I. L., *Groupthink: Psychological studies of policy decisions and fiascoes*, 2nd ed. Boston: Houghton Mifflin (1982).

Sperry, R. W., »Consciousness, personal identity, and the divided brain«, in: Frank Benson, MD, und Eric Zaidel, Ph. D. (Eds.), *The Dual Brain* (1985): 11–27.

Vestly, A-C., »Lillebror og Knerten«, *Gyldendal Norsk Forlag AS* (2012): 13.

3. GEDÄCHTNIS UND LERNEN

Black, J. E., et al., »Learning causes synaptogenesis, whereas motor activity causes angiogenesis, in cerebellar cortex of adult rats«, *Proceedings of the National Academy of Sciences* 87, no. 14 (1990): 5568–5572.

Bliss, T., und Lømo, T., »Long-lasting potentiation of synaptic transmission in the dentate area of the anaesthetized rabbit following stimulation of the perforant path«, *The Journal of Physiology* 232.2 (1973): 331–356.

Corkin, S., »What's new with the amnesic patient HM?«, *Nature Reviews Neuroscience* 3.2 (2002): 153–160.

Cowan, N., »What are the differences between long-term, short-term, and working memory?«, *Progress in Brain Research* 169 (2008): 323–338.

Depue, B. E., et al., »Prefrontal regions orchestrate suppression of emotional memories via a two-phase process«, *Science* 317.5835 (2007): 215–219.

Elbert, T., et al., »Increased cortical representation of the fingers of the left hand in string players«, *Science* 270, no. 5234 (1995): 305–307.

Fields, D. R., »White matter in learning, cognition and psychiatric disorders«, *Trends in Neurosciences* 31.7 (2008): 361–370.

Hassabis, D., et al., »Patients with hippocampal amnesia cannot imagine new experiences«, *Proceedings of the National Academy of Sciences* 104.5 (2007): 1726–1731.

Herz, R. S., und Engen, T., »Odor memory: Review and analysis«, *Psychonomic Bulletin & Review* 3.3 (1996): 300–313.

Molinari, M., et al., »Cerebellum and procedural learning: Evidence from focal cerebellar lesions«, *Brain* 120.10 (1997): 1753–1762.

Nabavi, S., et al., »Engineering a memory with LTD and LTP«, *Nature* (2014).

Owen, A. M., et al., »Planning and spatial working memory following frontal lobe lesions in man«, *Neuropsychologia* 28.10 (1990): 1021–1034.

Packard, M. G., und Knowlton, B. J., »Learning and memory functions of the basal ganglia«, *Annual Review of Neuroscience* 25.1 (2002): 563–593.

Parker, E. S., et al., »A case of unusual autobiographical remembering«, *Neurocase* 12.1 (2006): 35–49.

Proust, M., »Veien til Swann 1, På sporet av den tapte tid«, übersetzt von Anne-Lisa Amadou, *Gyldendal norsk forlag* (1984): 59–63

Quiroga, Q. R., et al., »Invariant visual representation by single neurons in the human brain«, *Nature* 435, no. 7045 (2005): 1102–1107.

Rolls, E. T., »The orbitofrontal cortex and reward«, *Cerebral Cortex* 10.3 (2000): 284–294.

Scoville, W. B., und Milner, B., »Loss of recent memory after bilateral hippocampal lesions«, *Journal of Neurology, Neurosurgery, and Psychiatry* 20.1 (1957): 11.

Smith, C. N., und Squire L. R., »Medial temporal lobe activity during retrieval of semantic memory is related to the age of the memory«, *The Journal of Neuroscience* 29.4 (2009): 930–938.

Smith, E. E., und Jonides, J., »Storage and executive processes in the frontal lobes«, *Science* 283.5408 (1999): 1657–1661.

Villeda, S. A., et al., »Young blood reverses age-related impairments in cognitive function and synaptic plasticity in mice«, *Nature Medicine* 20, no. 6 (2014): 659–663.

4. DAS GPS DES GEHIRNS

Dar-Nimrod, I., und Heine, S. J., »Exposure to scientific theories affects women's math performance«, *Science* 314, no. 5798 (2006): 435–435.

Hafting, T., et al., »Microstructure of a spatial map in the entorhinal cortex«, *Nature* 436, no. 7052 (2005): 801–806.

Ishikawa, T., et al., »Wayfinding with a GPS-based mobile navigation system: A comparison with maps and direct experience«, *Journal of Environmental Psychology* 28, no. 1 (2008): 74–82.

Jacobs, J., et al., »Direct recordings of grid-like neuronal activity in human spatial navigation«, *Nature Neuroscience* 16, no. 9 (2013): 1188–1190.

Jankowski, M. M., et al., »The anterior thalamus provides a subcortical circuit supporting memory and spatial navigation«, *Frontiers in Systems Neuroscience* 7 (2013).

AUSGEWÄHLTE QUELLEN

Jog, M. S., et al., »Building neural representations of habits«, *Science* 286, no. 5445 (1999): 1745–1749.

Konishi, K., und Bohbot, V. D., »Grey matter in the hippocampus correlates with spatial memory strategies in human older adults tested on a virtual navigation task«, *Abstract Society for Neuroscience's Annual Meeting* (2010).

Kropff, E., et al., »Speed cells in the medial entorhinal cortex«, *Nature* (2015).

Maguire, E. A., et al., »Navigation-related structural change in the hippocampi of taxi drivers«, *Proceedings of the National Academy of Sciences* 97, no. 8 (2000): 4398–4403.

O'Keefe, J., und Dostrovsky, J., »The hippocampus as a spatial map. Preliminary evidence from unit activity in the freely-moving rat«, *Brain Research* 34.1 (1971): 171–175.

Pacheco-Cobos, L., et al., »Sex differences in mushroom gathering: Men expend more energy to obtain equivalent benefits«, *Evolution and Human Behavior* 31, no. 4 (2010): 289–297.

Save, E., et al., »Dissociation of the effects of bilateral lesions of the dorsal hippocampus and parietal cortex on path integration in the rat«, *Behavioral Neuroscience* 115, no. 6 (2001): 1212.

Solstad, T., et al., »Representation of geometric borders in the entorhinal cortex«, *J. Cutan. Pathol* 34 (2007): 7.

Takahashi, N. M., et al., »Pure topographic disorientation due to right retrosplenial lesion«, *Neurology* 49, no. 2 (1997): 464–469.

Woollett, K., und Maguire, E. A., »Acquiring ›the knowledge‹ of London's layout drives structural brain changes«, *Current Biology* 21, no. 24 (2011): 2109–2114.

5. DAS FÜHLENDE GEHIRN

Adelmann, P. K., und Zajonc, R. B., »Facial efference and the experience of emotion«, *Annual Review of Psychology* 40, no. 1 (1989): 249–280.

Als, H., et al., »Early experience alters brain function and structure«, *Pediatrics*, 113(4), (2004): 846–857.

Bardgett, M. E., et al., »Dopamine modulates effort-based decision making in rats«, *Behavioral Neuroscience* 123, no. 2 (2009): 242.

AUSGEWÄHLTE QUELLEN

Bick, J., et al., »Effect of early institutionalization and foster care on longterm white matter development: A randomized clinical trial«, *JAMA pediatrics* 169, no. 3 (2015): 211–219.

Denson, T. F., et al., »The angry brain: Neural correlates of anger, angry rumination, and aggressive personality«, *Journal of Cognitive Neuroscience* 21, no. 4 (2009): 734–744.

Dreyfuss, F., und Czaczkes, J. W., »Blood cholesterol and uric acid of healthy medical students under the stress of an examination«, *AMA Archives of Internal Medicine*, *103*(5), (1959): 708–711.

Finzi, E., und Wasserman, E., »Treatment of depression with botulinum toxin A: A case series«, *Dermatologic Surgery* 32, no. 5 (2006): 645–650.

Friedman, M., et al., »Changes in the serum cholesterol and blood clotting time in men subjected to cyclic variation of occupational stress«, *Circulation*, *17*(5), (1958): 852–861.

Gan, J. O., et al., »Dissociable cost and benefit encoding of future rewards by mesolimbic dopamine«, *Nature Neuroscience* 13, no. 1 (2010): 25–27.

Gerhardt, S., »Why love matters: How affection shapes a baby's brain«, *Infant Observation* 9.3 (2006): 305–309.

Giltay, E. J., et al., »Dispositional optimism and all-cause and cardiovascular mortality in a prospective cohort of elderly dutch men and women«, *Archives of General Psychiatry*, *61*(11), (2004): 1126–1135.

Hennenlotter, A., et al., »The link between facial feedback and neural activity within central circuitries of emotion – new insights from Botulinum toxin-induced denervation of frown muscles«, *Cerebral Cortex* 19, no. 3 (2009): 537–542.

Kappes, A., et al., »Mental contrasting instigates goal pursuit by linking obstacles of reality with instrumental behavior«, *Journal of Experimental Social Psychology* 48, no. 4 (2012): 811–818.

Kool, W., et al., »Neural and behavioral evidence for an intrinsic cost of self-control«, *PloS one* 8, no. 8 (2013): e72626.

Laudenslager, M. L., et al., »Coping and immunosuppression: Inescapable but not escapable shock suppresses lymphocyte proliferation«, *Science*, *221*(4610), (1983): 568–570.

Lemke, M. R., et al., »Effects of the dopamine agonist pramipexole on depression, anhedonia and motor functioning in Parkinson's disease«, *Journal of the Neurological Sciences* 248, no. 1 (2006): 266–270.

AUSGEWÄHLTE QUELLEN

Luby, J. L., et al., »Maternal support in early childhood predicts larger hippocampal volumes at school age«, *Proceedings of the National Academy of Sciences, 109*(8), (2012): 2854–2859.

Lupien, S. J., et al., »Cortisol levels during human aging predict hippocampal atrophy and memory deficits«, *Nature Neuroscience, 1*(1), (1998): 69–73.

Mann, J. J., »Role of the serotonergic system in the pathogenesis of major depression and suicidal behavior«, *Neuropsychopharmacology* 21 (1999): 99S–105S.

Maruta, T., et al., »Optimists vs pessimists: Survival rate among medical patients over a 30-year period«, *Mayo Clinic Proceedings*, Vol. 75, No. 2, Elsevier (2000): 140–143.

Nelson, C. A., et al., »Cognitive recovery in socially deprived young children: The Bucharest Early Intervention Project«, *Science, 318* (5858), (2007): 1937–1940.

Radiolab, »Blame« [Podcast], Saison 12, Episode 2, abrufbar unter: http://www.radiolab.org/story/317421-blame/

Remy, P., et al., »Depression in Parkinson's disease: Loss of dopamine and noradrenaline innervation in the limbic system«, *Brain* 128, no. 6 (2005): 1314–1322.

Salamone, J. D., et al., »Effort-related functions of nucleus accumbens dopamine and associated forebrain circuits«, *Psychopharmacology* 191, no. 3 (2007): 461–482.

Schachter, S., und Singer, J., »Cognitive, social, and physiological determinants of emotional state«, *Psychological Review* 69, no. 5 (1962): 379.

Sell, A., et al., »Formidability and the logic of human anger«, *Proceedings of the National Academy of Sciences* 106, no. 35 (2009): 15073–15078.

Spitz, R. A., »Emotional deprivation in infancy« [Video], abrufbar unter: https://www.youtube.com/watch?v=VvdOe10vrs4

Spitz, R. A., und Wolf, K. M., »Anaclitic depression; an inquiry into the genesis of psychiatric conditions in early childhood, II«, *The Psychoanalytic Study of the Child* (1946).

Stoléru, S., et al., »Functional neuroimaging studies of sexual arousal and orgasm in healthy men and women: A review and meta-analysis«, *Neuroscience & Biobehavioral Reviews* 36, no. 6 (2012): 1481–1509.

Ströhle, A., et al., »Physical activity and prevalence and incidence of mental

disorders in adolescents and young adults«, *Psychological Medicine* 37, no. 11 (2007): 1657–1666.
Takahashi, H., et al., »When your gain is my pain and your pain is my gain: Neural correlates of envy and schadenfreude«, *Science* 323, no. 5916 (2009): 937–939.
Treadway, M. T., et al., »Dopaminergic mechanisms of individual differences in human effort-based decision-making«, *The Journal of Neuroscience* 32, no. 18 (2012): 6170–6176.
Tye, K. M., et al., »Dopamine neurons modulate neural encoding and expression of depression-related behavior«, *Nature* 493, no. 7433 (2013): 537–541.
Van Kleef, G. A., et al., »The interpersonal effects of anger and happiness in negotiations«, *Journal of Personality and Social Psychology* 86, no. 1 (2004): 57.
Wise, R. A., »Dopamine, learning and motivation«, *Nature Reviews Neuroscience* 5, no. 6 (2004): 483–494.

6. INTELLIGENZ

Andreasen, N. C., et al., »Intelligence and brain structure in normal individuals«, *American Journal of Psychiatry* 150 (1993): 130–134
Flynn, J. R., »IQ gains over time: Toward finding the causes«, *The rising curve: Long-term gains in IQ and related measures* (1998): 25–66.
Flynn, J. R., »Searching for justice: The discovery of IQ gains over time«, *American Psychologist* 54, no. 1 (1999): 5.
Gottfredson, L. S., »Why g matters: The complexity of everyday life«, *Intelligence* 24, no. 1 (1997): 79–132.
Kanazawa, S., »Intelligence and physical attractiveness«, *Intelligence* 39, no. 1 (2011): 7–14.
Neubauer, A. C., et al., »Intelligence and neural efficiency: The influence of task content and sex on the brain-IQ relationship«, *Intelligence* 30, no. 6 (2002): 515–536.
Raven, J., »The Raven's progressive matrices: Change and stability over culture and time«, *Cognitive Psychology* 41, no. 1 (2000): 1–48.
Reiss, A. L., et al., »Brain development, gender and IQ in children«, *Brain* 119, no. 5 (1996): 1763–1774.

AUSGEWÄHLTE QUELLEN

Sturlason, S., »Håvamål«, übersetzt von Ludvig Holm-Olsen, Aschehoug (1993): 22.

Willerman, L. R., et al., »In vivo brain size and intelligence«, *Intelligence* 15, no. 2 (1991): 223-228.

7. MULTITASKING

Strayer, D. L., et al., »A comparison of the cell phone driver and the drunk driver«, *Human factors: The journal of the human factors and ergonomics society* 48.2 (2006): 381-391.

8. KULTUR © GEHIRN

Allen, K., und Blascovich, J., »Effects of music on cardiovascular reactivity among surgeons«, *Jama* 272.11 (1994): 882-884.

Baroncelli, L., et al., »Nurturing brain plasticity: Impact of environmental enrichment«, *Cell Death & Differentiation* 17.7 (2010): 1092-1103.

Chabris, C. F., »Prelude or requiem for the Mozart effect?«, *Nature* 400.6747 (1999): 826-827.

Fox, J. G., und Embrey, E. D., »Music - an aid to productivity«, *Applied Ergonomics* 3.4 (1972): 202-205.

Gallese, V., und Goldman, A., »Mirror neurons and the simulation theory of mind-reading«, *Trends in Cognitive Sciences* 2.12 (1998): 493-501.

Geertz, C., »The interpretation of cultures: Selected essays«, Vol. 5019. *Basic Books*, 1973.

Hebb, D. O., »The effects of early experience on problem solving at maturity«, *American Psychologist* 2 (1947): 306-307.

Perham, N., und Vizard, J., »Can preference for background music mediate the irrelevant sound effect?«, *Applied Cognitive Psychology* 25.4 (2011): 625-631.

Rauscher, F. H., et al., »Music and spatial task performance«, *Nature* 365 (1993): 611.

Sale, A., et al., »Environment and brain plasticity: Towards an endogenous pharmacotherapy«, *Physiological Reviews* 94.1 (2014): 189-234.

Salimpoor, V. N., et al., »Anatomically distinct dopamine release during anticipation and experience of peak emotion to music«, *Nature Neuroscience* 14.2 (2011): 257–262.

Tylor, E. B., *Primitive culture: Researches into the development of mythology, philosophy, religion, art, and custom*. Vol. 1. Murray, 1871.

9. ESSEN MIT KÖPFCHEN

Agostoni, C., et al., »Prolonged breast-feeding (six months or more) and milk fat content at six months are associated with higher developmental scores at one year of age within a breast-fed population«, *Bioactive Components of Human Milk*, Springer US, 2001: 137–141.

Barson, J. R., et al., »Positive relationship between dietary fat, ethanol intake, triglycerides, and hypothalamic peptides: Counteraction by lipid-lowering drugs«, *Alcohol* 43, no. 6 (2009): 433–441.

Bayol, S. A., et al., »A maternal ›junk food‹ diet in pregnancy and lactation promotes an exacerbated taste for ›junk food‹ and a greater propensity for obesity in rat offspring«, *British Journal of Nutrition* 98.04 (2007): 843–851.

Beauchamp, G. K., und Mennella, J. A., »Early flavor learning and its impact on later feeding behavior«, *Journal of Pediatric Gastroenterology and Nutrition* 48 (2009): S25–S30.

Blumenthal, D. M., und Gold, M. S., »Neurobiology of food addiction«, *Current Opinion in Clinical Nutrion & Metabolic Care* 13.4 (2010): 359–365.

Chang, G.-Q., et al., »Maternal high-fat diet and fetal programming: Increased proliferation of hypothalamic peptide-producing neurons that increase risk for overeating and obesity«, *The Journal of Neuroscience* 28, no. 46 (2008): 12107–12119.

Conquer, J. A., et al., »Fatty acid analysis of blood plasma of patients with Alzheimer's disease, other types of dementia, and cognitive impairment«, *Lipids* 35, no. 12 (2000): 1305–1312.

De Snoo, K., »Das trinkende Kind im Uterus«, *Gynecologic and Obstetric Investigation* 105.2–3 (1937): 88–97.

Geiger, B. M., et al., »Deficits of mesolimbic dopamine neurotransmission in rat dietary obesity«, *Neuroscience*. (2009) 159: 1193–1199.

AUSGEWÄHLTE QUELLEN

Glusman, G., et al., »The complete human olfactory subgenome«, *Genome Research*. 11.5 (2001): 685–702.

Helland, I. B., et al., »Maternal supplementation with very-long-chain n-3 fatty acids during pregnancy and lactation augments children's IQ at 4 years of age«, *Pediatrics* 111, no. 1 (2003): e39–e44.

Kalmijn, S., »Fatty acid intake and the risk of dementia and cognitive decline: A review of clinical and epidemiological studies«, *The Journal of Nutrition, Health & Aging* 4.4 (1999): 202–207.

Liley, A. W., »Disorders of amniotic fluid«, *Pathophysiology of Gestation* 2 (1972): 157–206.

Mennella, J. A., et al., »Garlic ingestion by pregnant women alters the odor of amniotic fluid«, *Chemical Senses* 20.2 (1995): 207–209.

Mennella, J. A., et al., »Prenatal and postnatal flavor learning by human infants«, *Pediatrics* 107.6 (2001): e88–e88.

Moss, M., *Salt, sugar, fat: How the food giants hooked us*. Random House, 2013.

Suez, J., et al., »Artificial sweeteners induce glucose intolerance by altering the gut microbiota«, *Nature* 514, no. 7521 (2014): 181–186.

Sussman, D., et al., »Effects of a ketogenic diet during pregnancy on embryonic growth in the mouse«, *BMC Pregnancy and Childbirth* 13, no. 1 (2013): 1.

Tellez, L. A., et al., »Glucose utilization rates regulate intake levels of artificial sweeteners«, *The Journal of Physiology* 591, no. 22 (2013): 5727–5744.

Ventura, A. K., og Worobey, J., »Early influences on the development of food preferences«, *Current Biology* 23.9 (2013): R401–R408.

Xiang, M., et al., »Long-chain polyunsaturated fatty acids in human milk and brain growth during early infancy«, *Acta Paediatrica* 89, no. 2 (2000): 142–147.

Yang, Q., »Gain weight by ›going diet‹? Artificial sweeteners and the neurobiology of sugar cravings«, *The Yale Journal of Biology and Medicine* 83.2 (2010): 101.

10. JUNKIE IM KOPF

Arseneault, L., et al., »Cannabis use in adolescence and risk for adult psychosis: Longitudinal prospective study«, *Bmj*, *325*(7374), (2002): 1212–1213.

Chiriboga, C. A., »Fetal alcohol and drug effects«, *The Neurologist* 9.6 (2003): 267–279.

Dackis, C. A., und Gold, M. S., »New concepts in cocaine addiction: The dopamine depletion hypothesis«, *Neuroscience & Biobehavioral Reviews* 9, no. 3 (1985): 469–477.

Goldschmidt, L., et al., »Effects of prenatal marijuana exposure on child behavior problems at age 10«, *Neurotoxicology and Teratology* 22.3 (2000): 325–336.

Levin, E. D., und A. H. Rezvani, »Nicotinic treatment for cognitive dysfunction«, *Current Drug Targets-CNS & Neurological Disorders* 1.4 (2002): 423–431.

Li, W., et al., »White matter impairment in chronic heroin dependence: A quantitative DTI study«, *Brain Research*, *1531*, (2013): 58–64.

Qiu, Y., et al., »Progressive white matter microstructure damage in male chronic heroin dependent individuals: A DTI and TBSS study«, *PloS one*, *8*(5),(2013): e63212.

Quik, M., et al., »Nicotine as a potential neuroprotective agent for Parkinson's disease«, *Movement Disorders* 27.8 (2012): 947–957.

Richardson, G. A., et al., »Prenatal alcohol and marijuana exposure: Effects on neuropsychological outcomes at 10 years«, *Neurotoxicology and Teratology*, *24*(3), (2002): 309–320.

Roehrs, T., und Roth, T., »Caffeine: Sleep and daytime sleepiness«, *Sleep Medicine Reviews* 12, no. 2 (2008): 153–162.

Sim-Selley, L. J., »Regulation of cannabinoid CB1-receptors in the central nervous system by chronic cannabinoids«, *Critical Reviews™ in Neurobiology* 15.2 (2003).

Zammit, S., et al., »Self-reported cannabis use as a risk factor for schizophrenia in Swedish conscripts of 1969: Historical cohort study«, *Bmj*, *325*(7374), (2002): 1199.

11. WIRKLICHKEIT VS. WAHRNEHMUNG

Baron, R. A., »Environmentally induced positive affect: Its impact on self-efficacy, task performance, negotiation, and conflict«, *Journal of Applied Social Psychology* 20.5 (1990): 368–384.

Zampini, M., und Spence, C., »The role of auditory cues in modulating the perceived crispness and staleness of potato chips«, *Journal of Sensory Studies* 19.5 (2004): 347–363.

REGISTER

Abhängigkeit 191, 207, 217
–, psychische/körperliche 208
Accumbenskern 135, 179, 191 f., 211
Adenosin 209
Adrenalin 121, 123, 139
Aktivierungssystem, retikuläres 55
Alkohol 213 ff.
   Kater 215 f.
Amphetamin/Methamphetamin 211
Amygdala 19, 22, 72, 90, 122, 125, 131, 142, 198, 218
Angst 141 ff.
  -neurosen 52
Axone s. Nervenzellfortsätze

Balken 42 f., 1378
Basalganglien 64, 66, 110, 135, 145, 178 f., 211
Belohnung (-szentrum) 35, 172, 179, 190, 207, 211
Blackout 91 f.
Bohbot, Véronique 116
Botenstoffe 45, 77, 124, 126 f., 211
Brean, Are 187
Breivig, Andres Behring 50
Bucy, Paul 131

Cingulum 122, 132, 137
Cortisol 139 f.

Demenz 92 ff.
–, vaskuläre 94
  Alzheimer- 93 f., 116
  Frontallappendemenz 52, 133
Depression 52 f., 125–128
Descartes, René 15, 34, 52
Diäten 203 f.
Dissoziation 44 f.
Dopamin 124, 128 f., 135, 145 f., 172, 179, 190, 198 f., 207, 209, 211

Eifersucht 130
Einprägen 71
Endocannabinoide 218
Endorphine 216 f.
Epiphyse 35, s. a. Zirbeldrüse
Erinnerung 82 f.
–, falsche 96
Essgewohnheiten, ungesunde 186 f., 189 ff.

Fett 191, 193, 201
Fettsäuren, essentielle (Omega-3, Omega-6) 202 f.
Fötus 176, 199 f., 204, 213

Gage, Phineas 36
Gedächtnis 59, 66 f.
–, assoziatives 72 f.

–, motorisches/implizites 62, 66, 71
Beispiel H. M. 57 ff., 61 f., 97, 103
Fakten-/deklaratives, explizites 62, 66, 71
Kurzzeit-/Arbeits- 39, 59 f., 66
Langzeit- 59, 61, 72 f., 84, 93
-leistung verbessern 85 f.
und Gerüche 89 ff.
Gefühle 30, 117 ff.
Gehirn
  Entwicklung 27, 147
  Größe 25 f.
  Speicherkapazität 81 f.
Gehirnwäsche 47
Gehör, selektives 225 f.
Geruchssinn 188, 222
Geschmackssinn 223 f.
Geschwindigkeitszellen 109
Gesichtserkennungsregion 83
g-Faktor 156, 161
Gitterzellen 101, 103, 109 f.
Grenzzellen 107 ff.
Großhirn 18, 21
Gruppendruck, -denken 49
  Beispiele 46–49

Habituierung 70
Haschisch 218 f.
Hebb, Donald 174
Heroin 217 f.
Hippocampus 19, 22, 62 f., 65, 67, 90, 92, 101, 110, 113 f., 122 f., 131, 140, 142, 198, 218
Hirnrinde 18, 20 ff., 23, 29 f., 101, 110, 119, 131 f., 144, 158, 218

–, präfrontale 31 f., 39, 54, 68, 122, 132, 135, 172, 176
Hirnstamm 18 f., 31
Homo erectus 24
–, habilis 24, 189
–, sapiens 25, 189
Hormone 120, 124
Hypophyse 138, 214 f.
Hypothalamus 68, 138 f., 214

Insula 40 f., 135, 145, 198
Intelligenz 149
–, fluide 161
–, kristalline 162
–, künstliche 163 f.
  Aussehen und I. 155
  Definition 149 f.
  -quotient 150 f.
  und Milieu 159 f.
  und Schulsystem 162
  und Vererbung 159 f.
IQ 150 ff., 157–161
  Bevölkerungsgruppen 154 f.
  g-Faktor 156
  -Tests 152
  und Kopfform 157 f.

Janis, Irving 49
Jones, Jim 47

Kaffee/Koffein 208 f.
Kinder 27, 34, 88, 147 f., 155, 158 ff., 162 f., 176 f., 200 ff., 219, 223 f.
Kleinhirn 19, 21, 31, 41, 66, 157
Klüver, Heinrich 131
Klüver-Bucy-Syndrom 131

Koffein s. Kaffee
Kokain 210 f.
Kommunikation 30, 173
Konditionierung
–, klassische 69
–, operante 69 f.
Kopfrichtungszellen 106 f., 109 f.
Krankheiten
–, organische 52
–, psychische 52
Kreativität 28, 175 f.
Kultur 167 f.

Lächeln 124 f.
Lappen
Frontal- 31 f., 37–40, 42, 54 f., 60, 64, 71, 130, 132, 137, 143, 157, 172, 198, 214
Hinterhaupt- 31 f., 40, 111, 130
Scheitel- 31 f., 40, 42, 111, 130
Schläfen- 31 f., 40 f., 42, 101, 110, 132, 157
Lebensmittel
»aufhübschen« 198
-industrie 193 f., 196 f., 223
Leptin 199
Lernen 67 f., 134
und Emotionen 72
von anderen 70 f.
Liebe 144 ff.
Eltern- 146
Lobotomie 53
Loftus, Elizabeth 97
Lømo, Terje 76
LTP (Langzeit-Potenzierung) 76

Magnetresonanztomographie (MRT) 175
Marihuana 218 f.
Milgram, Stanlay 48
Molaison, Henry (H. M.) 57 ff., 61, 97, 103
Morphin 217 f.
Moser, May-Britt und Edvard 101, 109
Motivation 133, 135 f.
MRT s. Magnetresonanztomographie
Multitasking 165 f.
Munch, Edvard 185
Musik 176–180
-unterricht 177
Verarbeitung im Gehirn 178
Myelin 21, 78, 80
Mythen und Märchen 182 f.

Nansen, Fridtjof 16
Nebennieren 121, 138 f.
Nervensystem
–, autonomes 120 f.
–, parasympathisches 120 f.
–, sympathisches 120
Nervenzellfortsätze (Axone) 23, 75, 78, 80, 90
Nervenzellkörper 21
Nervenzellnetzwerke 30, 75 ff., 82, 84
Nikotin 212
Noradrenalin 211

O'Keefe, John 103
Orientierungssinn 112, 114 f.

-strategien bei Männern und
  Frauen 112
Ortssinn 104 f.
Ortszellen 103, 109 f.
Oxytocin 124, 145 f.

Parkinson-Syndrom 128 f.
Peek, Kim 87, 99
Persönlichkeit 34, 39, 41 ff., 45 f., 52
  –, gespaltene 44
  bei Tieren 54 f.
  Kinder 34
  Milieu/Umgebung 34
  -tests 55 f.
  Vererbung 34
Persönlichkeitsstörungen 50 f.
  –, antisoziale 172 f.
  –, dissoziale 51
  –, narzisstische 51
Perzeption 221, 229 ff., s.a.
  Wahrnehmung
Positronenemissionstomographie
  (PET) 175
Price, Jill 98
Prokrastination 133
Proust, Marcel 89
Psychopathie 51

Religion 180 ff.
Reptiliengehirn 18 f.
Riechrinde 90 f.

Salz 191, 193, 200
Savants 87
Schizophrenie 52 f.
Schokolade 179, 186 f., 197 f.

Seele 36
Serotonin 124, 127 f.
Sex 130 f.
Sozialisierung 171 ff.
Spiegelneuronen 169
Spitz, René 147
Sprachareal 32
Stress 85, 137, 139 f., 144
Substanz
  –, graue 20 f., 78
  –, weiße 20 f., 42, 78, 158
Süßstoff, künstlicher 199
Synapsen 20 f., 45, 77
  -spalt 75, 77, 127, 170
System, limbisches 18, 21 f., 122 f.,
  131, 143, 145, 216

Thalamus 19, 23, 71, 110, 138 f.,
  184

Van Gogh, Vincent 185
Vergesslichkeit 98 f.

Wahl, bewusste
  (Forschungsversuche) 41 f.
Wahrnehmung 221
Warhol, Andy 175
Werbung 195 f.
Werkzeuggebrauch 167
Wernicke-Korsakow-Syndrom 213
Wirklichkeit 221, 229
Woodruff, Robert 195
Wut 136 f.

Zirbeldrüse 35 ff., s. a. Epiphyse
Zucker 191, 193, 200

Neueste Erkenntnisse der Hirnforschung

Depressionen, Ängste, Aggressionen, ADS – der Neurowissenschaftler Dr. Daniel G. Amen erklärt, wie sie im Gehirn entstehen und welche Möglichkeiten es gibt, sie mit gezielten Übungen und Techniken zu beeinflussen und in den Griff zu bekommen.

480 Seiten
ISBN 978-3-442-17152-1

www.goldmann-verlag.de
www.facebook.com/goldmannverlag